生活因阅读而精彩

生活因阅读而精彩

你一定爱读的
历史悬案
世界卷

文波◎编著

中国华侨出版社

图书在版编目(CIP)数据

你一定爱读的历史悬案.世界卷 / 文波编著.—北京：中国华侨出版社,2014.1

ISBN 978-7-5113-4411-3

Ⅰ.①你… Ⅱ.①文… Ⅲ.①世界史-通俗读物 Ⅳ.①K109

中国版本图书馆 CIP 数据核字(2014)第024676号

你一定爱读的历史悬案（世界卷）

编　　著 / 文　波

责任编辑 / 若　溪

责任校对 / 志　刚

经　　销 / 新华书店

开　　本 / 787 毫米×1092 毫米　1/16　印张/22　字数/290 千字

印　　刷 / 北京军迪印刷有限责任公司

版　　次 / 2014 年 4 月第 1 版　2020 年 5 月第 2 次印刷

书　　号 / ISBN 978-7-5113-4411-3

定　　价 / 68.00 元

中国华侨出版社　北京市朝阳区静安里 26 号通成达大厦 3 层　邮编：100028

法律顾问：陈鹰律师事务所

编辑部：(010)64443056　　64443979

发行部：(010)64443051　　传真：(010)64439708

网址：www.oveaschin.com

E-mail：oveaschin@sina.com

前 言
PREFACE

在有些人眼里，历史是一门高深的学问；在有些人眼里，历史是一个个动人心魄的故事。历史的魅力究竟在哪里？在于真相，在于一个个已知和未知真相。事实上，这正是历史的迷人之处，作为已经发生且不可更改的历史事件，它们的结局却偏偏有着无数种可能性。从神秘的埃及金字塔到古罗马的庞贝名城，从刻满蝌蚪文的禹王碑到雄奇壮丽的秦始皇陵兵马俑，越是令人不解的神秘越会吸引着人们不断去探索去破解。

本丛书分为中国卷和世界卷，内容涵盖了历史上流传最广、争议最多的数百个历史未解之谜，从朝堂到民间，从帝王将相到文化名人，从朝堂内幕到节庆习俗，从上古文物到名人墓葬，无所不包，无奇不有。

在编写过程中，作者多角度、全方位地逐层透析这些历史悬案背后的疑点，详细展示悬案的来龙去脉，更重要的是，编者并未以一家之言诉诸于读者，而是在参考了大量文献资料、考古发现的基础上，结合最新的研究成果，将多种经过专家学者分析论证的观点一并提出，力求使观点更加多元，细节更加翔实，答案更加真实。

目 录
CONTENTS

第一章　宫廷疑案

第四章　世界文化

第五章　考古怪象

第六章　奇闻轶事

第一章 宮廷疑案

受伤的木乃伊

法老图坦卡蒙死因揭秘

　　埃及的金字塔一直以来都笼罩着神秘的色彩，金字塔内不腐烂的食物、金字塔里的木乃伊、尼罗河西岩的"帝王之谷"等，这些神秘的地方都被考古学家们一一发现。最让人大开眼界的还要数"帝王之谷"，它位于距埃及首都开罗700多公里的尼罗河西岸，那儿埋葬着60多位法老，他们见证了古埃及的兴衰。其中，有一座墓穴最让人叹为观止，那就是图坦卡蒙法老的墓穴。图坦卡蒙法老死亡已经有几千年，人们在他的墓穴中发现了很多的奇珍异宝，但学者们更感兴趣的是图坦卡蒙法老究竟是因何而死的。

　　图坦卡蒙在古埃及的历史上不是功绩最大的法老，却在当今最为人们熟知的法老之一。图坦卡蒙是古埃及新王国时期第十八王朝的法老，他出生在公元前1341年。图坦卡蒙原来叫作"图坦卡吞"，意思是"阿吞"的形象，后来才改名"图坦卡蒙"，意思是"阿蒙"的形象，从他的名字可以看出他信仰的转变。图坦卡蒙法老活了19岁，他死亡时没有任何征兆，在古埃及文献中也没有明确记载图坦卡蒙的死因。

图坦卡蒙的陵墓迄今为止仍是埃及最完整、最有价值的法老墓，从他的陵墓中出土了很多的珍贵文物，现在分别陈列在伦敦和华盛顿博物馆。这些文物吸引了很多游客，使得图坦卡蒙的名字闻名世界。图坦卡蒙的事迹被逐个挖掘，而他的死因也成了人们关注的焦点。对于图坦卡蒙的死亡原因，大致有以下几种猜测：

第一种猜测：图坦卡蒙死于谋杀。

图坦卡蒙的尸骨保存得很好，专家们在图坦卡蒙的尸骨上找到了一个致命的伤口，伤口位于左耳垂的地方。为此，英国专家对图坦卡蒙的木乃伊进行了 X 射线扫描。让人意外的是，在图坦卡蒙的颅腔中居然发现了碎骨。很多研究人员猜测，图坦卡蒙是遭到了谋杀，这个猜测和当时的政治局势吻合，首先，图坦卡蒙掌权时期政局并不稳定，被人谋杀是很有可能的。其次，结合古埃及历史资料和出土的壁画文物得知，图坦卡蒙很小就登基，而当时权臣阿伊操控着政局，图坦卡蒙长大后，想要更多的自主权力，可能在与权臣阿伊的冲突中不幸遇害。

第二种猜测：打猎从战车上掉下摔死。

这一种猜测是近期研究得出的，专家们在 X 射线扫描后发现，在图坦卡蒙的头骨底部有肿胀的痕迹，头部被撞击是毋庸置疑的，但是受到了什么撞击呢？这个撞击是否是导致其死亡的最终原因？后来专家们给木乃伊做了全身 CT，他们又发现图坦卡蒙腿部受伤，受伤位置是在膝盖上方，这个伤口很有可能引起了败血症。

埃及文物最高管理委员会秘书长扎希·哈瓦斯表示：图坦卡蒙在打猎的时候从战车上摔下来导致了骨折，同时头部也受到了重创，这两个伤口足以致使图坦卡蒙死亡。

开罗博物馆博士纳迪娅·洛克玛也认为，在图坦卡蒙的墓穴中有很多的战车和弓箭。从这些战车的磨损程度来看，战车不是用于战争，而是用于狩猎。图坦卡蒙的战车时速超过了 40 千米，从上面摔下来，跌断腿骨是很有可能的事。后来这位博士还发现，在图坦卡蒙的墓穴中有一些特制紧身上衣，这些衣服对腹部的器官起到很大的保护作用，穿上这些衣服可以在战车快速行驶的时候避免剧烈的撞击。由此可以认定，图坦卡蒙是一个非常独立自主的人，他的战车都是由他自己驾驶。图坦卡蒙如此喜欢狩猎，从战车上摔下的可能性就更大了。

对腿骨折断这个伤口，也有学者认为，有可能是制作木乃伊的工匠造成的。因为人死后钙质流失，骨头会相对变脆，被工匠不经意折断也很正常。图坦卡蒙已经死亡了几千年了，又如何能断定伤口是在生前造成的，还是在死后造成的呢？

图坦卡蒙的死因困扰着很多的学者，或许还有别的原因。木乃伊上的伤口可能是他在活着的时候受了伤，这些伤没有对他造成多大影响。就好比一个孩子在幼小的时候爬树跌下来骨折了，骨折的伤口会伴随一生。

图坦卡蒙的死亡究竟是什么原因呢？或许以后还会有新的证据出现，又或许这个谜底会伴随着古老的埃及一直沉淀在历史的长河中。

惹怒神灵的君王

暴君冈比西斯二世是怎么死的？

　　波斯是一个戴着神秘面纱的国度，它的风土人情也别具一格。在波斯王朝的历史上，有一个出名的暴君——冈比西斯二世，他是波斯阿契美尼德王朝的国王（前529~前522在位），居鲁士二世之子。冈比西斯二世的死因一直是一个谜团。有文献记载，冈比西斯二世死于公元前522年，在他回波斯的路上突然死亡，随行的人给出的死因是自杀。如果冈比西斯真是自杀的话，那么他为何自杀？他用何种手段自杀的呢？他自杀的地点又在哪儿？这些未解开的谜团一直困扰着学者们，让我们一起走进波斯国王冈比西斯二世死因的历史谜团中。

　　公元前525年，冈比西斯二世占领埃及，但在其后征服埃塞俄比亚的战争中，惨遭失败。与他的父亲居鲁士二世相比，冈比西斯二世是历史上少有的暴君，以暴躁、疯狂而闻名于世，成为历史上少见的令人不堪忍受的一个国君。

　　关于冈比西斯二世的死亡原因，学者们给出了以下几个猜测：

第一，宫廷发生政变，冈比西斯二世误杀了自己。

冈比西斯二世在率大军占领了埃及首都孟菲斯时，生擒了埃及法老。为了显示战胜者的威风，在占领孟菲斯之后，他专门举行了一个庆祝大典。他把俘虏来的法老和埃及大臣们集中在城外的一块空地上，让士兵给法老和大臣的女儿们统统穿上奴隶的服装，让她们拿着水桶去打水。这些从小衣来伸手、饭来张口的公主、小姐们哭嚷着从她们的父亲面前走过。埃及法老和那些大臣们见女儿受到这样的折磨，心如刀绞，无可奈何，不由得也大哭起来。一时间，空地上一片撕心裂肺的哀嚎，就连一些波斯士兵也不忍心听下去。冈比西斯二世却在一旁看得手舞足蹈，哈哈大笑。

关于冈比西斯二世的传闻还有很多，比如，冈比西斯二世为防止他的亲生兄弟巴尔迪亚争夺王位，他派人将其谋害。皇后出面阻止，却被冈比西斯二世打死。他的残暴终于引起了波斯人的愤怒。一位名为高墨达的拜火教僧人，在冈比西斯二世远征埃及期间，发动了政变。政变之后，高墨达宣布免去帝国境内所有人民 3 年赋税和兵役，因此大获民心。冈比西斯二世听闻消息后，立即起身回国争夺王位，但在上马时因为刀鞘掉落，刀子刺中了大腿。回到王宫中，伤口发炎导致溃烂，最后死亡。

第二，这个观点带有一些神话色彩，冈比西斯二世死于神的报复。

古希腊历史学家希罗多德所著《历史》一书中记载：古埃及人的说法是，冈比西斯二世是遭到神的报复而死去的，因为他刺死了埃及的神牛。

古埃及人尊崇农业，而牦牛是耕作时最好的帮手，他们就认为它属于天神"阿庇斯"。阿庇斯是一位女神，古埃及人每年都会为阿庇斯举行庆典，并且用物品来祭祀阿庇斯女神。这一日依例举行一年一度的祭祀大典，正好冈比西斯二世远征失败，他返回途中路过埃及，埃及人正在狂欢。冈比西斯二世以为埃及人是在庆祝他打了败仗，是对他的嘲讽，于是便把为首的几个埃及贵族杀死，并命令埃及大祭司把"阿庇斯"带来。

埃及人的传说是，母牛接受阳光照耀而怀孕，就会生下阿庇斯，"阿庇斯"的特征是浑身黑色，但是在额头上有一块四方形的白斑。背上有个像鹰一样的东西，尾巴上的毛是双股的，在阿庇斯的舌头下有个甲虫似的东西。埃及大祭司带来的"阿庇斯"是一个永远不会怀孕的母牛生下的小牛犊。冈比西斯二世见到"阿庇斯"后，他拔出短刀朝着牛犊的腹部刺去，不过刺到的却是牛犊的大腿。"阿庇斯"被丢到了神殿，不久便因为失血过多死亡了。接着冈比西斯二世下令鞭挞埃及大祭司，并且杀死了那些正在庆祝节日的埃及人。

古埃及人说，冈比西斯二世所犯下的过错无法原谅，而他的死也是阿庇斯的报复。此后的冈比西斯二世像疯了似的，他杀害自己的兄弟姐妹，把波斯知名的贵族给活埋了。后来，波斯王位被祭司高墨达夺取，冈比西斯二世立即从埃及赶回波斯。在途中，有一次上马的时候，他挂在腰间的佩刀刀鞘扣子松掉了，于是刀刃就刺中了冈比西斯二世的大腿，被刺伤的位置和他刺伤牛犊"阿庇斯"的位置在同一处。最后，冈比西斯二世因为骨头坏死，大腿溃烂，死在了回波斯的途中。

古希腊历史学家希罗多德的记载得到其他一些古典作家的认同，近代描述冈比西斯二世死亡谜团的说法，也采用了希罗多德的记述，不过神牛"阿庇斯"报复的神话成分被剔除了。

第三，冈比西斯二世死于他杀。

还有一些学者认为，冈比西斯二世其实是死于他杀。有学者指出冈比西斯二世是被玛高斯僧人所杀，也有的认为冈比西斯二世是军中阴谋的牺牲品。

除了以上三种说法，人们在波斯国的一处岩壁上发现了一段铭文，铭文和冈比西斯二世的死有很大的关系。学者们依据铭文的意思做出了三种解释。

第一种为"自杀"。这种说法出现于上个世纪末期，波斯祭司高墨达篡位后，冈比西斯二世在绝望中自杀。

第二种为"自然死亡"。这种说法是德国学者苏尔兹提出的。他在讨论冈比西斯二世死亡原因的论文中，引用了 20 种印欧语资料，最终得出的结论是冈比西斯二世为自然死亡。

第三种为"自死"。持有这种说法的学者将岩壁的铭文同阿卡德、埃兰异文相对照，得出的结论是：岩壁中的波斯文表示冈比西斯二世"自死而死"。这与"自杀"和"自然死亡"两种说法有着天壤之别，因为在波斯文中"自死而死"与"自杀"、"自然死亡"是不同的意思。

冈比西斯二世的死亡原因是学者们讨论的一个最大热点，同时人们对于冈比西斯二世的死亡地点也有着很多的猜测。根据古代作家的记述，冈比西斯二世因胯股受伤死于巴比伦；作家普林尼的《自然史》记载，冈比西斯二世死于米底的阿格巴坦那城；也有学者认为冈比西斯二世死在大马士革；史学家希罗多德表示，冈比西斯二世在死前的时候询问他所在的城市名字，人们告诉他是在"阿格巴坦那"。

但近代专家考证，古代的叙利亚并没有关于这个城市的记载，所以他们怀疑冈比西斯二世是死在叙利亚的某个小山村中。

关于冈比西斯二世的死有着太多的传闻，有的甚至被加上了一些神话的色彩。人们至今无法给出冈比西斯二世死因的确切答案。不仅如此，连冈比西斯二世的死亡地点也没有弄清。冈比西斯二世的死亡之谜沉没在历史长河中，随着学者们的探索，可能有一日会将冈比西斯二世的死因揭示出来。

征服与反抗

亚历山大大帝英年早逝的谜团

关于亚历山大大帝，人们都不陌生。亚历山大大帝身上有着太多的谜团，例如亚历山大是否策划杀死自己的父亲腓力二世，亚历山大是否排挤自己的弟弟，亚历山大猝死之谜，等等，迄今为止这些都是谜团。其中人们最为关注的是亚历山大的死因，有传言称亚历山大是被毒死的，事实真的是那样吗？

亚历山大大帝绝对是一位传奇人物，他是一位名副其实的常胜将军，也是一位伟大的征服者。由他率领的军队所向披靡，横扫千军，他占领了很多的国家。亚历山大受到众人的绝对畏惧与崇敬。

亚历山大在位时间并不长，人们很难想象亚历山大再多活几十年后的场景，那时肯定有更多的国家沦陷在他的手中。亚历山大短暂的一生留给学者们很多的疑问，亚历山大可以说是英年早逝，而他猝死的原因是什么呢？他突然死亡的谜底一直吸引着人们，人们也在孜孜不倦地探究着。对此，学者们给出了几种猜测。

第一种猜测：亚历山大死于高烧。

亚历山大是马其顿国王,他是一个著名的军事家和政治家,在位时间只有13年。在这13年里,亚历山大做了别的国王几十年甚至一辈子都不可能完成的事儿,他凭借自己的智谋不断扩大马其顿王国的版图,他在横跨欧洲、亚洲的土地上建立了以巴比伦为首都的大帝国。版图包括希腊、马其顿、印度河流域、尼罗河第一瀑布等。他为人类社会的进步作出了很大的贡献,他使东西方文化展开交流,也使经济不断发展。

公元前323年,亚历山大正在筹划新一次的远征时,却突然传来了他暴毙的消息。根据著名历史学家阿利安的记录,公元前323年5月29日,亚历山大发着高烧,在浴室中睡着了,导致其在6月1日的时候发烧更加严重。高烧的折磨让亚历山大很难入睡,他让人将床移到会议室,之后与大臣们商讨军中职位空缺和替补的人选。这种情况一直持续到6月4日,就连献祭也是让人抬他出去的。之后,亚历山大让高级将领在宫廷待命,命令指挥官守夜。6月5日,他被送去了幼发拉底河对岸的王宫中,此时高烧还是不退,那时候亚历山大已经失去了语言能力。直到公元前323年6月13日,亚历山大去世。

第二种猜测:亚历山大死于病毒感染。

生老病死,人之常情,古代君王很多死于绝症。苏联学者赛尔格叶夫在《古希腊史》中讲述了亚历山大的死亡原因,他认为亚历山大是死于恶性疾病。对此观点,美国学者高勒将军也认同,他觉得亚历山大长期在沼泽地区作战以至于感染上恶性疾病,在6月13日晚上突然发作,连王位的继承人都没有指定就匆匆离世。

对这种恶性疾病猝死观点认同的还有我国历史学家吴子谨教授,美国卫生部流行病学家约翰·马尔以及传染病原体专家查尔斯·卡利谢尔。两位外国专家认为,亚历山大是被一种恶性疾病感染致死,这种疾病被称为"西尼罗河病毒"。这种病毒一般寄宿在鸟类或者动物身体内，通过蚊子传播给人类。

历史学家普鲁塔克记载，亚历山大到达巴比伦一处断壁残垣时，空中盘旋着许多乌鸦，这些乌鸦发疯似的相互叼啄，一些乌鸦从空中落到亚历山大的身边。从史学家普鲁塔克的记载中，可以分析出可能是这些乌鸦感染了病毒，之后将病毒传染给了亚历山大。文献中还记录了亚历山大死亡时的症状，他呼吸不畅，出现皮疹等。两位外国专家就更加确定亚历山大感染了"西尼罗河病毒"几率是百分之百。

不过美国罗得岛大学的流行病学家托马斯·马思反对这一说法，他表示，"西尼罗河病毒"感染的人群都是一些老人或者是免疫力比较低下的人，而那个时候的亚历山大正值壮年，年轻力壮的他感染这种病毒的几率很小。

第三种猜测：亚历山大中毒而死。

亚历山大的母亲奥林匹亚斯一直是个多疑的人，在亚历山大死亡5年后，宫中突然传言亚历山大是被人下毒而死。奥林匹亚斯便开始调查，还因此处死了很多人，其中包括亚历山大的酒官。奥林匹亚斯怀疑酒官下毒，她下令将其处死，并把酒官的骨灰撒入风中。

一些学者认为，罪魁祸首其实就是亚历山大的老师亚里士多德。希腊史学家阿里安表示，亚历山大生病的时候，他的部将安提帕特鲁送去一服药，就是这服药致使亚历山大死亡，而这服药正是亚里士多德配制的。

学者们对亚历山大的死亡原因作出了很多种猜测，但究竟是何种原因，谁也不能确定。亚历山大死亡的时候正处于他人生的巅峰时期，他作出的功绩是不可衡量的，亚历山大的死令很多政治家、军事家们感到惋惜。亚历山大死亡之谜也一直困扰着后人，这个谜团有朝一日是否会水落石出呢？

抛弃荣华富贵

提比略皇帝为何选择隐居？

　　大隐隐于市，小隐隐于野。在我们眼中，那些隐士们或许因为看透了人生才会避居乡野，抑或是为摈弃爱恨情仇的纠葛而遁入山林。皇帝是集万千宠爱于一身，它代表着尊贵，尽管人们常说高处不胜寒，帝王可能会因为身处高位而感觉到无边的孤寂。可即使有这样的感触，又有哪个君王愿意两手空空地离开宫廷呢？还别说，历史还真有这样的皇帝。古罗马皇帝提比略就是个特例，他在手握罗马大权的时候，离开了繁华的罗马都城，选择隐居乡野。这到底是怎么一回事呢？

　　公元26年，某个夏日里，朝阳升起得格外早。清晨的街道，人群稀稀疏疏。这时，一支有着十来人的小队伍匆匆忙忙地离开了罗马，踢踢踏踏的脚步声将人们的目光吸引过去，他们意外地发现，在人群中居然有他们的皇帝提比略。提比略突然离开罗马的举动让人们不安起来，但是占卜师安抚了人们。占卜师表示，从提比略离开罗马开始，他就不可能再回来，并且他也不会回来，还会在不久之后死在外面。这两个预言在11年内都应验了，只是第二个预言的时间有些不太准，因为提比略又活了 11 年。

学者们对提比略隐居给出了几个猜测。

第一个猜测：提比略离开罗马城，是因为亲人的疏远。

提比略出生于公元前 42 年，他 9 岁的时候父亲就去世了，他的母亲改嫁给了当时的罗马帝国创建者屋大维，提比略自然就成了屋大维的继子。15 岁，提比略就去视察哨岗；22 岁，第一次参战，他没有让人们失望，取得了很大胜利。从此，提比略在罗马出了名，受到人们的仰慕和尊敬。他体恤士兵，关注罗马百姓生活，在人群中声望极高，得到人们前所未有的爱戴。这也为提比略登上皇位奠定了基础。

其实，屋大维比较器重的是大将军阿格里巴，但是阿格里巴不幸战死。之后屋大维又开始提携提比略的弟弟德鲁苏斯，但是德鲁苏斯不幸夭折了。这两人的死更加让人们相信，真正的真命天子就是提比略。就这样，屋大维才开始把目光投向提比略，但是屋大维怀疑提比略会揽权，于是下令提比略与已经怀孕的妻子离婚，并且娶自己的寡居女儿茱莉亚。

茱莉亚嫁给提比略的时候已经有两个儿子，是和死去的前夫生的。后来，这两个儿子成为提比略的威胁，不过这也是屋大维故意安排下的结果。屋大维的两个外孙逐渐长大，他渐渐地开始培养两个外孙，以至于疏远了提比略，于是提比略生气地离开了罗马城。不过上天似乎又和屋大维开了一个玩笑，在公元 2 年和 4 年的时候，屋大维的两个外孙相继死去。这时候，德意志和高卢等地发生叛乱，屋大维不得不将提比略召回，派他去平息叛乱。提比略经过五年的战斗，叛乱才平息。在他 55 岁的时候，终于登上了罗马皇帝的宝座。

第二个猜测，提比略自我放逐。

对于提比略隐居的地点，学者们也花了很多功夫去研究考证。提比略隐居时间最长的地方是卡普里岛，也在米塞努姆海角的死亡山洞中居住过，这些地方被称为"放逐之地"，在罗马犯了错误的人都要被放逐，这些被放逐的人都聚集在放逐之地。对于提比略离开罗马归隐山林的做法，学者们认为是"自我放逐"。

卡普里岛靠海的三面全是悬崖峭壁，地理位置得天独厚，外面的人很难接近，提比略还能用书信来管理国家政务。归隐期间，有传言称提比略其实有两次想回罗马。一次，他的船靠在了人工湖的花园，但是严密的防守让他放弃了。还有一次，他来到了离罗马不到4英里的地方，只是远远地看着罗马的城墙，然后又离去了。

一个皇帝在自己的国家里还畏首畏尾，这么多次的机会他随时可以回去，但是为何没有踏出跨入罗马城的那一步呢？是罗马宫廷内有提比略畏惧的人，还是与他人达成了协议，从此不再踏入罗马城半步？提比略离开罗马后并没有很快死去，而是过了11年之久。在这期间，提比略躲过了很多劫难。在一个山洞内的时候，突然岩石塌陷，因为侍卫的保护才幸免于难。不过11年后，他还是死在了山洞内。或许命运的齿轮不曾转动，提比略最终也回到了原点。

第三个猜测，隐居与皇权有关。

对于提比略归隐一事，古今学者纷纷发表了自己的看法。他们认为提比略归隐只是一种策略，是为了在暗处发号施令，用神秘的面纱来维护自己的统治。而罗马历史学家塔西佗认为，提比略退隐山野是因为近卫军长官想谋位，或者是因为提比略的恐怖政策，隐居可以缓和与众人的恩怨。

第四个猜测，提比略隐居，是因为自己的孩子们全死了。

历史学家苏维托尼乌斯却表示，提比略是因为儿子们的死而受到了打击。不过对于这位历史学家的看法，很多人表示不赞同，因为在渥大维培养两个外孙的时候，他们就开始疏远提比略，并且这两个孩子还是现在的妻子和死去的前夫所生，没有必要做出离开罗马城和不做皇帝的举动。

当时的学者们对于提比略的评价不是很高，提比略在位 23 年，提比略被认为性格怪僻，行为诡异。而现在历史学家们则认为，这只是与提比略政见不和的人对他的攻击之词，并且指出，在提比略担任皇帝的这些年，罗马国泰民安，因为他崇尚节俭，不对外用兵，注重和平，积极发展手工业和贸易。这些都使得罗马的国库得到充实，并且在罗马人心中，提比略是位好皇帝，只是他好好的皇帝不做而选择隐居，这让人有些匪夷所思，而这个历史谜案恐怕只有提比略自己知道了。

百变罗马大帝

屋大维"善变"之谜

屋大维，罗马帝国的缔造者，古罗马帝国的伟大君王。屋大维当政期间是古罗马历史上最为富庶、国力最为强大的时代，同时也是罗马文化上的"黄金时代"。

屋大维曾经说了一句名言，"我继承了一座用砖建造的罗马城，留下了一座大理石建造的罗马城。"说这句话的人十分地自信，充分地体现了对自己政绩的自豪和肯定。屋大维刚刚接管罗马城的时候，罗马各方面都比较薄弱，到他退位时，罗马已经成为强国。然而，这位功绩显赫的古罗马帝王却非常"善变"，那么是什么原因造就了这位帝王性格上的"善变"呢？

屋大维 (公元前 63 年~公元 14 年)，是世界历史上著名的古代君王之一，他出生于骑士家庭。屋大维的祖父是古罗马官员，父亲是元老院的元老。有人曾说，屋大维的祖父是一位货币兑换商，到屋大维父亲时，他们家已经很富有，在当地也很有声望，可以说"屋大维"这个名字就代表了有权有势。

屋大维是凯撒大帝（罗马皇帝）的甥孙，公元前 44 年，他被凯撒收为养子，并且被指定为继位人，凯撒四分之三的遗产也交给了他。不久，屋大维利用凯撒的威望和遗产登上了罗马政治的舞台。公元前 43 年，他与安东尼、雷必达三人，组成了"后三头"政治联盟，并且一起打败共和派贵族。公元前 36 年，屋大维巩固了自己地位后，立即剥夺雷必达的兵权。公元前 31 年，他率军进入埃及，在亚克兴的海战中击败曾经的政治盟友安东尼，同时掌握了罗马的最高政权。公元前 28 年，屋大维自任为罗马帝国"元首"。公元前 27 年，屋大维做出"还政于民"的举动，他交出最高权力，元老院为此授予他"奥古斯都"的尊号。然而这一切都是表面上的，屋大维交出权力后仍然担任执政官和终身保民官等职，独揽军事、行政、司法、宗教等大权，所以，屋大维创立的元首制实质上是一种隐蔽的君主制，实际上他还是皇帝。

可以说屋大维是罗马帝国的第一位君王，他是元首政制的创立者。屋大维掌握罗马政权 43 年。在这 43 年中，他首创元首制度，完善国家法制以及维护奴隶主的利益，同时发动对外战争，倡导文化复兴。屋大维当政期间，罗马帝国进入了空前繁荣的时期，为后世罗马帝国的发展、繁荣奠定了基础。在屋大维死后的两个世纪当中，罗马帝国政局稳定，经济、文化迅速发展，这一段时期被称为"罗马的和平"时期。四通八达的道路将罗马帝国的各处部落连接起来，成为了一个以罗马城市为中心的罗马大帝国。所谓"条条大道通罗马"，这一句谚语就描述出当时古罗马帝国交通发达、商业繁荣的景象。

为了纪念屋大维，公元 14 年 8 月，在他死去后，罗马元老院将他列入"神"的行列。尽管屋大维政绩显赫，却还是有很多人对屋大维不满，因为屋大维起初是一个残暴自大、不安分的政客。屋大维曾经让安东尼把政敌西塞罗的人头挂在大会场上；他对元老院中的派系之争从不制止；他不顾往日友谊，将曾经的政治盟友安东尼和克里奥帕特拉逼迫至死。

屋大维登上了权力的顶峰后仍然本性不改。晚年时心胸极度狭隘，用尽各种手段残害自己的反对者，甚至禁止在史书中记录自己的不良行为。

但是仍有很多人对屋大维有好感，他们认为屋大维憨厚却有魅力，不太勇敢却征服了一切敌人，治理了联邦帝国，使广大地区享受和平和繁荣达两百年之久。因此，很多雕刻家不惜消耗大批珍贵的青铜、云石为他塑出不同的雕像。

有的雕塑呈一个严肃、略带傲气的青年形象，有的雕塑呈仪表凝重的教士形象，有的则将他塑成身着军装、威风凛凛的武将。至少在这一群雕塑家的眼中，屋大维已经由一个残暴的政客变成了大度、谦和的君主。

据说，屋大维一生百病缠身。他患有金钱癣一类的皮肤病，时好时坏；又患有关节炎的病症，右手失灵；他还有膀胱结石，还经常严重的失眠；每到春季，他的横膈膜扩大症就会发作；因为风湿，他的右腿几乎难以行走；他还患有鼻炎；屋大维很怕冷，所以每到冬天，屋大维总是裹着厚厚的衣物。

不过，屋大维没有因为身体的缘故玩忽职守，在身体状况朝不保夕的情况下，屋大维仍然坚持着平定内部叛乱的战争。他经常主持元老院的重大会议，整个国家的政务事必躬亲，他将整个罗马帝国治理得井井有条。

屋大维的一生充满了令人惊异的巨变，其前后的变化令人觉得不可思议。

屋大维是一个迷信的人，对预兆很重视。但在重视预兆的同时，他又有自己的客观判断和思想意识。他劝国家中的青年从事积极的工作，将书中学来的理念用于实践之中，不要死读书。屋大维做事稳健、谨慎，最喜欢的格言是"急事慢做"，一次次告诫自己要稳健持重。屋大维做事认真的态度是历史上众多当权者无法比拟的，正是这种严肃认真的做事精神，才让他赢得了无数人的尊重。

有文献记载，屋大维听到凯撒被人谋杀的时候，年轻的屋大维对谋杀者的行为感到极大的震怒。为了给凯撒报仇，为了建立罗马帝国的繁荣，屋大维动身回到罗马。这样的举动让罗马公众一致认定屋大维是正义、忠贞、大度和容忍的典型代表。作为罗马帝国的元首，屋大维过着简朴的生活，但却从不勉强别人也过同样的生活。每逢盛大酒宴，屋大维都提前离席，好让客人们不致因为他而拘束。看起来屋大维非常善解人意，他也从不矫情，为了争取民众手中的选票，屋大维曾毫不客气地拉住选民的衣角。他不喜欢炫耀，出行从来不招摇过市。

屋大维的事迹还有很多，每个人眼中的他都是不同的。历史上评价屋大维是个"善变"的君王，但是毫无疑问，人性本来就是复杂的。屋大维前后变化惊人，性格上的矛盾也表现得淋漓尽致。但是，是什么造成了屋大维性格上的善变呢？这又是历史上一个难以解开的谜团。

白痴还是贤君

克劳狄皇帝历史地位解读

在古罗马历史的长河中，有一位君主叫作克劳狄。克劳狄在位 13 年，对于他执政的手段，史学家们颇为争议。有人认为克劳狄是一个没有主张的君王，更有人说他是个智障白痴。但也有人认为克劳狄有着不可埋没的功劳，而且还是一位秉性正直、贤明大度的好君王。面对史学家们的众说纷纭，我们不免产生疑问，克劳狄究竟是天才还是弱智呢？

克劳狄出生于罗马贵族家庭，由于是早产儿的原因，克劳狄反应迟钝，在运动上也欠缺天赋，这样一个贵族自然会受到其他贵族的嘲笑。不过上天似乎并没有放弃克劳狄，在克劳狄 50 多岁的时候，他的命运发生了翻天覆地的变化。在公元 41 年的时候发生了一场宫廷政变，当时的罗马皇帝盖乌斯被近卫军杀害。盖乌斯是克劳狄的侄儿，盖乌斯被杀的时候，克劳狄就躲在窗帘后，近卫军发现克劳狄便把他从窗帘后拖了出来。这些近卫军做出了一个让人诧异的决定，那就是要拥立克劳狄为新皇帝。近卫军的决定元老们十分反对，但是在看到近卫军手中明晃晃的长矛的时候，他们也只能选择接受。

令人没想到的是，克劳狄登基之后，罗马有条不紊地发展着。克劳狄在学术和政治上的表现得到了大臣们的认可。克劳狄待人宽容，对罗马帝国的政治机构进行了完善，并且建立了新的秩序。克劳狄还创作了很多历史和文学作品。比如《伊特拉里亚历史》、《奥古斯都史传》、《迦太基史》等等，还有一本是克劳狄的自传，不过这本书如今已经失传了。不仅如此，克劳狄在斗兽场上也是一位勇士。这样的克劳狄，大家还能认为他是一位弱智吗？

为此，古罗马学者们对克劳狄是否是一个弱智展开了激烈的讨论。

第一种观点，克劳狄是没有主见的弱智。

克劳狄在位期间的政绩得到了学者们的认同，不过却依旧改变不了学者们认为克劳狄是个毫无主见的弱智观点。史学家苏维托尼乌斯认为，克劳狄的妻子和一些被释放的奴隶们经常命令克劳狄，让克劳狄为他们的利益做事，克劳狄自己作出的决定远远少于他人的命令，足以证明克劳狄是个没有主见的人。

第二种观点，克劳狄是个懂得隐忍的智者。

20 世纪 20 年代，学者们发现了克劳狄写给亚历山大里亚市议会的亲笔信。学者们看过这封信后，观点发生了翻天覆地的变化。这封信写的是克劳狄对亚历山大里亚市的市政建设规划与讨论。在信中，他还阐述了犹太人和希腊人之间的微妙关系。在这封信中，克劳狄的才华和天赋展露无遗，并且也是一个很有主见的人。为此，学者们又对克劳狄有了新的认识和评价。他们认为克劳狄是一个明智的君主，大智若愚，克劳狄做出的功绩都是来自于大脑的指挥，所以他是个极其聪明的人。克劳狄在位期间，政党内矛盾斗争激烈，而这些争斗稍微处理不好，可能便会祸及克劳狄的生命，克劳狄迫于无奈才采取隐忍低调，装疯卖傻。

昔日的罗马帝国，如今已经是沧海桑田，人们对古罗马帝国的历史却越来越感兴趣。克劳狄是一个天才还是一个弱智呢？如果我们认定克劳狄是一个傻子弱智、那么他的丰功伟绩、各种政策和代表作都是他人在背后秘密出谋划策吗？不过这样的推测有些荒谬，因为在历史的长河中，这位秘密辅助克劳狄的智者一直没有出现在罗马帝国史中。

天使与恶魔

罗马皇帝提图斯为何性情大变？

在古罗马史上，最为贪婪的皇帝便是韦斯巴香，韦斯巴香的名声在罗马人心中可以用臭名昭著来形容。不过值得庆幸的是，这位皇帝却有个完美的的儿子，他叫作提图斯。提图斯的形象与他父亲的形象完全不同。提图斯在位几年，几乎让人找不到瑕疵，人们对这位皇帝有着前所未有的崇敬之情。

魔鬼与天使只有一线之隔，提图斯就徘徊在魔鬼与天使之间。提图斯继位前后的形象完全不同，在没有继位之前，提图斯是罗马城中名声最坏的人，继位之后，罗马人民对提图斯很恐惧，觉得他可能会成为第二个尼禄（尼禄就是被怀疑烧了罗马城的皇帝）。提图斯继位几年后，他的转变让罗马人民吃惊。他赈济灾民并实施了各种好的政策，他为罗马人民所做的一切得到了认可，让人们觉得提图斯就是上帝派来拯救罗马人的天使。

提图斯前后行为举止大相径庭，学者们对这点颇为着迷。提图斯的反复无常是伪装的吗？在学者们眼中，提图斯就像蒙了一层神秘面纱，让人忍不住想去揭开。

提图斯年轻的时候相貌英俊，威武儒雅，精通武艺和骑术，同时在文化上也有很深的修养。提图斯的记忆力很强，他能够用拉丁文和希腊文当场作出优美的诗句。提图斯在音乐上也很有天赋。这样一个有才华、相貌英俊的人，可以用完美来形容。但是年轻时的他在罗马人民的心中却是个魔鬼。那时候的罗马人民为何将提图斯认定是魔鬼转世呢？

提图斯的朋友很多，主要是同性恋者和太监，提图斯经常和这些狐朋狗友们通宵达旦地玩乐，名声一点点地变臭。除此之外，提图斯还和犹太国王阿格里巴一世的女儿有着暧昧关系。在提图斯担任近卫军长官的时候，人们怀疑他徇私舞弊和谋取贿赂。他的行为在国民眼中很暴虐，如果有人被他怀疑了，那么只有死路一条。还有一次，提图斯向耶路撒冷发动攻击，他残忍地射杀了12名守卫者。

这样一个冷酷残忍犹如魔鬼一样的人物，让罗马人民觉得前途一片黑暗，可是令人意外的是，提图斯当上皇帝后，仿佛变了一个人似的。提图斯一继位，他就将犹太国王的女儿送出了罗马城，这对提图斯来说是个非常痛苦的决定。

提图斯的情人很多，大多是舞女。在提图斯的支持下，这些情人们变成了舞台明星。之后提图斯和她们断绝了交往，而且绝不去公共剧场看她们的表演。提图斯对罗马人民很好，他尊重个人财产权利，从不像自己的父亲一样贪婪地勒索群众。而对于民众们的要求，他都尽量给予满足。

提图斯也是懂得自我总结与反省的人，每天晚上，他都会回想这一天干了什么，如果这一天他没有为人民做好事，他便会感到自责和悔恨。罗马发生自然灾害的时候，提图斯把自己的私人财产拿出来救济难民，而自己别墅中的装饰物则被拿去修复神庙。更加让人们觉得可贵的是，提图斯有着极大的宽容和忍耐。为了不让自己再去伤害别人的生命，他接受了大祭司的职务，自此没有再判处任何人死亡。即便当时有两名贵族青年想反叛，提图斯知道后只是发出了警告，并没有给这两名贵族青年任何处罚。

提图斯觉得，皇权是上天赐予的，那么谁也没有夺走的资格。如果想要从他这儿索取别的东西，提图斯倒是不在意。比如，提图斯继位后，他的弟弟一直在暗中算计他，甚至是公开地煽动军队暴动。提图斯面对弟弟如此恶劣的行径，他表现出了极大的宽容，他没有处死弟弟，只是将自己的弟弟放逐。提图斯还私下找过弟弟，希望兄弟两人能够像从前那样共同治理好罗马。提图斯既往不咎，他对罗马民众宣布，自己的王位继承人依旧是自己的弟弟。

公元 81 年 9 月 13 日，提图斯在自己的别墅中病逝。当罗马民众知道这个消息后非常悲痛。元老院的长老们不约而同地来到议事大厅，他们用最美丽的词汇对提图斯进行颂扬，表达罗马人民对他的感激和热爱。

提图斯得到了众人的认可，虽然他年轻的时候以残忍出名，但继位后不但没有被权力迷惑，更是将自己的一切拿出来奉献给罗马人民。虽然提图斯在位只有两年的时间，但这位皇帝在死后却被罗马人民誉为天使般的人物。

提图斯是个奇迹，他让自己年轻时魔鬼般的形象来了一个三百六十度的转变，魔鬼变天使，憎恨变为爱戴，这需要付出多少努力呢？提图斯应该算是英年早逝，这给学者们留下了很多的疑惑。对于他魔鬼变天使的转变，学者们因为资料的缺乏至今没有给出合理的解释。有学者猜测，提图斯为了得到皇位的继承权力，年轻时候的冷酷残忍只是为了迎合他那个贪婪的父皇，以便在继位后能为罗马民众做好事。但这究竟是什么原因，仍让人迷惑不解，这个悬案还有待我们去探索。

一生献给国家

伊丽莎白女王为何终身不嫁？

英国是一个充满绅士风度的国家，英国虽然为君主立宪制的国家，但是皇室还是受到民众的尊敬与爱戴，而女王的位置也继续被传承。在这么多杰出的女王中，伊丽莎白一世最受到学者们的关注。

伊丽莎白是亨利八世的女儿，她出生在泰晤士河畔的格林尼治宫，她的母亲叫作安妮·博林。安妮·博林原来是亨利八世的宫女，安妮·博林与亨利八世的这段婚姻并没有得到天主教的认可，在亨利八世和安妮·博林结婚后的三个月，伊丽莎白就出生了。于是伊丽莎白背上了私生女的身份，天主教不承认伊丽莎白的存在，也不准她成为教徒，这导致了伊丽莎白继位后倒向了新教会。

伊丽莎白两岁的时候，亨利八世处死了安妮·博林，理由是她没有为王室生下男孩。年幼的伊丽莎白失去母亲后，心理发生了翻天覆地的变化，她渐渐变得忧郁、冷漠。直到伊丽莎白死亡的那一刻，她也无法原谅自己的父亲犯下的过错。伊丽莎白为了能够在王室内生存，她努力学习知识，接受训练。

伊丽莎白在语言上极具天赋，她通晓多国语言，如意大利语、法兰西语、西班牙语等，并且连难度很大的法文诗都能翻译出来。

1533 年，伊丽莎白同父异母的姐姐玛丽登上了英国王位，玛丽被称为"玛丽一世"。1558 年，玛丽一世去世了，玛丽一世没有子女，所以王位的最佳人选只有伊丽莎白。在玛丽一世去世的那个晚上，伊丽莎白被英格兰新教徒、新贵族接了回去，在众人的拥戴下坐上了英国王位，伊丽莎白被称为"伊丽莎白一世"。伊丽莎白登基的时候十分年轻，她那时只有 25 岁。伊丽莎白身材细挑，她继承了母亲的美貌，她喜欢打扮自己，举止也优雅大方，再加上有了英国女王的头衔，更吸引了欧洲不少的贵族男子。

伊丽莎白是个异常优秀的女人，但是婚姻却让人头疼，以至于伊丽莎白孤老一生。伊丽莎白不愿意结婚，那么这位女王是如何想的呢？集美丽与智慧于一身的女王终身未嫁，这个谜团一直困扰着学者们。学者们对伊丽莎白终身未嫁做出了几种猜测。

第一种猜测是：出于政治的考虑。

有专家表示，伊丽莎白能够带领动荡的英国走向繁荣，其中有两个原因：一个是与她的智慧有很大的关系；还有一个就是伊丽莎白将自己的婚姻当作获取利益的手段。由于伊丽莎白是私生女，她女王的身份一直得不到认可，这个时候西班牙国王腓力二世突然向伊丽莎白求婚，当时西班牙在国际上的地位举足轻重，因为腓力二世的关系，伊丽莎白从中得到的好处可想而知。但西班牙是一个顽固的天主教国家，伊丽莎白一世女王和腓力二世的结合必然会给英国新教徒带来噩梦。直到伊丽莎白的统治地位稳固后，她最终以宗教信仰不同拒绝了腓力二世。

伊丽莎白在各种政治力量之间游刃有余，使英国一跃而上，在强国中立稳足跟。这样一位极具魅力的女人，一直有无数的追求者。但是伊丽莎白一世却将自己的婚姻作为一种资本，一种可以用于外交的资本。在外交中获取政治力量，使得自己的统治坚不可摧。英国著名学者罗素表示，王室的婚姻需要考虑到众多的因素，如政治、经济、国际等等，这些都紧密地结合在一起，稍微处理不当就会引来国际纠纷。而伊丽莎白终身未嫁，不是因为有生理和心理的缺陷，只是她的眼光看得长远。伊丽莎白为了英国的利益，不惜牺牲自己的婚姻。

第二种猜测是：伊丽莎白有情人。

伊丽莎白爱过一个男人，这个男人与伊丽莎白一起长大，可以说是青梅竹马、患难之交。这个男人是一位伯爵，叫作莱塞斯特。伊丽莎白登基后，莱塞斯特已经结婚，但是没过多久，他的妻子神秘死亡，并且有诸多的谣言。之后，莱塞斯特向女王正式求婚，伊丽莎白很想嫁给他。最后人民不支持，因此，出于种种考虑使得伊丽莎白最终选择了放弃。

1578年的时候，伊丽莎白差点结了婚，对象是法国国王亨利二世的四弟。这位年轻的公爵来英国做客，虽然两人年龄相差一倍，但却一见钟情。据说，伊丽莎白还答应了公爵的求婚，不过考虑到国际关系后，伊丽莎白解除了婚约，并表示自己会独身一辈子。不过在后来，伊丽莎白还私下和这位公爵来往。

第三种猜测是：伊丽莎白的成长环境。

英国有一部电影叫作《童贞女王》，这部电影讲述了伊丽莎白始终没有结婚的秘密。在剧中，伊丽莎白三岁的时候，她的父亲将她的母亲处死了。这段记忆给伊丽莎白造成了很大的心灵创伤，她觉得这个世间的爱情都是骗人的，同时对婚姻也逐渐产生一种恐惧与排斥。即便后期的伊丽莎白权力滔天，她还是无法克服内心的阴影。

第四种猜测是：伊丽莎白不孕。

这种说法有些荒谬，学者们认为伊丽莎白没有生育的能力。因为对生活和未来失去了希望，所以才会终身未嫁。这种说法听起来有点荒谬。

　　这几种猜测都有很多的学者支持，但是伊丽莎白没有结婚的原因谁也不能确定。一些文献中记载，伊丽莎白即位后，议会很多次恳求她选择丈夫，以便为王室留下继承人。但是伊丽莎白没有理会，她对议会长老们表示，自己已经有了丈夫，那就是英国。伊丽莎白的杰出表现大家有目共睹，在她统治期间，不仅确定了英国的国教制度，还将原本动乱的内政平息，同时为了加速经济发展，伊丽莎白也制定了很多强有力的政策。英国在伊丽莎白的领导下，成为了一个海上霸主，势力不断地向东方扩展。1603 年 3 月，伊丽莎白病倒了，失去了说话的能力。临终前，她用手势传达了遗嘱：英格兰国王詹姆斯为王位继承人。同一月内，伊丽莎白去世。

　　伊丽莎白凭借着自己的聪明才智，最终将英国的国势推上了顶峰。不过这样一位有地位的女人，因为没有结婚，使她变成了贵族和平民们议论的热点，流言蜚语传遍大街小巷。伊丽莎白女王终身未嫁，在位 45 年间，议会长老们都无法猜测出原因，到了现在这个年代其原因似乎更加神秘与离奇。学者们绞尽脑汁地思考女王未嫁的谜团，但是给出的答案却五花八门。随着伊丽莎白的逝世，这个谜底将长埋地下，成为一个不解之谜。

尊贵的囚犯

法国巴士底狱"铁面人"身份揭秘

　　法国的巴士底狱十分著名，巴士底狱是关押犯人的王室监狱。巴士底狱是法国国王查理五世时修建的军事城堡，它原本是用来抵御外敌入侵的要塞。但在十八世纪时，它成为法国王室关押犯人的监狱。在 1789 年法国大革命中被革命者摧毁。

　　在法国皇帝路易十四的残暴统治下，阴森恐怖的巴士底狱堡垒就像一座鬼城，确实不是夸张。这一时期的巴黎处于水深火热之中，人民的反抗顺应了历史潮流。在诡异神秘的巴士底狱里关押了形形色色、不为人知的死刑犯，或者是终身监禁者。时至今日，巴士底狱虽然已经不复存在，但是却留下了很多的逸闻传说和猜测。而其中流传最为广泛的就是著名"铁面人"之谜了，巴士底狱里面的铁面人究竟是何人？

　　最早记述"铁面人"之谜的是启蒙运动开拓者伏尔泰，他在书中记载：吊玛格丽特岛上的鹰城堡即将迎来一位特殊的客人。他是个身材修长、举止高雅的年轻人，他的头上不知被谁罩上个特制的铁质面罩，无论是在他被秘密押送的途中，还是在囚禁的时候，脸上的面具也没摘下过。据说，这个面罩在下颌部装有钢制弹簧，即使是吃饭或喝水也没有妨碍。因此，从来没有人见过"铁面人"的真面目。

对此，学者们对"铁面人"的身份发表了几个观点。

第一种观点，"铁面人"是路易十四。

在之后的时间里，统治者又将这个神秘的"铁面人"作为政治犯关押到了巴士底狱。世人一直猜测这个神秘人的身份，他到底和当时的国王有着怎样不为人知的秘密呢？而作为被终身监禁的死囚犯，铁面人一直都在巴士底狱享受着很好的待遇，连他的饮食都是根据他的口味而单独提供的，不得不说，铁面人确实不是一般的政治犯，有人猜测"铁面人"是与王室有着密切关系的大人物！

历史不可更改，但小说却可以人为创作，影片自然也会追随历史的印迹。根据小说《布拉热络纳子爵》而改编的电影《铁面人》，在它上映时引起了观众的热烈反响，片中的神秘铁面人竟然就是路易十四自己。影片大致讲述了一个类似狸猫换太子的情节，一个和路易十四长得十分相像的年轻人取代了他，成为了后来极其残暴的路易十四法皇，统治法国将近六十年。

这部著名小说改编的影片和《基度山伯爵》的情节很相像。同样是讲述关于在巴士底狱关押的死刑犯的故事，背景也是法国大革命。而小说的结局就是一个和伯爵长得很像的年轻人，为了报恩而代替他上了断头台。人面相像的传说在当时很受欢迎，所以《铁面人》影片的故事当然很有可看性。只是这个由小说而来的"铁面人身份"的说法，显然在权威证据面前是站不住脚的。

早前伏尔泰留下的记述也是戛然而止，给世人留下了想象的空间。在后来的王室继承者的调查取证下，铁面人的秘密也没有透露给世人。原因就是当时的统治者已经将关于铁面人的一切信息销毁，他们之间像是达成了某种协议，铁面人想要保住自己的生命，那么只能在巴士底狱的牢房内度过。

第二种观点，"铁面人"是法国国王查理一世。

19 世纪末期，一位叫作安娜维格曼的学者提出了自己的看法，真相就是这位戴铁面罩的"铁面人"其实是国王查理一世。在法国皇帝查理一世被送上断头台前，刽子手已经被法国皇帝的忠仆买通，有人代替查理一世被砍头。之后查理一世戴着铁面具居住在巴士底狱，目的就是为了避开民众的视线，免于一死。

安娜维格曼的依据就是查理一世和这名囚犯的习性有些相同。不过有人指出，这个说法显然有点不合逻辑，从年份上考究就值得怀疑。

还有文献记载：在一位法国公主写的一封信里就提到这名"老囚犯"。信中写道："多少年来，有个人一直戴着面罩，他住在巴士底狱直到死亡，他的身边有两名武士，两名武士将永远守在他身旁。如果铁面人的面具被他摘下，便会被武士立即杀死……"这里面必然有些蹊跷，铁面人受到的待遇很好，住得很舒服，各项供应无缺。但没有人知道他是谁。从信中可以看出铁面人是被胁迫的，而不是自愿住在巴士底狱。

第三种说法，"铁面人"是路易十四的大臣。

路易十四当政时期，国务秘书马基欧里也被列入怀疑对象之中。大臣背叛了祖国，路易十四深恶痛绝，恼怒的路易十四便将他关进了监狱，并给他戴上了铁面罩。这个说法很少被采用，历史学家都不会相信路易十四面对一个反叛自己的人会有这样的仁慈和耐心。

第四种说法，"铁面人"是路易十四的亲生父亲。

政治学家奎克斯武勋爵认为，铁面人就是法国皇帝路易十四的亲生父亲。路易十三与奥地利妻子安妮结婚后不曾生育，后来经王室的建议，在贵族里选择一个具有皇室优良血统的年轻人与王后生育，这也是贵族们求之不得的，被选中的年轻人就是路易十四的亲生父亲。

为了巩固自己的统治地位，路易十四不得不对其进行封杀。但是作为自己的亲生父亲，路易十四显然不想背负杀父的罪名，最后采取将他作为政治犯终身软禁的手段。至于为什么戴着面具并且终身不得摘下的原因，这位政治学家认为是路易十四和铁面人长得很相像，路易十四这么做就是为了避免因为相貌的相似而引起别人的怀疑。

这个推测也是法国流传最广、最可信的一个说法。法国社科院院士潘约里在 1965 年出版的《铁面罩》一书中就支持这种说法。铁面人直到死后，使用的依旧是后来的假名——尤斯塔奇·道格。

铁面人的传说为巴士底狱增添了不少神秘色彩，在皇帝专权的时代，统治者可以为所欲为。除了主宰他人的人生，历史也可以被改写。铁面人在监狱里过完了自己凄惨的后半生，死后就被两个侍卫在圣保罗教堂附近草草地埋葬了，没有一个吊唁者。铁面人的去世至此画上了句号，而流传于世人的却是无尽的神秘与猜测。神秘的巴士底狱，里面还会有多少如同"铁面人"一样不为人知的秘密呢？历史永远是个解不开的谜。

童话般美丽

茜茜公主是否拥有完美幸福的一生？

王子与公主的结局真的如童话中那般美满与幸福吗？而我们所说的茜茜公主，她的一生真的让人们羡慕吗？

茜茜公主一出生就有着显赫的身份，她1837年出生在巴伐利亚，她的家庭是一个贵族家庭，她的母亲是一个女公爵，是当时奥地利索菲皇太后的亲妹妹。茜茜公主非常美丽，很多人都喜爱她，茜茜公主经常和父亲一起骑马打猎，所以她给人的感觉很活泼开朗，当时大家都称呼她为"茜茜"。茜茜还有一个姐姐叫作海伦，海伦与奥地利索菲皇太后的儿子定有婚约，这位索菲皇太后的儿子是个了不起的人物，年纪轻轻就已经是奥地利、匈牙利、波西米亚的国王，他叫作弗兰茨·约瑟夫。

1853年8月，年轻的皇帝弗兰茨来到了巴伐利亚，他此行的目的是看望自己的未婚妻海伦。不过谁也没有想到，弗兰茨的这次旅行却改变了茜茜一生的命运。

茜茜当时只有15岁，她的美丽与朝气迷住了弗兰茨，但是茜茜年纪太小，根本没有发现弗兰茨对自己的异样感情，直到弗兰茨解除了与海伦的婚约，茜茜才明白是怎么回事。弗兰茨不顾母亲索菲皇太后的反对，他向茜茜公主求婚，在茜茜年满 16 岁后，弗兰茨便和茜茜结了婚。茜茜成为了"皇后陛下"，不过年轻的她还带着一身的稚气。

茜茜的这段婚姻充满了隐患。第一个隐患：茜茜活泼、不拘小节的性子惹来索菲皇太后的不快，索菲皇太后向来严肃，所以经常找茜茜的麻烦。第二个隐患：茜茜对宫廷生活很不适应，这使茜茜变得越来越忧郁，身体健康出现了问题。第三个隐患：茜茜和弗兰茨结婚的时候才 16 岁，短时间的接触根本无法了解彼此的性格，茜茜不知道对弗兰茨的感情是不是爱情，随着他们开始这段婚姻生活，种种的矛盾一一浮出水面。

年轻帝王弗兰茨的性格果断冷静，他做起事情一丝不苟。茜茜的性格天真活泼，她向往自由与温情。两个性格迥异的人在长时间的相处后才发现两人并不适合。茜茜生活在冰冷的宫廷之中，那种骑马打猎的日子成了奢侈，茜茜在心灵和精神上一直得不到满足，茜茜只能转向阅读大量的文学作品。茜茜很聪明，学习语言极有天赋，没过多久她就可以说一口流利的英语和法语。茜茜对哲学和历史也很感兴趣，在宫廷中她也写下了大量的浪漫诗词，但是这都无法改变她生活的乏味与无趣。

在维也纳豪华奢美的宫廷里，茜茜没有了自由的权利，说白了，茜茜就是一个摆设，一个传宗接代的工具。茜茜的一切都被索菲皇太后安排，婆媳间的关系让茜茜感到窒息。结婚 10 个月，茜茜生下了第一个女儿，她与皇帝弗兰茨的女儿被索菲皇太后带走抚养，茜茜没有感受到初为人母的喜悦，随后生下的两个孩子也都被索菲皇太后带走，茜茜在冰冷的皇宫中处于孤立无援的状态。

渐渐地，茜茜失去了朝气与活力，她的健康也跟着出现了严重的问题，她开始剧烈地咳嗽，身体没有力气。在 1860 年的时候，茜茜不但患上了贫血症，还得了严重的肺病，医生劝茜茜去马德里疗养。离开宫廷的茜茜露出了久违的笑容，在马德里无拘束的生活使她的病情好转。此后，她利用各种借口离开宫廷，她大部分的时间都住在自己的娘家。茜茜不再出现在公共场合，她对外宣称身体不好。于是人们开始猜测，茜茜的婚姻是否真的如童话里那般美满与快乐？

1866 年，茜茜迎来了人生中的第二个转折点。这一年，奥地利的军队被普鲁士人打败，她和皇帝弗兰茨去动荡不安的匈牙利访问。在这次访问中，茜茜认识了安德烈伯爵，她与伯爵陷入了爱河之中。1868 年的时候，茜茜生下了第四个孩子，她决定亲自教育这个孩子。

40 岁后的茜茜还是美丽依旧，她开始关注自己的容貌和身材，她寻求各种保持青春的秘方，无论刮风下雨她都坚持跑步。茜茜 57 岁的时候，她还有着苗条的身材，体重一直保持在 50 千克以下。茜茜一直得不到丈夫弗兰茨的关爱，得知弗兰茨和一个女演员关系暧昧后，茜茜并没有显得十分生气，她反而很高兴。这件事情之后，茜茜开始漫游欧洲和非洲。不过在 1898 年的时候，已经 60 岁的茜茜失去了活力，在同年 9 月 9 日，茜茜被人刺杀，地点就在日内瓦的一个湖边。茜茜公主被人刺杀的原因，恐怕只有她和自己的丈夫清楚。

回顾茜茜公主的一生，她就像一只美丽的金丝雀，虽然受到无微不至的照顾，但是困在笼子内的金丝雀始终没有灵气。她的宫廷生活如白开水一般，婆媳关系恶劣，夫妻关系冷淡，母子关系疏远。茜茜在物质上非常丰裕，精神上却是十分空虚，这些真的是茜茜公主想要的生活吗？恐怕这个谜团还要问茜茜公主本人了。

突然现世的遗嘱

彼得大帝的遗嘱是否存在？

俄国的彼得大帝在历史上绝对是一个风云人物，他是俄国罗曼诺夫王朝第四代沙皇，彼得是在 1682 年继位，1689 年掌握大权。彼得大帝被认为是俄国最杰出的沙皇，他制定的政策使俄国变成一个强国。彼得在生前全身心致力于俄国的全方面建设，他也留下了一份遗嘱，不过这份遗嘱的内容震惊了世界。

这份遗嘱的内容有十四条，每条内容都透露了彼得大帝的野心。内容为：一、俄国长期保持战争状态；二、俄国全力招收各种人才；三、俄国应该积极参与欧洲事务，保持国际地位；四、瓜分波兰；五、征服瑞典；六、利用王室联姻巩固俄国的地位，消化瓜分征服来的国家；七、与英国结盟通商，促进经济发展；八、沿黑海、波罗的海向南北扩张，为下一步侵略做准备；九、进攻君士坦丁堡与印度；十、与奥地利结盟，并且维护同盟关系；十一、暗中挑动奥地利与欧洲各大国作战，从中获取利益；十二、全面统治希腊；十三、利用法国、奥地利中的一个制服另一个，从中掌控统治权和瓜分地域；十四、征服日耳曼和法国。

很明显，彼得大帝的遗嘱说的是如何统治欧洲的计划，谁都能闻到里面充斥着的浓烈野心，以及一个人内心的强大欲望。这难道真是彼得大帝内心所想？果然，这份遗嘱被公开之后，它的真实性很快就受到了来自各方面的质疑。

首先，披露彼得大帝遗嘱的人叫作德奥。德奥是一个法国人，他在1836年的时候出版了一本回忆录，这本回忆录就是围绕彼得大帝统治欧洲的计划展开描述的。这本书上市后引起很大的轰动，销售量成为冠军。德奥也从一个不起眼的小角色成为了炙手可热的人物。

德奥之前是法国机要局的工作人员，他接受命令潜入俄国宫廷窃取情报。当时彼得大帝的女儿伊丽莎白占据着沙皇的宝座，伊丽莎白荒淫无道，堪比法王路易十四。伊丽莎白在自己的宫中豢养一群"面首"，德奥就是其中的一个。德奥凭着自己的相貌和才华，从这些面首中脱颖而出。他受到了伊丽莎白的青睐，在伊丽莎白的首肯下可以随便出入宫廷，甚至可以翻阅沙皇皇宫内的绝密档案。

所以学者们认为，德奥窃取来的这份《彼得大帝遗嘱》并非空穴来风。德奥在自己的回忆录中表示，这份遗嘱是窃取而来，并且描述了窃取的详细经过。在圣彼得堡的皇宫内，他发现了一份为《彼得大帝统治欧洲的计划》的文件，德奥阅读后觉得很有价值，便手抄下来，之后将文件交给了法国国王路易十五，彼得大帝的这份计划引起法国政府的极大重视。

那么这份计划真实存在吗？为何在后期又受到了不少人的质疑呢？

在德奥将计划交给路易十五42年后，流亡法国的波兰将军索科尔斯基向法国政府提交了一份《俄罗斯扩张计划概要》，这位将军声称是从沙皇档案中发现的。让人惊奇的是，这份概要和德奥窃取的《彼得大帝遗嘱》内容一模一样。所以《彼得大帝遗嘱》的真实性几乎不容置疑了。

但是，前苏联最有权威的历史专家认为，德奥所说的这份《彼得大帝遗嘱》完全就是伪造的，这一观点引起了不少人的共鸣，很多国家的学者们加入了判断《遗嘱》真伪的兵团中，结果经过多年研究才认为所谓《遗嘱》都是伪造的。

根据文献记载，彼得大帝是因为肺炎去世的。1724年的冬天，彼得已经重病不起，隔年一月份，彼得大帝挣扎在死亡线上。他费尽力气写了"将一切转给"几个字后便不能再拿笔了，他的遗嘱变成了口述。伊丽莎白还没有来得及到彼得的床前，彼得大帝就已经昏迷，并于次日凌晨去世。

从这段记载中可以看出，彼得大帝什么遗嘱也没留下，甚至连沙皇继承人都没有说出口。而德奥手中的那份《遗嘱》，内容思路清晰，有条不紊，怎么可能是连笔都提不起、话都说不出口的彼得留下的遗嘱呢？再者，这样机密的文件怎么可能不好好地收藏呢？

从德奥披露的这份《彼得大帝遗嘱》的内容来看，野心表露极为明显，一个想要称霸的人不可能将自己的计划写得这么直白，彼得大帝如此心细的一个人，难道没有考虑以后会被发现的结果吗？再者，这份遗嘱经过多个国家的翻译后，虽然内容大致相同，但是从细节上看出入较大。这份遗嘱的起草时间是什么时候？而它的杜撰者又是谁？知道遗嘱是否真实存在的人，恐怕也只有德奥和彼得大帝了。

横扫欧洲的天才

解读拿破仑的真正死因

拿破仑是一位真正的霸主，他的名字使欧洲各国君主闻之胆战。作为法国皇帝，他称得上是一位伟大的统治者，他战绩显赫，拥有传奇的一生。但是，常胜将军不是永恒的，拿破仑在与英国作战时不幸战败，成为了阶下囚，最后被流放，没过多久就离奇死亡，这位伟大英雄仅活了 52 岁。此后，人们一直围绕着这件事进行猜测，他的死因也成了世界历史上著名的疑案，让人忍不住想要揭开谜底，一探究竟。

拿破仑出生于科西嘉岛的没落贵族家庭，他的一生是辉煌的。作为军事家，他有过 40 场战争的胜利，击败了几乎欧洲所有军事大国组成的反法联盟；作为政治家，他制定的法典被后来欧洲几乎所有的资本主义国家所引用。在拿破仑 9 岁时，被送到法国布里埃纳军校接受教育，1784 年以优异成绩毕业，之后进入巴黎军事学校，专攻炮科。16 岁时父亲去世，他中途辍学并被授予炮兵少尉的头衔。

在法国大革命中，拿破仑带兵攻下了保王党的堡垒士伦，得到了掌握政权的雅各宾派的赏识。22 岁的拿破仑，由少校破格提升为少将，成为欧洲军事史上的奇迹。1798 年，拿破仑率军远征埃及，但由于不懂海军作战指挥，法国海军被英国军队歼灭。1799 年 8 月，拿破仑得知国内政局混乱，他从埃及返回巴黎，十一月发动了"雾月政变"，拿破仑掌握了法国军政大权。1804 年 11 月，法兰西共和国改称法兰西帝国，拿破仑成为法兰西人的皇帝，之后，他多次击败反法联盟，横扫了整个欧洲，欧洲很多国家不是被法国占领，就是沦为法国的"保护国"。1812 年，拿破仑远征俄国，惨遭失败，欧洲诸国再次组建反法联盟，这些联盟以英国为首，并于 1814 年 3 月占领巴黎，战败的拿破仑被流放到地中海的厄尔巴岛。1815 年 3 月，拿破仑回到法国，重登皇位，欧洲诸国组建"第七次反法联盟"，拿破仑惨遭滑铁卢兵败，再次被流放到圣赫纳勒岛，并最终病死在岛上。

拿破仑死前曾怀疑有人暗中谋害他，在他临终前，他给御医安托马什写信，希望他为自己进行尸检，并嘱咐不要漏掉任何可疑的地方。安托马什遵从了拿破仑的遗嘱，解剖拿破仑尸体的时候现场又来了很多官员，还有其他 6 名医生。对拿破仑尸体进行解剖后，这些医生给出的死因五花八门。现场加上安托马什一共 7 名医生，给出的不同死因有 4 个。4 个死因唯一一点相同的是，在拿破仑的胃部与幽门之间发现有溃疡症状，御医安托马什认为是"致癌性溃疡"，而其他几名医生认为是"硬性癌引起的溃疡"。在这些医生中，一名叫作索特的医生还发现了拿破仑肝脏肿大，并有溃烂。

不过在官方的验尸报告中否决了这个发现，那么官方又为何否决这个发现呢？

在法国人民心目中，拿破仑的威望很高。拿破仑因为战败，他被英国流放到气候恶劣的小岛上，这座小岛极易引发肝病。他被流放后，在短短的时间内就逝世，这足以让法国人民怀疑拿破仑的死因。英国官方害怕人们指责他们如此对待拿破仑，于是给出的死因是拿破仑死于癌症。拿破仑的父亲是死于幽门癌，官方认为拿破仑死因与他父亲一样，不过人们对官方给出的死因报告并不认同，他们更愿意相信拿破仑的死是由于气候原因或者是中毒造成的。于是，拿破仑的死因在法国也有着很多传言，有人说拿破仑是被人投毒谋害致死的。

拿破仑的死因究竟是什么呢？学者们也在一点点地探索。对此，学者们给出了以下几个观点。

第一个观点，拿破仑死于中毒。

瑞典哥德堡有一名学者叫斯坦·福苏弗波德，他是牙医兼毒物学家。他在查阅拿破仑历史资料的时候发现：拿破仑在生命后期喜欢睡觉，却又经常出现失眠，再后来他双脚水肿，身体肥胖，牙根暴露等等。这些症状不像是癌症，有点像慢性中毒的迹象。斯坦·福苏弗波德立志要解开拿破仑死因之谜。经过多年的研究调查，他确定拿破仑是砷中毒，于是决定对拿破仑的头发进行检测。斯坦·福苏弗波德千辛万苦地弄到拿破仑的头发后，在苏格兰格拉斯哥大学法医学系教授的帮助下，他发现拿破仑头发中砷的含量高于正常值 13 倍。不仅如此，拿破仑死后尸体不腐烂也引起了他的怀疑。

1840 年 10 月，拿破仑的尸体准备从英国运回法国，棺盖被打开后，尸体没有一点腐烂的迹象。死去 20 年后的人，尸体不腐烂是为什么呢？经过反复研究，学者们确定拿破仑是被人投毒而死，那么凶手究竟是谁呢？

学者们对拿破仑身边的人员进行了排查，最大嫌疑人就是官员蒙托隆伯爵。这位伯爵曾是拿破仑的心腹，但是拿破仑第一次退位的时候，他投靠了别的势力，抛弃了拿破仑。可是当拿破仑重返法国并在滑铁卢战役失败后，这位伯爵又重新回到了拿破仑的身边，并心甘情愿跟随拿破仑流放到偏远的小岛上。当时蒙托隆伯爵的妻子与拿破仑关系暧昧不清，不过蒙托隆伯爵却不闻不问，还甘愿侍奉拿破仑，一副心安理得的样子。但是，这却让学者们更加怀疑，他们觉得蒙托隆伯爵的目的是想获得拿破仑的信任。

从一些文献中发现，蒙托隆伯爵是受波旁王朝路易十八的弟弟阿图瓦伯爵（1824 年后即位，称查理十世）的指使。蒙托隆伯爵在拿破仑的葡萄酒中加上了砒霜，就这样日复一日，最终导致拿破仑死亡。拿破仑中毒而死的说法被多位学者认同，其中最为著名的学术论文是《圣赫纳勒岛的谋杀案》，最为畅销的书是《拿破仑谋杀案》。

有人支持自然有人反对，一些西方历史学家就不赞同拿破仑死于中毒的说法。英国历史学家戴维·琼斯表示：拿破仑确实死于砷中毒，不过不是被人下毒谋杀，而是死于家中壁纸中的砷元素。因为当时的壁纸颜料中都掺入了砷，长期吸入壁纸中挥发出来的砷元素，会导致人慢性中毒死亡。这位历史学家还对拿破仑卧室的壁纸进行检测，检测发现壁纸里面的砷含量高得惊人。

第二个观点：拿破仑死于疾病。

有人认为拿破仑死于热带病。20 世纪初，法国和德国的一些医学杂志上出现了讨论拿破仑死因的文章。有人认为拿破仑并非死于癌症，而是患上了一种热带病，这种病是拿破仑远征埃及和叙利亚的时候染上的。后来被流放到气候恶劣的小岛，于是热带病恶化，最终导致其死亡。

第二种说法是雄性激素严重障碍引发的疾病。如美国医生罗伯特表示：拿破仑死于疾病，这种病是男性激素严重障碍引起的，病症使得性腺功能受到严重损害，雄性激素严重失调，最终导致其死亡。

拿破仑是因为癌症死亡，还是中毒死亡？他是自然中毒又或是遭人投毒？拿破仑作为一位伟大的人物，他的一生无疑备受关注，他的死因也因此成了人们关注的焦点。拿破仑去世时只有 52 岁，在这样一个年龄死亡是十分年轻的。一代代的历史学家和科学家们对拿破仑的死因给出了一个又一个的答案，而这些答案又相继被推翻。拿破仑的死因真相究竟是什么呢？人们还在研究与探索中。

政治的牺牲品

皇女和宫的最终结局

　　和宫是日本仁孝天皇（1817~1846 年在位）的第八个女儿，她也是孝明天皇（1846~1867 年在位）的妹妹。和宫的身份绝对高贵，那么谁是驸马的最佳人选呢？少年将军德川家茂抢得了先机，德川家茂是德川幕府第十四代将军，他与和宫结为夫妻只能说是出于政治的需要。和宫下嫁德川家茂，有人认为是政治联姻，而皇女和宫只是一个政治交易的牺牲品，和宫的婚姻是悲剧还是喜剧？

　　和宫下嫁德川家茂是在幕府末期的时候，那时政局动荡，正值西方列强入侵。幕府屈服于西方列强的强大武力，和西方列强签订了一系列不平等条约。其中包括同意开通贸易，与西方各国通商等条款。这些条约触及了封建传统势力的根基，因此受到了朝廷和尊王攘夷派的强烈反对和猛烈抨击。

　　德川将军一族掌握幕府的势力，他们手握政治大权，但是为了稳定民心，平息动荡的政局，维护自身的统治，幕府不得不与朝廷修好。幕府的决策机构表面上承认受命于朝廷，两者是上下委任关系，但是实际上是为了全面推进朝廷和幕府的联合（即"公武合体"运动）。

　　为了使联合顺利进行，幕府便奏请朝廷，希望将皇女和宫下嫁给德川家茂。但当时的和宫已有婚约，她在4岁时便被许给贵族栖川宫炽仁亲王。如果没有西方列强的入侵，和宫本该平稳安定地度过自己的一生。可是政治的狂风巨浪连天皇都不能左右，何况一个柔弱的女子呢？

　　为了能够顺利地迎娶和宫，幕府采取了许多的措施。首先终止了德川家茂与贵族原先订下的婚姻，其次又散布谣言，宣称栖川宫因为自己俸禄少感觉配不上皇女和宫，心中不安才意图解除婚约。幕府做了诸多努力，但和宫的态度依然坚决，她拒绝下嫁给德川家茂。幕府为了自己的统治，不惜再三奏请朝堂，并且态度越发强硬，他们要挟朝廷，妄图逼婚。幕府的行为让皇家颜面尽失，尊王攘夷派心中不满，纷纷指责幕府的专横无理，可是尽管如此也无法改变和宫的命运。

　　孝明天皇曾经向幕府妥协，希望可以用自己未满两岁的女儿来代替和宫嫁给德川家茂，可是幕府丝毫不买孝明天皇的面子，他们毫不留情地拒绝了。1861年12月，和宫极不情愿地从京都来到江户，那一年和宫才16岁。次年二月，和宫与同年龄的德川家茂正式举行了婚礼。

　　和宫与德川家茂在一起生活了四年之后，德川家茂为了征讨反对幕府的长州藩，从江户出发，扎营在大阪。在征讨之中，德川家茂所率领的军队屡战屡败，德川家茂最终因为焦虑引发心肌梗死而死，年仅21岁。

　　和宫是个有情有义的女子，得知自己的丈夫死亡后，她便失去了人生的目标，于是出家为尼，改称"静宽院宫"。1867年，孝明天皇突然离世，死因不明。1868年维新派发起浩浩荡荡的倒幕运动，并且推举和宫原来的未婚夫栖川宫炽仁亲王为东征大总督。此时的德川幕府已经处于风雨飘摇之中，岌岌可危，民间倒幕运动愈演愈烈。

当时以西南各藩为主体的朝廷军兵临江户城下，江户城面临一场不可避免的战火。这时幕府的一位大臣向和宫请求，希望和宫可以使江户免遭战乱。和宫在这个节骨眼上又被人们推向了风口浪尖，处境很是尴尬。和宫很善良，她不愿意看到百姓处于水深火热之中，因此接受了幕府大臣的请求。和宫写信给栖川宫炽仁亲王，她请求停止攻击江户，并且请求宽大处理德川一族。由于和宫的争取以及当时的政治环境与政治需要，朝廷没有攻打江户，最终江户和平开城。

从这些记载中看出，和宫在这一重大的历史事件中发挥了不可替代的作用。但在1877年，和宫去世了，年仅31岁。

纵观皇女和宫一生，虽然其身份高贵，可是却在被他人操控。许多的作家表示：和宫是一个典型的政治联姻的牺牲品，是一个悲剧式人物。

许多证据似乎也有力地证明了这个观点。证据一：和宫最早是坚决拒绝下嫁给德川家茂，但是在幕府的威逼之下，无奈远赴江户，被迫与德川家茂成婚。在与德川家茂生活四年之后，德川家茂又去世，和宫从此遁入空门。证据二：据说德川家茂的母亲也就是第十三代幕府将军夫人，她对和宫的态度十分傲慢和冷淡，因此和宫在江户的日子并不好过。

从这几点证据中不难看出，和宫嫁给德川家茂的无奈与辛酸。但是也有学者反对这个观点，其主要的证据来自将军府中的人。文献记载着将军府中人的说法，和宫和德川家茂平日里相敬如宾，感情甚笃。比如说德川家茂出征前一夜夫妻俩谈至深夜，和宫要求德川家茂到她的故乡替她买腰带，后来这腰带被当作德川家茂最后的遗物送到和宫手中。和宫接到腰带后，睹物思人，茶饭不思，终日以泪洗面。

又如，德川家茂是个有情有义的人，历代的幕府将军都有三妻四妾，可是唯独德川家茂只有和宫一位夫人。而且和宫在临死之际手中紧紧握着的是德川家茂生前的照片，和宫对德川家茂深厚的夫妻感情显然很深厚。

从这两个事例中，学者们认为和宫与德川家茂是一对恩爱夫妻，并非什么悲剧结合。学者们还大胆猜测，和宫生性开朗，不喜欢受约束。所以对于幼年时期与栖川宫炽仁亲王的婚约很是反感，希望能够避开传统的皇族内部通婚，走一条不同于其他皇室贵族之女的道路，以此寻求与众不同。

如果这种猜测是对的话，那么我们对于和宫的一生就要重新评价了。她并不是单纯的政治牺牲品，或者说因为这场政治交易而得到了与德川家茂的短暂幸福婚姻，是因祸得福了。从早年的被迫下嫁德川幕府将军，以及后来与将军的夫妻恩爱，和宫是一个悲剧人物的观点遭到广大学者质疑。由于史料的缺乏，我们目前无法知道事情的真相，只能将这个谜团留给后人来解，抑或许永远都无法解开这个谜团。

不爱江山爱美人

解读二战中的温莎公爵

1937 年 6 月，英国国王爱德华八世因为爱情主动放弃王位成为温莎公爵，他成为大不列颠帝国史上在位时间最短的一位君王，同时也是英国历史上唯一一个主动逊位的国王。有人说温莎公爵这是叛国，甚至说他是德国希特勒的间谍。不过这些都是真的吗？这件事情至今让人很难说清楚，温莎公爵是否真如传言所说背叛了自己的国家吗？作为英国的上层贵族，温莎公爵出卖国家的目的又是为什么呢？

温莎公爵即"爱德华八世"，他是英国君王乔治五世和王后玛丽的长子，他有一个很长的名字即"爱德华·艾伯特·克里斯蒂安·乔治·安德鲁·帕特里克·大卫"。1910 年爱德华被立为王储，1911 年被封为威尔士亲王。在第一次世界大战中，爱德华主动参加英国陆军，担任英国的陆军参谋，在法国战壕中出生入死，同德国军队作战。战后，他代表英国王室出访欧美各国，爱德华王储深受各国政府的好评。1936 年 1 月 20 日，爱德华继承英国王位，成为大英帝国温莎王朝的第二位国王，十个月后，被称为"爱德华八世"。爱德华因为执意要娶辛普森夫人遭到英国首相等人的坚决反对，爱德华为了心爱的人居然宣布退位，他在位时间仅323天。

爱德华八世一生中最具争议的事情是，这位曾经的大英帝国君王是否曾作为德国人的间谍？在第二次世界大战中，他有没有出卖大英帝国和法国的利益？

一位名字叫作马丁·艾伦的历史作家，曾声称自己手中掌握了爱德华作为德国间谍的真实证据——爱德华写给德国元首希特勒的信。在信件中，爱德华亲切地称呼希特勒为"亲爱的希特勒"。在这封信件中，爱德华向希特勒透露了当年代表英军指挥官到法国前线巡视的资料，在六个星期内，德军闪击法国、击败英法联军，爱德华提供的详细军事情报中，甚至还包括法军防线弱点的军事机密。

这封信件的署名为英文字母中的"EP"，即是温莎公爵使用的简称，落款日期为1939年11月4日，也就是在第二次世界大战全面爆发两个月之后。爱德华还称，在英国被迫签订有利于德国的和平协议后，爱德华将重新登上英国王位。

马丁·艾伦把一切能够证明爱德华卖国的证据全部收录到了一本名叫《秘密记录》的书中。那么，作为大英帝国的君王，爱德华是否真的是叛国贼呢？他又为什么会出卖自己国家的利益？

1939年10月4日，爱德华以英国前国王的身份对法国进行了一次亲善访问。然而，就在第二日，波兰就宣布向德国投降。随即，德国向西线进攻。当时，英国媒体向外界宣称，爱德华此行除了表示英法亲善之外，还承担着为英国打听法国防务的任务。

马丁·艾伦在他的新书《隐藏的日程》中披露出：爱德华此次出行还有一个极为隐秘的任务，就是充当德国人的间谍，他将自己能够搜集到的所有信息都提供给了希特勒，促成了希特勒对英法联军的闪电攻击。当时的白金汉宫对爱德华的叛国行为也有所察觉，但是家丑不可外扬，大英帝国的前任国王都卖国的话，这让骄傲的英国人情何以堪？为了维护英帝国的脸面，英国当局销毁了爱德华通敌叛国的所有罪证。于是，新的问题又出现了，马丁·艾伦所掌握的这些信件又是从何而来的呢？

据了解，马丁·艾伦的父亲彼得·艾伦，曾在1983年写过一本名为《王冠与纳粹十字》的书，书中也提到，爱德华同纳粹德国关系不一般。而马丁·艾伦手中的这些信件正是来自于他的父亲。

第二次世界大战之后，彼得·艾伦曾多次采访希特勒曾经的军需部长阿尔伯特·斯皮尔。1980年7月，斯皮尔亲手把一封信交给了彼得·艾伦，并且神秘兮兮地对彼得说："它或许对你有用。"

信的内容是这样的：

亲爱的希特勒：我最近刚从北方旅行回来，看到了很多有意思的事情。我已把我度假的情况非常详细地告诉了你的熟人B先生，我无法进一步强调这些信息的重要性，因此就尽量详细地对我们的朋友作了汇报。

有人向我提出了未来接受欢呼的建议，我也有同样的想法。虽然这件事将有助于缓和我们两国的关系，但我的意思是，这件事应非常小心地进行。我已得到通知，如果事件仍是那样的话，我将再去一些地方。

我相信，我可以从我们的朋友那里得到有益的帮助。

1939年11月4日于巴黎

那封信是用德文写的，不过，彼得并没有在意这封信，随手将它扔到了家中。信中提到的B先生，彼得也不清楚是哪一位。后来，马丁·艾伦开始写书，当写到法籍国际商人查尔斯·比多克斯时，通过多方查证，他才明白信中提到的"B先生"就是比多克斯。

比多克斯是当时法国的贵族，在爱德华大婚的时候，曾经送了一座城堡作为公爵完婚的地方，两人因此成为好友。1937年，爱德华在访问完德国之后，想要去访问美国，却受到警告，如果他不能断绝和比多克斯的联系，任何访问都将成为公共关系的灾难，因而未能成行。1939年秋天，在"二战"全面爆发的前夕，因为议会将越来越多的精力用于应付可能发生的大战上，公爵有机会恢复同比多克斯之间的友好关系。按艾伦的说法，正是在1939年11月6日，公爵在与比多克斯共同进餐时，将出卖英法两国利益的军事情报交给比多克斯，再由比多克斯转交给希特勒。第二日，比多克斯便离开了布鲁塞尔，他的目的地是德国的科隆和柏林。

后来，比多克斯向希特勒效忠的事得到了证实，1942年，他在北非被捕，从其身上搜查出来的文件证实了他德国间谍的身份。随后，他在美国接受了联邦调查局的审讯，最后自杀身亡。为此，马丁·艾伦坚持认定，比多克斯就是那封神秘信件中提到的"B先生"，而"EP"则是"爱德华王子"的缩写。那么，仅仅凭这一个缩写就可以证明这封信真的是爱德华所写的吗？

为了证实自己的观点，马丁·艾伦就拿着这封信件到处查证与温莎公爵一致的书法笔迹。但是，结果让他失望。后来，伦敦一位书法鉴定专家费利巴拉维尔在仔细地研究了爱德华其他的书法笔迹后，认定这封信出自公爵之手。不过，纸张鉴定专家却鉴定出，写这封信的纸张并不是现代的纸，换句话说，这封信可能是别有用心者的伪造。

不过，这并不意味着公爵叛国的事情就不存在。在世人眼里，爱德华是一个大人物，什么事情都可能干出来。马丁·艾伦曾经说过："英国王室和政府一直不欢迎流亡的温莎公爵回国，并不仅仅是因为他娶了瓦丽斯，这种解释太勉强，一定还有其他原因。"

究竟爱德华公爵有没有背叛英国？他是否真的成为希特勒的间谍？这件事情还有待更加详细的史料论证。

第二章　世界大事

不得军心

探寻亚历山大撤军的缘由

亚历山大大帝（Alexander the great，前356~前323），世界古代史上著名的军事家和政治家，古代马其顿国王，亚历山大帝国皇帝。他足智多谋，雄才大略，在担任马其顿国王的短短13年中，东征西讨，确立了在全希腊的统治地位。他不仅灭掉了已经腐朽没落的波斯帝国，还把印度西北部那些像散沙一样的小国一一征服，从而建立了一个横跨亚、非、欧三大洲的大帝国。

亚历山大是一位雄心勃勃的野心家，当时的亚、非、欧三大洲，已经是那时有限的地理知识所描述的全世界，这是亚历山大的最终目标。按照规划，他消灭波斯帝国后，开始入侵印度。然而，公元前327年，当军队行进到印度河上游的五河流域时，亚历山大竟然命令撤军回国，他的这一举动令人匪夷所思，他为什么做出这一决定呢？

古希腊学家阿里安认为，恶劣的气候使亚历山大不得不放弃了进军印度。亚历山大入侵印度的时候，正好赶上仲夏，印度属于季风气候，全境连连降雨，致使山洪暴发。处于赤道地区的印度，有雨则一泻千里，没雨则炎热无比，亚历山大率领的军队多为马其顿人，他们大多数人都难以忍受这种炎热的气候，炎炎的烈日让很多马其顿人或病或死。所以，炎热的暑气、接连的暴雨，再加上瘟疫横行，让马其顿人还没打仗就已经战斗力大减，在万般无奈的情况下，亚历山大只好暂时放弃了对印度的进军。

有些人觉得，亚历山大单单受气候影响就收兵不太可能。当时，亚历山大在征服亚洲和印度的时候，遭到亚洲人尤其是印度人的强烈反击，损伤严重，因此本国士兵对亚历山大的入侵计划开始出现了反抗情绪。

希腊作家普鲁塔克的《亚历山大传》及《亚历山大远征记》中都曾经有过这样的记录：马其顿士兵对亚历山大进军恒河出现了强烈的厌战情绪，一是由于恒河太宽太深，二是由于他们听说河对岸有大量的敌人。当时有人在亚历山大军队中传言，恒河对岸的乾达利坦族和普莱希安族的国王带领8万骑兵、20万步兵、8000战车和6000战象做好了随时投入战斗的准备。

其实，马其顿人的反抗情绪由来已久了，他们离开希腊已经有8年的时间了，征战距离大约五万多里，士兵们伤、残、病、亡比比皆是，而且他们已经看出亚历山大的野心相当大，一将成名万骨枯，亚历山大的伟大帝业对士兵而言只不过是更多的伤亡而已，因此他们的情绪越来越差，有些人甚至表示从此不干了！很多人的想法都是赶快回家，与自己的父母、妻儿团聚。亚历山大在这种厌战情绪日益高涨的情况下，无可奈何，只好收兵回国了。

另外一些史学家觉得，士兵的厌战情绪虽然会成为亚历山大进攻印度的障碍，但并不会产生那么大的后果，如果把它定为亚历山大撤军的主要原因还是有些片面，因为厌战的情绪不仅只是士兵有，最重要的是亚历山大的战略部署已经引起许多将领的分歧了，这才是他被迫停止入侵印度的主要原因。

公元前335年，伊索斯大战后，战败的大流士曾经委派使者向亚历山大求和，并答应割让幼发拉底河以西的土地，但是亚历山大帝国内部却在战与和的重大战略上产生了严重分歧。当波斯帝国被征服后，亚历山大征服了亚洲西部，可他仍然没有满足，还打算继续前行吞并世界，于是他开始向中亚和印度入侵。这时处在得意之中的亚历山大搞起了自我崇拜，他把自己尊为神，穿上华丽的皇袍，部下都要行跪拜之礼，已经承袭了东方专制君主的习俗，以表明自己完全成为了东方专制的君主。马其顿将领深切地感觉到了亚历山大的变化，内部不满的情绪开始滋生，矛盾随着时间的推移也日益尖锐。此时的亚历山大对昔日共同战斗的朋友开始背信弃义，疏远排挤，不少将领和政要人物也因此遭到杀害。

亚历山大本想以此来告诫内部将领，结果事与愿违。马其顿军队兵临印度后，军队中的不满情绪已经越来越高，并达到高潮。亚历山大一意孤行，他不仅没有理睬军队的反应，还召开军事会议，勉励大家一定要坚持到底，以至于马其顿全军开始了公开罢战。著名老将科那斯在听完亚历山大的鼓动后，他说："我们的部队已经不愿意再跟着您前进了，当他们不再心甘情愿时，如果您坚持这么做，一旦陷入险境，您就会感觉到他们的离心离德、消极怠战了。"当他说完这番话后，旁边就有将领发出了叫好的声音，还有一部分人为此流下了眼泪。可见，当时士兵们的行为足以表明他们不愿意再向前推进，如果亚历山大极力向前的话，那么必将会陷入危难之中，而如果此时班师回朝，不但会消除士兵们的不满情绪，而且士兵们一定会欢呼雀跃地再次跟随亚历山大，并效忠于他。

不过，亚历山大还是觉得不太甘心，他再次召集军事会议继续做工作，但他并没有等到他想要的发言。亚历山大在自己的军帐中闷了三天，觉得整个营地像死一样寂静，在极其失望的情况下，他不得不顺应军心，班师回朝。

综上所述，亚历山大从印度撤军的原因应该不是单一的，气候、伤病、士兵厌战、军官反战等一系列的因素，让亚历山大不得不暂时按下野心，不过，即使不入侵印度，他也已经是横跨亚、非、欧三大洲的亚历山大帝国的皇帝了！

精锐中的精锐

古罗马军团为何能够横行欧亚非？

公元前 6 世纪末，罗马人赶走了伊特鲁人，建立了罗马人自己的国家，但谁也没有料到，罗马人会横行整个欧洲，使得欧洲以至于西亚和北非地区的格局都因罗马帝国的崛起而发生了变化。是什么力量使得古罗马军队可以如此骁勇善战、百无禁忌呢？

这要得力于他们战术的改变，这支军队最初仍然继续使用他们的统治者伊特鲁里亚人曾经用过的希腊风格的重甲方阵，那是用圆形盾牌和投矛武装起来的重甲步兵组成的，但是此后不久，他们就开始着手建立他们现代化的部队。

重甲方阵有一定的局限性，特别在伊特鲁里亚逐渐衰落后，罗马军队在与拉丁同盟和意大利半岛其他部族进行的战争中，重甲方阵的局限性日益暴露出来。因为意大利的地势凹凸不平，而重甲方阵就像一个牢固的庞然大物，无论是攻击还是防御都显现出种种劣势，所以，它的侧翼常常会被不受约束、没有固定战争风格的部族士兵所攻击。因此，公元前 4 世纪初，一个更为灵活的军事组织——军团逐渐取代了方阵，成为新的战争方式。

军团的步兵根据年龄和经验排成了列，第一列被称为"哈斯塔迪"，第二列名为"普林斯朴斯"，他们一般都是大约 30 岁左右，服役 7 年以上，战争经验丰富的士兵。他们使用长两米多的重标枪，软铁头和矛柄中间有一段细细的连接，当枪尖在用力过猛时就会弯曲，枪头也常常因此折断，无法再次使用。不过，折断后的矛头也往往能够嵌入到敌人的盾牌和盔甲中，伤及对手。被称为"特瑞阿瑞"的最后一列，则是经历了无数战争，有着丰富作战经验的老兵，他们使用的是长矛，这些人的老练和成熟使整个军队士气大振。军团的人数是根据条件的不同而不断变化的，但是战术结构并不会发生变化。

当第一列队伍在投掷完他们的标枪之后，就立刻挥剑冲入敌阵，近身肉搏。如果第一轮进攻失利，幸存者就会马上退向第二队列，由第二列接着发动更为猛烈的进攻，如果两次进攻都失败了，幸存者将会退到第三列的后部，第三列就会收缩队形，举起长矛，提供一道安全的屏障保护部队安全撤退。可以说，人力的优势、灵活的战术和特殊用途的武器都使他们战无不胜。

不过，除了战术外，罗马军团将士的素质和忠诚也是他们无往不胜的重要原因。公元前 200 年，希腊将领色诺芬回忆他的军队时所说，当他们面对敌人的武器和战马时，总是表现得极为沉稳，这种沉稳的战术会形成一股巨大的力量。

之后，随着军团的发展、武器的更新，军团的主要战斗武器变为西班牙剑，这是一种令人生寒的宽身利刃剑，大约有 70 厘米长，主要是为刺穿东西而设计的，根据推测可能是由在西班牙与迦太基人作战的军队带回意大利的。

将士的优良素养，战术结构的紧凑合理，作战时的配合得当，使得古罗马军团踏遍整个欧洲乃至于西亚、北非大陆，但是这种军团作战的模式是谁发明的？他又是怎样让当时受希腊重甲方阵风格影响的古罗马军队接受了新的作战方式的呢？

随着时间的推移，我们已经没有办法找到更为详细的资料来考证，但这种军团作战结构的确让古罗马受益匪浅，使其迅速发展为横跨欧、亚、非三洲的强大古罗马帝国。

一念之差

斯巴达克率军南下事件解读

斯巴达克（Spartacus，约前 120~约前 70），是巴尔干半岛东北部的色雷斯人，在罗马军团侵入北希腊时，他被俘后沦为奴隶。在世界古代史上，奴隶起义的事件并不多，其中最有影响力的要数斯巴达克起义了。公元前 73 年，斯巴达克在角斗士学校的厨房发起暴动，带领着 70 多名奴隶逃到维苏威火山上发动起义。之后队伍迅速扩大，起义者打着反对罗马奴隶主统治的旗号，很快席卷了整个意大利半岛。

当起义接近胜利时，斯巴达克制定了北上的计划，打算全军越过阿尔卑斯山，向北出境重返故乡。获得自由后重返家乡，这是再正常不过的事了，但是这个计划却遭到了他的副将克里克苏的反对。之后，克里克苏与斯巴达克的分歧越来越大，竟然率领 2 万人自立军队，可惜最终被官军全部消灭。

斯巴达克继续着他北上的计划，当他攻打到阿尔卑斯山下的穆提那城时，不知出于什么原因，他竟然下令放弃北上的计划，率领军队调头南下。

当罗马元老们听闻斯巴达克南下的消息后，非常惊慌，他们怕斯巴达克会攻打罗马城，于是立刻派遣了独裁官克拉苏带领8个军团去镇压起义。克拉苏接到命令后，采用了古老的《十一抽杀律》中的律条，凡是战败或临阵脱逃者10人当中抽签选出一人受死。这种严酷又充满恐惧的军规，迫使整个军队拼死战斗。克拉苏对起义军进行了围追堵截，罗马元老院命令将军鲁库鲁斯、庞培分别带领军队从马其顿、西班牙班师回朝，与克拉苏联合，分别从东、北、南三个方向包围起义军，这给斯巴达克军队造成巨大损失。同时，起义军内部也出现了问题，牧民出身的康格尼斯不同意斯巴达克撤离意大利半岛以保全实力的计划，带领着1.2万人离开起义军，结果与克里克苏的下场一样，被克拉苏的官军消灭。

公元前71年春，起义军与官军进行了最后一场殊死搏斗，双方在阿普里亚境内展开了角逐，6万起义军战死沙场，其中包括起义军的伟大领袖斯巴达克。6000多名起义军被官军俘虏，之后官军残忍地把他们全部钉在了从卡普亚到罗巴大道两边的十字架上。

世界史上轰轰烈烈的奴隶起义就这样落下了帷幕，我们不得不问：如果当时斯巴达克不放弃北上的计划，结局还会这样吗？他为什么要放弃北上的计划与罗马政府开战呢？

我们可以看到，当斯巴达克最初制定北上计划时，起义军内部对此计划的意见是不统一的，并且出现了严重的分裂，如副将克里克苏率2万人出走。之后，当斯巴达克决定放弃意大利半岛，渡海去希腊的时候，起义军内部又出现了第二次分裂，康格尼斯不想离开意大利，于是率1.2万人离开队伍。

由此看来，起义军内部出现的分歧主要还是在意大利半岛上。留下还是离开，这个问题是导致起义军内部最终分裂的根本原因。这个分歧从根本上看，应该还是起义军组成人员的意见不统一而造成的，因为起义军是由四面八方的奴隶及受压迫者汇聚起来的，像斯巴达克等来自北部色雷斯的角斗士，有很强的乡土观念，他们起义的目的就是希望能够回到家乡色雷斯。但是还有一些起义军是破产的农民或者牧民，他们的故乡就在意大利、罗马，他们不想离开。这种强烈的本土意识让他们在最危难的时候团聚起来，当然也给起义成功后的去留埋下了隐患。

一些研究者认为，斯巴达克之所以改变最初的计划，是因为客观形势让他改变了回家的想法。起义之初，敌强我弱，斯巴达克觉得罗马官军是他最大的威胁，所以不能长久地留在罗马，他这才制定了北上的计划。但是，在北上的途中他是一路凯歌，屡战屡胜，敌我双方势均力敌，起义军内部异常团结。这时，他又觉得可以返回罗马城与官军"拼一把"，于是放弃了北上的计划。

还有一种观点认为，当起义军到达阿尔卑斯山地区时，被恶劣的自然条件吓到了。阿尔卑斯山平均海拔 3000 米左右，是欧洲最高的山峰。对于起义军来说，翻过它是一个大难题。再加上阿尔卑斯山地区许多山峰长年覆盖着厚厚的积雪，气候也是变化无常。当时，起义军身上还穿着单衣，同时给养又跟不上，根本没有办法越过阿尔卑斯山，因此才放弃了北上的计划。

当然，还有些人认为，斯巴达克在南方有很多的支持者，但北部农民对他的支持度并不高，当他看到这种情况时，自然也就放弃了北上的计划。

不论哪种说法正确，历史是没有办法重写的。再退一步想想：如果斯巴达克继续北上的话，那么即使他到达了色雷斯，结果是不是会好呢？官军当然也不会放过他们的。当他松懈下来时，会不会把他们一网打尽呢？当然，这只是我们的假设，历史当然不能重来。

废墟下的秘密

尼禄火烧罗马城事件

在罗马的历史中，有一个暴君叫作尼禄，这位皇帝以乖张暴戾而闻名于世。尼禄当政时期，罗马城内燃起了一场大火，这场大火发生的真正原因究竟是什么，至今为止还没有人能弄清楚。对于火烧罗马城的纵火者，有人怀疑是罗马皇帝尼禄，不过尼禄真的是火烧罗马城的元凶吗？让我们一起走近这场千古疑案吧。

在公元前1世纪的时候，罗马城十分繁荣，它成为欧洲的政治、经济、文化、贸易中心。不过在公元64年7月18日的那一天，繁华的罗马城因为一场大火变为废墟，这场大火几乎烧光了罗马的所有财富和建筑，人们很想找出罗马城的纵火者，这场大火究竟是谁放的呢？

罗马城内最先起火的地点是圆形竞技场附近，着火的那天不巧刮起了大风。这场大火持续了9天9夜，大火几乎毁掉了整个罗马城，罗马城被笼罩在一片火海中，最后变成一片焦黑，往日的风光不再。罗马城内的宫殿和神庙都被烧毁，那些从战争中夺来的珠宝和珍品都毁于一旦。罗马城内的这场大火被视为空前大灾难，让罗马城变成了废墟。

这场大火的起因究竟是什么，到现在为止还没有一个确切的解释。不过根据文献记载，是尼禄下令制造了这场灾难。不过尼禄为什么要下令纵火呢？

学者们根据历史遗迹给出了两种猜测。第一种猜测：他们认为尼禄厌倦了罗马城内的建筑，为了重新建造一座新的城市，他下令烧毁了罗马城。第二种猜测：这要结合尼禄的性格，尼禄是一个追求刺激的皇帝，他为了看火光冲天的景象，便悄悄下令纵火。

这两种猜测听上去十分荒唐，不过这和尼禄本身的行为举止有着密切的关系，对此，学者们给出了相应的解释。

尼禄出生于公元37年12月15日，他在公元54年的时候登基成为古罗马皇帝，关于尼禄有着太多的记载。在尼禄早期统治罗马的时候，那时候城内一片繁荣鼎盛，不过在公元59年之后，尼禄的性格发生了翻天覆地的变化，他开始乱杀平民。有学者将他的残暴行为归咎于他缺失家庭关爱的孩童时代。

尼禄很小的时候就失去了父亲，他自小没有感受到家庭的温暖。还有一点来自于尼禄母亲阴险的性格。尼禄的母亲热衷权势，为了得到权力，她想方设法地让年仅17岁的尼禄登基，她毒死尼禄的继父。尼禄在母亲的教育和影响下，心理扭曲是必然的事。尼禄继位后残害手足，杀妻弑母，几乎各种丧尽天良的事都出自尼禄之手。尼禄担心同父异母的弟弟会和他抢夺王位，于是在一次宫廷宴会上毒死了他，这是尼禄第一次动手杀人。尼禄的心狠似乎更有甚于他的母亲。随着年纪的增长，他越来越了解母亲对权力的渴望，于是便忌惮母亲的存在，他想尽办法要除去自己的母亲。在一次宴会结束后，尼禄送给母亲的船在大海中出了事故，母亲写信告诉尼禄事故状况。不过尼禄却在母亲的信中偷偷放了一把匕首，他对外宣称自己的母亲想要谋害他，于是便以这个罪名处决了自己的母亲。尼禄的妻子也没能幸免，他的两任妻子都死在了他的手中。

尼禄的这些行为都证明了他性格的残暴凶狠，扭曲的性格让他的行事作风实在不合常理。因为无聊，他常常做出荒唐的事情。那么学者们推测的两种理由，是否也能成立呢？尼禄就是想要一座新城，或者是想观看火景，于是便不计后果地火烧罗马城？

学者们还给出了有力的证据：在罗马城被烧毁后，尼禄在帕拉丁山下把自己的那所"黄金之屋"重新修建起来。这所黄金屋子富丽堂皇，里面用了很多的珠宝和黄金做装饰，人们用"黄金之屋"来形容，一点儿都不夸张。尼禄对自己修建的黄金屋子很满意，他说这才是人住的地方。还有文献记载，罗马城烧毁后，尼禄并没有安抚城内的百姓，而是急着建造一座新的城市，并且城市的名字都想好了，就用"尼禄"来命名。

还有记载，尼禄在儿童时代很喜欢绘画和雕塑，他对音乐很感兴趣，语言天赋也极高。尼禄经常写诗，他还举办过类似现代的演唱会。为了自己的艺术，尼禄禁止了竞技场内的血腥角斗表演。火烧罗马城的起点就在竞技场，这使尼禄是纵火者的嫌疑更进一层。

古罗马史学家塔西佗从这些证据中认定，尼禄就是因为厌倦了自己先前的宫殿，他想要一座新的宫殿才烧毁了罗马城。或者他的本意是要烧掉竞技场，不料因为风势使火势失去控制，最终烧毁了整个罗马城。这些理由的说服力极强，不过仅凭这些还不能断定尼禄就是纵火者。尼禄究竟是不是元凶，还有待学者们进一步的考察研究，去发现那些被掩盖在废墟下不为人知的秘密。

谋杀英国女王

"帕里阴谋"悬案解读

16 世纪 80 年代中期，在英国发生了轰动欧洲的大事，有人想要暗杀伊丽莎白女王。西方历史上称这件事为"帕里阴谋"。这一谋杀未遂事件，引得无数专家学者和历史爱好者去探求其中的真相。

1558 年，英国女王玛丽一世死后，伊丽莎白·都铎继位。伊丽莎白是英王亨利八世与王后安娜·波琳的女儿，是合法的王位继承人。自她即位以后，由于政治、宗教和嗣位等种种原因，再加上日益激化的国际矛盾，英国陷入了宫廷斗争的漩涡之中。但是，由于亨利八世未经教皇同意就擅自与第一任王后离婚，他的第二任妻子安娜·波琳，也就是伊丽莎白女王的生母，又被控失节而被处死，亨利八世与安娜·波琳的婚姻便被罗马教廷认定为严重的不合法婚姻，伊丽莎白被视作私生女。因此，伊丽莎白女王一即位，国际上的反英势力便以此为由，质疑伊丽莎白王位的合法性。

与此同时，玛丽一世的表妹、信奉天主教的苏格兰女王玛丽·斯图亚特觊觎英国王位，宣称自己是英格兰王位的合法继承人，开始勾结法国和西班牙反对伊丽莎白。西班牙国王菲利普二世为了和英国竞争海上霸权，也积极参与争夺英格兰王位的斗争，极力支持亲西班牙的玛丽·斯图亚特；罗马教皇则因为伊丽莎白和她父亲亨利八世都是新教徒，不服从罗马教廷的管理，甚至取消了传统天主教在英国的国教地位而怀恨在心，教皇庇护五世以教廷惩治君王的"破门令"把伊丽莎白逐出教门，并鼓动欧洲所有天主教国家反对信奉新教的英国。于是，苏格兰、西班牙、法国和罗马教廷等联手结成一条反英锁链，他们多次组织暗杀伊丽莎白女王的阴谋活动。

在这种险恶的国际背景下，伊丽莎白女王与反英势力所策划的阴谋活动展开了激烈的斗争。在众多的反英阴谋活动中，尤以"帕里阴谋"最富有神秘色彩。整个事件显得复杂而暧昧不清，以致事隔四百多年后的今天也无法辨明阴谋的主使者威廉·帕里到底是为谁卖命的，也很难确定他的动机到底是什么。

那么，威廉·帕里究竟是什么人？他为什么竟敢胆大包天地刺杀英国女王呢？我们不妨回顾一下威廉·帕里那传奇的一生，再看看"帕里阴谋"究竟是怎么一回事。

威廉·帕里是个医生。关于他的身世，留下的可靠资料不多。他自称是贵族后裔，但也有人信誓旦旦地说，他其实只是小饭店店主的儿子。但是，有一点是可信的，威廉·帕里是个挥霍无度的败家子。他曾先后与两个富有的寡妇结婚，不仅在很短的时间里花光了两个妻子的财产，还欠下一屁股债。为了逃避债务，走投无路的威廉·帕里投身于贝尔利勋爵领导的英国间谍组织，多次来往于欧洲大陆，刺探反对英国的罗马教廷和耶稣会教士的情报。1580年秋，威廉·帕里被债主抓住。恼羞成怒之下，威廉·帕里杀死了债主，并且将债主的财产席卷一空。后来，威廉·帕里因杀人罪被捕，本应被判处死刑，但由于他身份特殊，伊丽莎白女王亲自下令赦免了他。

被保释出狱之后，威廉·帕里肩负女王特殊使命再次秘密赴欧洲大陆，经巴黎到达米兰、威尼斯，通过教皇驻威尼斯使节和首席红衣主教科莫的介绍，与罗马教廷取得了联系。令人吃惊的是，威廉·帕里竟投向了罗马教廷，表示愿竭尽全力反对英国女王，为教廷效劳。

为取信于教皇，威廉·帕里夸口：他若向教皇披露一项只有伊丽莎白女王和他本人才知道的秘密计划，将会给女王以沉重打击。他向科莫提出，想去罗马谒见教皇。教皇表示同意，但是帕里始终未敢去罗马。他担心不慎暴露自己的身份被教廷逮捕。接着，他去了法国里昂，在那里致书贝尔利勋爵，假称：为了女王的利益，不惜牺牲自己的生命，定要使教廷的阴谋失败。随后，他又赴巴黎，与苏格兰女王玛丽·斯图亚特的驻法代表托马斯·摩根取得联系，秘密策划暗杀伊丽莎白女王的计划。

1583 年 12 月 10 日深夜，他又乔装成天主教神父，与摩根悄悄来到教皇驻巴黎使节的府邸，请求转达他给科莫与教皇的两封书信，再次竭诚表示希望为天主教事业效忠的愿望，并将采取对耶稣教会和苏格兰女王极为有利的行动。与此同时，英国驻法大使爱德华·斯塔福德却向英国女王呈文，说威廉·帕里要立即回国陈述极其重要的情报，还为他请功。

1584 年 1 月，帕里回到英国。女王在白厅单独召见了他。帕里当面奏称：他是耶稣会教士在教皇指使下派来暗杀女王陛下的。不久，帕里又收到从巴黎转来的教皇与科莫的两封信，要他"实现自己神圣而崇高的意愿"，答应"将让他在天国里得到优厚的报酬"。他立即把两封信呈献给了女王。为此，他得到了女王的优厚赏赐。1584 年 11 月，他当选为英国肯特郡的议员。此后，女王还多次召见过他。

可是，正当他取得女王信宠、飞黄腾达之时，他却又干出了两件匪夷所思的事。一是多次与他的亲戚，也是英国间谍的爱德华·内维尔，提到暗杀女王的计划。二是同年 12 月，他被昆斯博罗地区推选为上议院议员后，竟在议会中公开尖锐抨击政府反天主教的新法律，引起议员们的愤怒。上议院要求逮捕他，后因女王的干涉和他的道歉，他才得到宽恕。

此事平息不久，他又一次向内维尔提出谋杀女王的计划。内维尔出于恐惧，向首席大臣弗仑西斯·沃辛海告密。帕里为什么要这样做呢？是为了继续骗取教皇信任，还是确有谋杀女王之心呢？威廉·帕里的一系列行为使人百思不得其解。

不久，威廉·帕里被捕，被交付法庭审判。尽管他在"悔过书"中千方百计为自己辩解他毫无谋杀女王之心，但是，法庭仍认定他是受教皇委托派到伦敦来执行暗杀女王计划的，判他犯有叛国罪。

1585 年 3 月 2 日，帕里被送上断头台。这样的处决对帕里来说是冤案呢，还是罪有应得，很难说清。帕里到底是谁家的间谍，亦难以说清。

如果说他是英国间谍，并确信他在国外"投靠"教廷的活动，只不过是用来掩护他的身份、骗取对方信任的一种手段的话，那么，为什么在他取得暗杀女王的真实情报、立下大功之后，伊丽莎白女王又把他推上了断头台呢？

如果说他已被教廷收买，成为反英分子，被派回英国执行暗杀女王计划的话，那么，当女王多次单独召见他的时候，他为什么没有趁机下手，反而拖拖拉拉，还把暗杀女王的计划公开呢？

如果说他是双面间谍，那么，在他即将取得成功之际，为什么还要去为国际反英势力担风险，落得个因叛国被处死的下场呢？再说他这时的言行还能得到教廷的信任吗？他成为双重间谍的动机又是什么呢？

"帕里阴谋"本身就是一个萦绕着无数谜团的难以说清的历史疑案，也许在不久的将来会有更新的线索，让人们可以借此搞清楚威廉·帕里为什么会做出如此之多让人难以理解的怪异举动。

强不敌弱

"无敌舰队"是怎样被打败的？

1588 年 8 月，西班牙和英国为了争夺海上霸权，在英吉利海峡进行了一场举世瞩目、激烈非常的海上大战。当时，英国舰队的规模不大，整个舰队所有作战人员以海盗为主，加起来也只有 9000 人，简直就是一个杂牌军。西班牙却不一样，它的兵力人数高达 3 万人，武器先进，实力强大，号称"最幸运的无敌舰队"。不过，令人不可思议的是，在这场海战中拥有威力巨大"无敌舰队"的西班牙却惨败给了英国，而且几乎是毁灭性的惨败，"无敌舰队"几乎全军覆没。从那以后，西班牙的运势急剧衰落，就连"海上霸主"的地位也被英国取而代之。

历史上以少胜多、以弱胜强的战役的确数不胜数，但这次战役一直被许多军事研究者和历史学家津津乐道，人们对"无敌舰队"失败的原因疑惑不解，究竟是什么原因导致了这样一支"最幸运"的舰队败得如此之惨呢？

16 世纪以来，西方国家加大了海外掠夺，这个时期是西方的黄金时代。不过，这些殖民者四处掠夺的同时，矛盾也出现了。老牌帝国西班牙也受到了后起之秀英国的威胁，殖民者之间也展开了一场明争暗斗。西班牙当时已经是西方最强大的封建军事殖民帝国，它垄断了许多地区的贸易，殖民势力范围遍及欧、美、非、亚四大洲。据说，在1545~1560年间，西班牙海军从海外运回的黄金多达5500千克，白银24.6万千克。16世纪末期，世界贵重金属开采中的83%都被掠夺进了西班牙的腰包中。

此时，西班牙建立了一支拥有100多艘战舰、3000余门大炮、数以万计士兵的强大海上舰队，以此来保障他们的海上交通线及在海外的利益。但是，此时一些新兴的殖民国家也不甘示弱，特别是英国，在伊丽莎白女王的支持下，进行着疯狂的海外掠夺、圈地运动、血腥立法，因此迅速发展，而且向外扩张的野心也越来越大。

因此，西班牙与英国的矛盾也日益加深，西班牙国王腓力二世利用英国天主教的势力，在英国内部进行颠覆运动，打算扶持信奉天主教的苏格兰女王玛丽推翻英国女王伊丽莎白，从而削弱英国对西班牙的威胁。伊丽莎白女王得知消息后，趁机处死了玛丽。腓力二世的阴谋也因此败露，在这种情况下，西班牙决定以武力解决掉英国。于是，1588年5月下旬，西班牙的"无敌舰队"从里斯本扬帆出航，直逼英国的大门。

英国由霍华德勋爵任统帅，德雷克任副帅，没有带步兵，只是统领着100多艘战舰，载着船员和水手9000多人在家门口做好了迎战准备。了解英国的战略部署后，西班牙打算利用步兵的优势，强行登上英国舰船，然后展开肉搏战，夺取英国船只，最后通过英吉利海峡直捣伦敦。

此时，西班牙并不知道，英国的战舰性能虽然不及西班牙，但是他们做了改进，船体小、速度快、机动性强，而且火炮数量多、射程远。这种性能的战舰既能避开西班牙射程不远的重型炮弹的轰击，又可以用火炮在远距离对敌舰进行炮击。8月8日，西班牙与英国在加莱东北的海上进行了会战，西班牙战舰虽然吨位大，人数多，但是运转不灵。相反，英国战舰行动快捷灵敏，而且尽可能躲在西班牙火炮射程之外。

西班牙炮舰向英国军舰射击，却不能命中，而英国战舰远近都可以开炮，而且炮火又猛又狠，西班牙的"无敌舰队"根本没有地方躲藏，纷纷中弹起火。战斗持续了仅仅一天，"无敌舰队"就已经被打得七零八落，两支分舰队的旗舰也先后中弹、撞伤，一个分舰队司令被俘，剩下的军舰也乘着风势向北逃窜，准备绕过苏格兰、爱尔兰回国，但是，不幸的西班牙舰队又接连遇上了两次大风暴，不少士兵被风浪冲到爱尔兰西海岸，被英军杀死。10月，惨败的"无敌舰队"仅剩的43艘残破的船只回到了西班牙。

这次战役中，英国只损失了几百名海员和水手，但西班牙的"无敌舰队"几乎全军覆没，为什么会发生这样的情况呢？

有人说，"无敌舰队"遇上了天灾是导致他们灭亡的主要原因。"无敌舰队"起航不久就遇上了大西洋的狂风巨浪，这场风暴致使舰队的许多船只被毁坏，船上装的食物变质，淡水桶也遭到破坏，水手们因为食物缺乏变得疲惫不堪，大部分步兵也因为无休止的暴风而晕船，甚至失去了战斗力。这样一支舰队怎能敌得过已经准备完善、以逸待劳的英国战舰呢？而且西班牙舰队回国时在苏格兰北部海域再次遇到大风暴，一些残破的舰船不是被海浪吞噬，就是因方向无法掌控而触礁沉没。因此，"无敌舰队"最终近乎全军覆没。

还有人认为，"无敌舰队"的惨败是由于西班牙国王用人不当造成的。1588年4月25日，腓力二世在里斯本大教堂任命具有很高声望的大贵族西顿尼亚公爵为舰队总司令，率领舰队出征。但是，腓力二世却没有注意，西顿尼亚虽然出自名门望族，但是他是一位陆军将领，他既晕船又不懂海战，特别是他根本没有指挥庞大舰队的经验。

以西顿尼亚来说，他根本没有想到腓力二世会把重任交给他。在没有任何思想准备的情况下，他曾向腓力二世请求换人，但却没有得到批准。由此看来，"无敌舰队"的主将在没有出征之前就已经打了退堂鼓，再加上既晕船又没有指挥经验，这样的军队怎么可能获得胜利呢？

还有人推断，当时西班牙的国力衰退，这次出征英国根本是不得人心的。西班牙虽然表面上国力强盛，但是实际上已经外强中干，国王腓力二世为了巩固统治，大量搜刮民脂民膏，专横无道，挥霍无度，国民为此已经疲惫不堪，愤恨无比。这样不得民心的出兵怎么能取得胜利呢？

死亡之屋

揭秘加尔各答黑洞事件

在英国殖民地不断扩张的时期，曾经发生了一起非常著名的事件，那就是"加尔各答黑洞事件"。其中的黑洞并非天文学上的"黑洞"，它指的是一间漆黑的小屋子，在这个屋子内死去了很多人，但是死亡人数和这些人是如何死亡的一直是个谜。历史上没有详细的记载和研究，有的都是学者们众说纷纭的猜测。面对"加尔各答黑洞事件"带给后人们的谜团，让我们回到18

世纪的孟加拉，或许可以从中看出些端倪。

英国殖民地在当时扩张得十分迅速，英国殖民势力逐渐渗透到孟加拉，当时的孟加拉还处在印度莫卧儿帝国管辖之下。孟加拉也只是一个处于封建统治下的小国家，它的经济、政治、军事、文化等各方面都相当薄弱，孟加拉和强大的西方国家没有一点可比性，尤其是面对英国殖民势力的扩张，它简直太微不足道了。不过孟加拉没有退缩，它反而选择了走上反抗英国殖民统治之路。

如果一个国家的君主是明君的话，他们都希望自己的国家能够繁荣富强，孟加拉的国王阿利瓦迪汗也不例外。眼看着国家越来越衰落，阿利瓦迪汗知道自己不能够坐以待毙，他试图对国家多个领域进行改革，希望在短时间内将自己的国家变得强盛，最后可以不惧怕英国殖民势力的侵袭。可是阿利瓦迪汗的一系列改革措施并没有取得很好的成效，让人难过的是，这位国王在没有整治好国家的时候就去世了。

1756年4月8日，随着阿利瓦迪汗的去世，孟加拉即将陷入新一轮的政治斗争中。老国王阿利瓦迪汗因为自己没有儿子，他在世的时候就决定传位与自己最喜欢的外孙道拉，阿利瓦迪汗的女儿们和其他外孙们很不满意。如今阿利瓦迪汗去世，道拉没有支持自己的力量，他的继位能顺利吗？

道拉的反对者有很多，其中最有野心的就是老国王的大女儿加西蒂和二女儿的儿子邵卡特姜格。这些人为了阻止道拉继位，他们和英国人勾结在一起，试图借助外国的力量干扰道拉，可是道拉最后还是排除了重重阻力，登上了国王的宝座。

新国王显然没有任何背景支持，而且老国王的其他外孙也在觊觎着道拉的王位，道拉处于孤立无援的境地。孟加拉被英国势力渗入后，这些英国人在孟加拉各地做了很多无法无天的事情，比起英国殖民者在其他国家的行径，这些发生在道拉眼皮子底下的行径实在让他不堪忍受。英国人知道道拉是个不被支持的国王，他们在孟加拉加尔各答的旧炮台上建造了英国的大炮。孟加拉的境内有很多英国东印度公司的商人，他们滥发许可证等种种不法行径已经触及到了新国王道拉的神经，他以自己的方式，果断地阻止英国人肆意妄为的做法。

年轻的道拉只有二十来岁，正值血气方刚。道拉没有惧怕英国人，而是和英国人顽强抗争。道拉整顿内部贪污腐败的吏治，英国人则保护那些正在被调查的官员，他们用贿赂和收买的方式让这些官员对他们言听计从。道拉的吏治严重被阻碍，他与英国的矛盾愈演愈烈，道拉最终带兵出征，准备将所有的英国人从孟加拉赶出去。

1756 年 6 月 4 日，道拉开始了自己的军事进攻，他总是亲自带兵攻战，这完全体现了王者的风范。首战是攻打科辛巴萨的英国商馆，这一战英国人没有任何提防，所以道拉进行得还算顺利。第二天道拉的军队又占领了位于加尔各答的炮台，东印度公司负责人德雷克和威廉堡守军长官霍威尔知道道拉出兵的消息后，二人慌忙弃城逃跑。道拉占领了加尔各答之后，胜利的喜悦似乎来临得有些突然，可是接下来的事情却让道拉再也笑不出来。

从占领加尔各答那天起，城内的英国妇孺孩童都已经提前撤离，道拉只是抓了些士兵和还未逃离的人作为胜利的俘虏，他将他们关进了黑屋子。紧接着，道拉回到了自己的军营，因为胜利导致其警戒松懈，这让英国殖民军有了可乘之机。第二天凌晨，英国殖民军官克莱武和沃尔森率领了一支 3000 人的军队开始对道拉进行反扑，道拉获取的一切很快又被英国殖民军夺走。

就在加尔各答被英国殖民军重新占领的时候，发生了"加尔各答黑洞事件"。英国军人释放那些被道拉关起来的英国人，可是当他们打开那个狭小的黑屋子的时候，竟然发现被关押的 146 个人中已经死了 123 人。

那么，这上百人是如何死亡的呢？

一个极为狭小的房屋，内部只有一扇小窗可以呼吸，难道这 123 人都是因为窒息死亡吗？后人对此猜测不断，加尔各答黑洞事件也因此成为历史谜团。英国人对于道拉的作为恨之入骨，在 6 月 23 日的时候，道拉迎来了不可避免的激战，这也是道拉的背水一战，只可惜道拉率领的孟加拉军队不敌英国殖民军。其中很大的原因是，道拉的将军贾法尔被英国殖民军收买，道拉的将领临阵叛变，自己辛苦占领的领地在一瞬间全部丢失殆尽，孟加拉军队最终失败了。

几日后，道拉被杀害，英国殖民者又顺利地占领了孟加拉，孟加拉成为英国在南亚大陆殖民的开端地，也为英国后来的殖民扩张奠定基础。孟加拉成为英国殖民地已经成为历史，但对加尔各答黑洞事件的探究还没有停止。

那间黑屋子一直是历史学家们探讨的话题，不过，黑屋子里死了上百的人，事情是真是假呢？如果是真的，为何在历史上只有寥寥几笔的记载呢？

珀西瓦·斯皮尔是英国著名的史学专家，对于加尔各答的这一段历史，他也在书中给出自己的看法。在《牛津印度近代史》中，他认为："黑洞悲剧"未必是真实可信的事实，因为当时只有英国殖民军官霍威尔一个人对"黑洞悲剧"加以描述，证据的缺少使众多的学者也开始怀疑起事件的真伪。

认为"黑洞悲剧"不是事实的还有 R.C.马宗达、H.C.赖乔杜里和卡利金卡尔·卡塔，他们一起合著的《高级印度史》中就明确表达了他们对于黑洞事件的怀疑，他们认为死者死因尚待研究。

巴基斯坦学者拉希姆所著的《巴基斯坦简史》中更是给出了爆炸性的消息。书中描述，当时道拉俘虏的只有 39 人，其中的 16 人在当晚就已经死亡，不存在窒息死亡的说法。这条消息是加尔各答东印度公司负责人德累克给出的。根据印度学者巴哈塔查利亚著的《印度历史词典》关于"黑洞事件"的描述，关俘虏的黑洞长 18 英尺，宽 14 英尺 1 英寸。印度文献目录学家夏尔马所编《印度争取自由斗争百科词典》中描述，黑洞只有 18 平方英尺。

这些书对黑洞事件产生质疑，质疑的不仅仅是"黑洞"的大小，还有关于黑洞如何使人窒息以及死亡人数的多少。关押英国人的"黑洞"到底是什么样子呢？"黑洞事件"中又死了多少人？在历史的变迁中，死亡流血事件不可避免，可是在"加尔各答黑洞事件"中死亡的人数和死因还有待后人的继续探讨。

天价荒地
杰斐逊购买路易斯安那的缘由

托马斯·杰斐逊 (Thomas Jefferson，1743~1826)，美国政治家、思想家、哲学家、科学家、教育家，第三任美国总统，他同华盛顿、林肯和罗斯福被视为美国历史上最杰出的总统之一。他是美国独立战争期间的主要领导人之一。1776 年，他作为起草委员会的成员，起草了《独立宣言》。他为美国的建立前后奋斗了 40 年，先后担任了美国第一任国务卿、第二任副总统和第三任总统。

杰斐逊在任期间，保护农业，发展民族资本主义工业。他取得的最重要的成就就是用1150万美元从法国人手里购买了密西西比河西岸的路易斯安那的大片土地，使美国领土增加了近乎一倍。用这样大的一笔巨资去购买那样一片"荒地"，对当时刚刚建国的美国来说的确不可思议，因此，这一事件长期以来备受历史学家的关注，杰斐逊难道有先见之明要为美国扩充疆土吗？

的确，之后一些历史学家和外交家提出了外交扩张的说法，如以瓦尔特·拉夫勃为代表的历史学家认为，杰斐逊购买路易斯安那完全是由他制定的外交政策决定的。他所谓的外交政策也就是对外扩张，为了利益与权力不惜使用武力。杰斐逊任命詹姆斯·莫迪逊为国务卿，他们的外交政策不是和缓的，而是激烈的。1801年，杰斐逊曾经说过，美国的扩张也许是没有限制的，特别是随着时间的推移，美国限制自己是不可能的。于是，当美国全面发展使其本身扩张时，假如不向南美大陆扩展，也会向北美大陆开拓。杰斐逊的扩张原则是：为了达到目标，不惜付出一切代价。

因此，杰斐逊不惜投入巨资和使用军事力量。在他的支持下，年轻的美国建造了一支小型炮艇舰队，虽然不能与英国当时先进的海军舰队相比，但他敢派炮艇去北非和地中海沿岸对付海盗。由此看来，他购买路易斯安那的气魄与大手笔也就不难理解了。

但是，一部分历史学家并不同意单纯的野心扩张的说法，如历史学家约翰·格莱蒂就一直抱持着这样的观点。他认为，杰斐逊购买路易斯安那是迫于形势，想要打通通往西部的通路，以求达到他向西部扩张领土的目的。

杰斐逊在发表就职演说时曾经说，美国已经拥有了供子孙后代所需要的全部土地，由此看来，他并没有计划去夺取其他地方的土地。那是什么原因使他改变了计划呢？那是因为，随着美国人对西部兴趣的增长，杰斐逊意识到，如果不拥有密西西比河出口的通路和新奥尔良城的话，那么美国将很难保住那时已经拥有的北美大陆东部的一切。因此，为了使美国获得西部地区的巨大利益，就必须得到密西西比河和落基山脉之间的大片土地，也就是说，购买路易斯安那是一定要提上日程的事情。

于是，当杰斐逊听说西班牙要把路易斯安那退还给法国时，他立即警觉起来。对当时的美国来说，路易斯安那在西班牙的控制中是可以容忍的，但如果被拿破仑领导的强大法国接手的话，美国人在新奥尔良的利益就难以保障，那后果将不堪设想。

1800 年，杰斐逊担心的事情发生了：法国与西班牙签订了一项秘密协议，西班牙把路易斯安那还给了法国。于是，法国开始计划在北美实施新的冒险，拿破仑打算把路易斯安那变为法国的殖民地。由此看来，如果杰斐逊不购买路易斯安那的话，那么美国的利益将会大大受挫，也就是说，杰斐逊当时已经不得不去购买路易斯安那了。

1801 年，当杰斐逊和美国国务卿莫迪逊获悉，软弱的西班牙最后向拿破仑屈服并表示愿意把路易斯安那卖给法国时，他们认为形势十分严峻。因为，当时拿破仑与英国的战争已经结束了，拿破仑已经把工作的重心转向了开发"新世界帝国"的方向。拿破仑早就看好了路易斯安那，他一心想着要把那里作为法国的海地和圣多明各殖民地的食品供应基地。1802 年，西班牙的官员切断了密西西比河地区与美国的贸易，杰斐逊意料中的事情发生了，美国面临着巨大的危机。莫迪逊也感觉到了形势不妙，密西西比河是哈得逊、波托马和所有大西洋国家航运河流的汇聚点，现在看来，不管是谁控制了密西西比河，他们都能立刻切断美国在西部地区的发展。于是，杰斐逊和莫迪逊施展了各种外交手段，开始了购买路易斯安那的各种努力。

当然，杰斐逊和莫迪逊购买路易斯安那还有别的理由，那就是为了遏制法国在美洲势力的发展和扩大。1802 年，托森特·奥维特领导了海地起义，打算推翻法国人对海地的殖民统治。莫迪逊明白，如果拿破仑失去了产糖的海地岛屿，作为谷仓的路易斯安那就会变得毫无价值，而且相当于后方起火，法国就会留下无数后患。于是，他马上抓住这个大好时机，对海地起义进行秘密资助，支持海地人民抵抗法国殖民者。最后，虽然法国抓捕了起义领导人托森特·奥维特，但起义者仍然断续战斗着。这场激烈的反抗斗争，再加上当地传染病突发，拿破仑的军队在1803年受到重创，撤出了小岛，拿破仑曾经抱怨地说："这该死的糖，该死的咖啡，该死的殖民地！"

　　莫迪逊的这一支持，不仅给法国以重创，而且还使杰斐逊顺利打通了通往西部的道路，买下了路易斯安那。由此看来，无论是迫于形势，不惜重金购买路易斯安那，还是出于对外扩张的野心，总之，杰斐逊为美国人获得了巨大的利益，现在看来，那笔重金也就不算什么了，任凭后人去评论吧。

烈焰冲天

是谁点燃了莫斯科？

1812 年 6 月 24 日，拿破仑率领近 60 万法国军队侵入俄国。当时，法俄两国的矛盾已经深化到不可调和的地步，它们为了争夺欧洲大陆的霸权，谁也不肯退让。俄国与英国结成了"反法同盟"一起抵御法国的入侵。

拿破仑的主要攻击目标是英国，但因为英国的军事、经济实力都很强大，于是他决定先把俄国拿下，打破联合，然后再集中兵力攻打英国，那样便能很快取得胜利。可就在他得意地进驻莫斯科的当天晚上，正在克里姆林宫休息的拿破仑突然被火蛇包围了。乘着风势，大火点燃了整个莫斯科，刚刚驻扎下的法军的粮草、大炮和枪械都被烧成灰烬，拿破仑的美梦也因此被打碎了。

莫斯科城为什么会突然莫名其妙地着火呢？纵火者是谁？放火的目的又是什么呢？这些问题一直被众多学者关注着，但学者们始终没有找到确切的资料。

当拿破仑决定对俄国开战时，并没有从当时俄国的首都圣彼得堡开始，而是直接攻占了莫斯科，打算以莫斯科为根据地，把几百公里外的圣彼得堡孤立起来，然后等待俄国沙皇亚历山大一世主动投降。拿破仑的作战方略非常完美，从战争一开始，俄国军队便连吃败仗，大片的国土被法国收入囊中。9月7日，著名的"博罗季诺会战"打响了，俄军总司令库图佐夫指挥着12万俄军与拿破仑展开了殊死拼搏，这场战争使俄军伤亡惨重，损失了近4万人，因此，为了保存实力，库图佐夫被迫放弃了莫斯科，向后方撤退，等待机会反攻。9月14日，莫斯科城里部分居民随同军队一道撤离莫斯科。这次转移正好在拿破仑的计划之中。9月15日清晨，拿破仑神采奕奕地骑马带领队伍浩浩荡荡地进入莫斯科城，这时的莫斯科已经完全是一座空城了，整个大街上除了几个趁火打劫的俄国农民，几乎没有任何居民。

法军进城后，每个分队很快就有了正规的营房，他们对全莫斯科城进行了大"搜索"，他们挨家挨户大肆掠夺，无论是食物还是财宝都被一扫而空。这一系列的胜利让法军感到很振奋，完全放松了警惕。这个时候的拿破仑也开始做起美梦来，他觉得现在只需要等待被孤立起来的亚历山大投降就可以了。

但是，他的美梦很快被一场大火烧为了灰烬。16日晚上，拿破仑正在克里姆林宫休息，突然一名副官神色慌张地叫醒了他，并告知莫斯科全城都着火了。拿破仑匆忙穿好衣服，透过克里姆林宫的窗户向外眺望，眼前一片火海，莫斯科全城都升腾着火焰。一向沉稳镇定的拿破仑惊呆了，火蛇乘着风势，烧得更加猛烈。克里姆林宫附近、莫斯科河南岸一带和索良卡等地，火逐风飞，烈焰满天。最后，连克里姆林宫也燃起了呼呼的火苗。

拿破仑与侍卫匆匆忙忙地逃离了克里姆林宫，这时的莫斯科已经无法存身，乱作一团。当城中的法军缓过神来、打算灭火时，才发现城中所有的灭火设施都已经被破坏了，一个灭火器具都找不到，甚至民房中都找不到一个水桶。法军指挥官只好组织士兵排成行，利用行军提桶和每个人的军帽递水，但火势太大，这点水根本起不到任何作用。最后，法军干脆用炸药隔断火路，但火从四面八方包抄而来，根本没有办法阻断。因此，拿破仑只能看着熊熊大火吞噬了粮草、枪炮、帐篷以及其他一切。

大火一直烧了好几天，直到一场暴雨来到，火才渐趋熄灭。虽然这场大火把来势汹汹的法军赶出了莫斯科，但是全城着火面积有 3/4，莫斯科全城的古代建筑、古物、园林几乎都在火中化为灰烬，莫斯科原有 3 万幢房屋，火后仅剩下不到 5000 幢，在大火中被烧死和烧伤的人更是不计其数，在灰烬中随处都能找到尸体。

那这场火究竟是谁放的呢？是人为还是意外呢？拿破仑认为，莫斯科总督罗斯托普金蓄意计划和实施了这场纵火行动。因为有法军看到，当他们打算救火的时候忽然发现，罗斯托普金早已经把一切消防水龙和灭火器具都运走了。而且，意外着火的话应该是一个地点，可这次是全城多处起火，所以肯定是有计划、有预谋的。据说，对于拿破仑的这种说法，罗斯托普金本人也承认是他亲自下令放火烧城的。

还有一种说法认为，库图佐夫才是真正的"纵火犯"。当时，库图佐夫已经撤出了莫斯科，但他怎么会让法军舒舒服服地住进莫斯科呢？于是，等法军进城安顿好一切后，他便放了一把大火，连法军带他们的物资都化为灰烬。那些看似趁火打劫的农民实际上就是纵火的人，他们中一大部分都是被沙皇赦免出狱的死刑犯，为了立功，他们乐于执行这道命令。

对于上面这种俄国人自己放火的说法，俄国人也很赞同，因为他们觉得，这次大火虽然烧掉了莫斯科，但这却是一次勇敢的"焦土政策"，大火要向全世界宣告，俄国与法国势不两立，将要不惜一切代价抵御异族的入侵。

不过，也有人认为，这场大火的责任应当由法国士兵来负。因为他们进驻莫斯科后，曾经肆意掠夺，大火可能就是他们进入居民房中，点起蜡烛、火把或者柴草用以照明所燃起来的。因为莫斯科城始建于 1156 年，当时它地处森林茂密的东欧平原，数百年来人们习惯以木结构为城市建筑的骨干，所以莫斯科还被人称作"木屋市"。这种建筑风格一直延续着，直到17世纪末，全城除了克里姆林宫等少数石建筑，木屋仍比比皆是，就连沙皇的其他宫殿也保持着传统的木结构风格。但是，法国士兵并不了解这种建筑特色，所以他们无意中点燃了整个城市。就连俄国文学大师托尔斯泰也同意这种说法，在他的《战争与和平》中对莫斯科大火原因的描述中就写道，这场大火是一场法国士兵喝醉后不慎酿成的灾难。

现在看来，是谁点燃了莫斯科已经不重要，重要的是，这场大火直接导致了拿破仑帝国的衰亡，它改变了欧洲的历史，开创了一个新的时代。

意料之外的浩劫
华盛顿为何被英军焚烧？

1814年春季，美英第二次战争期间，英国罗伯特·罗斯将军指挥的一支英军，顺利地闯入美国的首都华盛顿，然后在华盛顿大肆破坏，许多建筑物都未能幸免，几乎全部被烧毁。美英第二次战争中，美国在天时、地利、人和上占了绝对优势，英军在战场上连连失败，被迫求和。是什么原因导致美国华盛顿遭受如此浩劫呢？众多的历史学家想要找到答案，但是因为当时留下的资料不全，到现在为止，史学家也没有给出一个统一的结论。

一些历史研究者认为，当时，英国的主要计划就是压制美国，所以才会在1814年火烧华盛顿，而且这种做法的确打击了美国。

第二次美英战争期间，英军兵分三路进攻美国，一支规模比较小的海陆两栖部队，在罗伯特·罗斯将军的指挥下，从百慕大登船起航，在切萨皮克湾地区诈攻，破坏沿岸城镇和军事设施，虎视眈眈地注视着华盛顿和马尔的摩市。其余两支都是陆军，沿着不同的路线前进。力量最强大的陆军是由一万多名官兵组成的，他们从加拿大的蒙特利尔出发，沿着美国独立战争期间布尔果因将军经过的路线前进；另一支陆军在牙买加集结出发，进攻新奥尔良并围攻西部美军。

两栖部队在向既定目标发动进攻中，采取了相对有效的战略战术。1814年6月，当其余两支大部队在加拿大集结的时候，他们已经从百慕大起航，向切萨皮克湾进发。8月下旬，这支部队就在海军中将亚历山大·柯克兰因爵士和海军上将乔治·科伯恩的具体指挥下，在帕塔克森特河口的马里兰登陆，直接威胁到华盛顿。

美国方面立刻派遣一支炮艇分队，逆流而上，打算保卫首都华盛顿。但是，当英军攻入美军被英军狠狠咬住时，司令官却怕成为俘虏下令解散了炮艇分队。这个司令官的做法真是让人哭笑不得，作为一名司令官怎么可以轻易地不战而逃呢？

众所周知，这位司令官就是在美国已经臭名远扬的威廉·温德。他原是巴尔的摩的一名律师，之后参加了美英战争并迅速晋升为将军。在对加拿大作战时，他就被英军俘虏过，之后不知出于什么原因又被释放了。现在英军攻占华盛顿的郊区并直逼华盛顿时，他带领着一支由民兵和临时征招来的士兵组成的杂牌军，不战而退。逃亡到乡下的麦迪逊总统与其他政府官员都看到温德像丧家之犬似的逃跑的场景，温德那支不到 7000 人的队伍几乎一枪没放，士兵们见到英军后调头就跑，狼狈至极。

1814 年 8 月 24 日黄昏时分，英军顺利进入美国首都华盛顿，他们点起大火，大部分公共建筑都在这场大火中化为灰烬。在英军士兵点燃白宫之前，海军上将科伯恩还捡起了一顶麦迪逊总统的帽子当作纪念品，同时还得意洋洋地享用本是为麦迪逊总统和夫人准备好的晚餐。

由此来看，英军焚烧华盛顿是战略部署的必然结果，要结束英美之间的激烈战争，当然要以某一方的失败为前提，现在美国作战失误，那么失败方必然是美国。不过，对此说法，一些人提出了新的见解，其中最著名的说法是由美国军事史学家詹姆斯·查思和卡尔布·卡尔提出的。

美国麦迪逊总统等人错误地估计了自己军队的战斗力，同时又小看了英军发动突袭的能力。事实上，所有人都为美国指挥官的严重失职而感到不可思议。麦迪逊总统也是一位杰出的人物，他与其他开国元勋一样，有着强大的自信，他觉得英国的士兵怎么可能比得上美国的自由战士，英国的士兵都是花钱雇佣的职业兵，而美军士兵都是心怀美好理想，为自由而战，为祖国解放而战的，每个人都会把胜利作为最终目标。但是，他失望了，英军进攻时那令人恐怖的惊人速度与美军不顾羞耻的逃跑形成了鲜明对比。最后致使麦迪逊也只能舍弃白宫，逃亡到乡下。

卡尔布·卡尔等人还提出，美国首都华盛顿被焚是永远载入美国史册的耻辱一页，这个时刻有着重要的纪念意义，它让每个美国人清醒过来，以前那种凭借地理优势苟且存活的思想的确要丢弃了。独立战争以后，美国人真的放松了，他们凭着地理上得天独厚的优势，一片汪洋大海使他们得以远离战乱纷纷的欧洲。在这样的情况下，美国松懈了。

俗话说"大意失荆州"，18 世纪末和 19 世纪初，英国、法国就开始侵扰美国，但是美国并没有重视，他们觉得隔着大西洋，美国固若金汤。直到英国对美宣战时，一些"武装中立"的政策才出现，美国开始创建海军部，进行战舰的研制和海军陆战队的重建等。

从以上的资料来看，英军火烧华盛顿的真实原因仍然若即若离。看来，平安时居安思危，危险时沉着冷静、用人得当，这样才有可能应对未来发生的任何威胁和灾难。

帝国的末日

滑铁卢战役揭秘

"滑铁卢"是背运、失败的代称，拿破仑兵败滑铁卢，一直是人们津津乐道的话题。到底，滑铁卢是怎么回事呢？我们不妨一起回顾下这段历史。

拿破仑被人称为奇迹的创造者，他是法国近代资产阶级军事家、政治家、数学家，他建立了法兰西第一帝国。拿破仑时刻想着称霸欧洲，在整个欧洲大陆上，只有俄国没有被他控制，于是 1812 年他率领的 57 万大军远征俄国。

可是，这次战争却让法军元气大伤。俄国等国家组成的同盟军在 1814 年

3 月的反攻战争中占领了巴黎，1814 年 4 月 13 日法兰西第一帝国灭亡。身为法兰西第一帝国皇帝的拿破仑被迫退位，被流放到地中海上的厄尔巴岛。拿破仑保留了"皇帝"的称号，可是他的领土只局限在那个小岛上，他在小岛上时刻观察着法国的政治形势，伺机反扑。

1815 年春，拿破仑逃出小岛，回到巴黎，打算东山再起，而且因以前的政治基础，他很快再次掌控了整个法国政权。这个消息传出去后，可吓坏了欧洲各国君主，他们立即组成了反法同盟，目的是在最短的时间内打败拿破仑。与此同时，拿破仑迅速部署防御部队及战斗大军投入战争，预计在俄奥（俄国与奥地利）联军到达之前，先灭掉英普联军。但是，这次战争并没有像战略部署那样向着胜利的方向发展，而是留下了让人遗憾的著名滑铁卢之战，让人不禁感叹，怎么聪明一世的"战神"拿破仑会败得这样惨呢？

拿破仑命令内伊元帅牵制英军，但这位元帅却犹豫不决，最后导致部署没有顺利实施。结果双方进入了白热化的战争，拿破仑又命令内伊元帅的手下戴尔隆军团从弗拉斯内向普军的侧后方攻击，与主力部队形成前后夹击的形势。但是，戴尔隆对此命令理解含乎，错误调度，失掉先机，使这决定性的有力一击迟到两个小时。等戴尔隆明白过来，赶到正确地点时，又被没弄清形势的内伊元帅调开，这时的英军已经在戴尔隆的炮火射程内了，但戴尔隆却机械地执行了内伊元帅的调度，使英军逃过了一劫。

6 月 18 日中午，这个时间恐怕了解历史的人都不能忘记，它就是拿破仑辉煌一生的终结点。随着三声炮响，滑铁卢大战的序幕拉开了。这场战争是世界战争史上令人瞩目的一瞬，也是拿破仑戎马生涯中的最后一战。但是，这次令人惊心动魄又富有戏剧色彩的战争却以拿破仑失败告终，它让法军丢掉了就要到手的胜利，让拿破仑遗憾终生。因此，其中的许多微妙因素让人充满疑问。

这次战争以法国骑兵打先锋，不过防守的英军顽强抵抗，用最猛烈的火力把法国骑兵压制住。这一战打了整整一个下午，战火一刻也没停息，双方损失都很严重，哪一方都没有了控制战局的力量。黄昏时分，拿破仑率领自己的近卫军再次向英军发起猛攻，就在这个危急时刻，英军的援军赶到了，但拿破仑一直确信在英军援军之前就会赶到的法军格鲁希元帅的部队并没有到达，于是，战势逆转，英军迅速发动了总攻。

法国近卫军在拼死抵抗的时候也慢慢撤退，这时的拿破仑也已经从车上下来，骑马向后撤退。他心里明白，自己已经陷入绝境，虽然一度想挽回败局，但现在战场上已经尸横遍野，而俄奥联军即将攻入法国边境，现实已经摆在眼前了。拿破仑只好被迫宣布了退位，开始流亡，滑铁卢之战以法军失败告终。

滑铁卢之战引起了许多史学家和军事评论家的兴趣，拿破仑曾经说："这是命中注定的，因为即使原因再复杂，那场战斗的胜利者也应该是我，结果我却输了。"难道真的有神灵，冥冥之中注定了法军在这场战争中的失败，让拿破仑辉煌的一生以无奈告终？

有些人觉得，格鲁希元帅的缓慢增援导致了法军的失败。当时，拿破仑带领着7.2万人的军队，而英军也只有7万多，双方几乎是实力相当，不相上下。当战争进入胶着状态后，谁的援军先到，谁就会胜券在握。结果英军的援军到了，格鲁希元帅却不见踪影。

还有些人认为，失败的根本原因应该从更早些时候分析，如果这次战争都按照拿破仑的最初部署去做的话，法军就会早早地结束战斗并取得胜利。但是，部署在实施的时候却出现了种种的失误，特别是之后拿破仑在调兵时也存在着严重失误，他的身边又缺少原来那些骁勇善战、配合默契的将领。当时，与他配合默契的老部下达乌被围困在汉堡中，缪拉在那不勒斯没有迅速赶回的充分时间，马塞纳也陷入了西班牙的战争中……拿破仑虽然有无数的得力部将，但就在关键的时刻却都不能赶来参战，现在想来，这真是一场充满悲剧的战争呀！

还有人说，当时的天气也对拿破仑十分不利。总之，许多微妙的因素叠加在一起，让战无不胜的拿破仑在他熟悉的战场上吃了败仗。虽然人们现在还在追寻导致拿破仑兵败滑铁卢的根本原因，但至今也没有得出一个确切的结论。大概这其中的原因不是一两句就可以解释清的吧，我们只能把它当作一桩疑案一起来探究啦！

阴谋还是失误

疑团重重的珍珠港事件

1941年12月7日，是美国人的一场噩梦，日本成功偷袭了珍珠港。它是美国人心中难以愈合的伤痛，更是美国军事史上的耻辱。在这极短的时间内，美国几十年苦心经营的成果化为乌有，太平洋舰队几乎全军覆没。

事件发生后，原本没有参加第二次世界大战的美国宣布加入战争，战争的局面迅速发生了逆转，德、意、日等野心勃勃的国家的末日也到来了。虽然日本偷袭成功，但是它却把自己入侵多年的成果葬送掉了。长久以来，人们觉得珍珠港事件的背后隐藏着许多鲜为人知的秘密，日本为什么竟然轻率地偷袭了当时军事力量强大的美国？如果是称霸世界的野心驱使的话，难道日本就没有想过偷袭的后果吗？

　　事件发生时，第二次世界大战已经进行到第三个年头了。在亚洲，中国人民为抵抗日本法西斯入侵的全面战争已经进行了四年；在欧洲，英国、苏联等正被纳粹德国的铁蹄无情地践踏；所以，当时几乎所有的目光都集中到了美国身上，拥有巨大实力的美国却没有果断地加入反法西斯战争的阵营中。虽然当时日本已经极大地损害了美国的利益，但美国也只是不再续约《日美通商航海条约》。之后，德、意、日联合为轴心国严重侵害美国利益时，美国总统罗斯福把太平洋舰队留驻在珍珠港，这实际上是对轴心国的一个警告。但轴心国特别是日本日益膨胀的野心已经无视美国的警告，当美国宣布中止美日贸易时，资源极为缺乏的日本决定不惜对美一战。已经杀红了眼的日本，把侵略的魔爪伸向了美国，最终，日本将袭击目标锁定了美国在太平洋的海军基地——珍珠港。

　　珍珠港属于位于北太平洋的夏威夷群岛，东距美国西海岸约 3800 公里，西距日本约 6000 公里，距菲律宾约 7000 公里，战略地位十分重要，被人们称为"太平洋的心脏"。1909 年，美国开始在此建设海军基地，经过几十年的努力，珍珠港已成为美国在太平洋上的重要海军基地。日本这次袭击行动的最高指挥，是当时任日本联合舰队司令的山本五十六。他原本极力反对向美国开战，但当他了解了日本对美开战的计划和战略后，作为海军航空兵战略专家的山本，突然改变了最初的想法。他提出首先突袭美国太平洋舰队，削弱美军战斗力，然后再对美国实施进攻，乘胜追击，从而赢得胜利。表面上看，这一战略似乎很合理，但是，日本真的有那样的军事实力拿下珍珠港吗？如果拿下后，整个美国真的会因受重创而一蹶不振吗？

突袭之前，1941 年 12 月 7 日，山本的计划得到天皇认可后，他做好了充足准备。为了确保偷袭的突然性，日军先后任命亲美派野村吉三郎、来栖三郎等人为和平特使，赴美谈判，以此来转移美国的注意力，以使美国放松警惕。1941 年 12 月 7 日，山本一声令下，日本飞机对珍珠港展开了猛烈地轰炸，毫无防备的美国海军被打得七零八落，几分钟后，日本指军总部就收到了负责轰炸的指挥官的胜利电文：虎！虎！虎！不到两个小时，日本突袭珍珠港的军事行动就以胜利告终。当天晚上，美国总统罗斯福紧急召开内阁会议，商讨对策。第二天，罗斯福总统竟然从轮椅上站起来，向世界宣布：美利坚合众国与日本已经处于战争状态，美国正式加入第二次世界大战。

　　以此看来，美国在遭受侮辱性的打击后终于加入了维护世界和平的队伍中。可是，综合实力上落后于美国的日本，竟然可以在几千公里之外成功地突袭成功，这实在令人费解。难道这里面另有隐情？美国失败的背后，还有什么不为人知的秘密吗？

　　许多历史学家对此进行了深入研究，有一部分研究者给出了一个让人吃惊的解释，他们认为珍珠港事件其实是罗斯福有意设计的"苦肉计"。

　　第二次世界大战爆发时，美国国内孤立主义思想非常严重，罗斯福对英、苏、中等国援助的计划常常受到掣肘。虽然罗斯福已经看透了德、意、日轴心国的野心，但是国内的孤立主义势力只图眼前利益，不愿参战。所以，罗斯福不惜以珍珠港为代价，让孤立主义势力的幻想破灭，从而唤醒民众的正义感。据说，当时美国已破译了日本的外交密码和至关重要的海军密码，也就是说，在珍珠港事件发生前，罗斯福就已经对日本的行动了如指掌，但他却任由日本把事态扩大，没有制止。

　　当时，有人报告了日本舰队正在驶近夏威夷的情报，罗斯福的顾问班子提出了三条建议：一是通知太平洋舰队做好应战准备，这样的话，日本就不可能成功；二是向全世界公布日本特遣舰队已经驶近，迫使日本舰队调头退回；三是按兵不动，静观事态发展。罗斯福在思考后选择了第三种，当时他觉得太平洋舰队不能够抵抗日本人的进攻，而且这样可以刺激孤立主义势力的神经。所以，罗斯福并没有把情报告知太平洋舰队，最终使日本成功偷袭珍珠港。

在事件发生前，美国高层曾经下达过一系列奇怪的命令。太平洋舰队中的船舰及一批军事素质好的士兵被成批调到了大西洋舰队，虽然这遭到指挥官金梅尔的反对，而且他曾经向上级强调太平洋舰队的重要性，但并没有得到作战部长的理会。更奇怪的是，当日本飞机对珍珠港狂轰滥炸时，太平洋舰队的主力——3艘航空母舰恰巧全部外出，因此躲过劫难。此外，在珍珠港事件发生的前一两个月，美国红十字会和美军后勤医疗部队就曾经向珍珠港进行过非常规的人员和储备物资紧急调动。而这批额外补给，在珍珠港事件发生后的急救工作中发挥了至关重要的作用。

综合上面的种种疑点，人们觉得，这次珍珠港突袭事件，只是罗斯福借日本人的野心对美国民众及全世界人民上演的一场"苦肉计"。除了美国的研究者外，就连发动偷袭的日本人似乎也相信这一说法，当然，日本人也许是为了推卸自己挑起战争的责任，才说美国为了参加"二战"，利用并引诱自己发动了珍珠港事件。

关于这一事件，有人还提出另一种观点，美国的中立政策让英、苏都很无奈，日本偷袭行动的电文，英国方面早已经破译，但是英国首相丘吉尔却有意扣留了情报，他的目的就是使美国被迫参战。对于这种说法，有人还提供了最有力的证据：英国首相丘吉尔曾经在日记中写道，他得知了珍珠港要遭偷袭，并认为那是一个好消息！这种观点听起来有些合理。

不久前，美国的《洞察》杂志又提出了一种更新奇的说法。他们认为，珍珠港事件是由苏联人一手打造的。当时苏联已经受到德军从西边的攻击，因此很担心日本从东线发动进攻，使自己陷入两面夹击中，所以他们启用了早已安插好的庞大间谍网，挑动日、美两国开战，挑起事端，促使美国被迫加入战争。

苏联在美国政府内部安插了一名高级特工，他就是指导美国"新政"的经济学家、罗斯福总统最信任的经济顾问之一——亨利·迪克斯特·怀特。有资料证明，怀特曾经从苏联高层那里得到指令，负责向罗斯福提出大量针对日本的政策性建议，怀特建议美国政府对日本采取强硬政策，如鼓动美国敦促日本从中国撤军，等等。这一政策招致了日本的愤怒，两国的矛盾越来越激化，日本在气急败坏的情况下，发动了偷袭珍珠港的行动。

日本偷袭珍珠港后，美国宣布参战。1945 年 8 月 6 日，美国在日本长崎、广岛投掷两颗原子弹，为日本定下败局，第二次世界大战也因此结束。谁也不敢想象，假如日本当年不发动珍珠港的偷袭事件、美国不参战，不知道"二战"何时才能结束，也不知道战争结束后的世界会是怎样的一番天地。因此，有人说，日本搬起石头砸了自己的脚，美国借敌人的刀去杀敌，而苏联则坐收了渔翁之利。

第50个州

夏威夷划归美国版图的来龙去脉

夏威夷群岛位于太平洋中部，被人称为"太平洋的心脏"，于1959年作为美国第50个州加入美利坚合众国。这里有丰富的农业资源，盛产甘蔗，波利尼西亚人是这里的原始土著居民。从19世纪初开始，美国商人、传教士和政客就开始到岛上活动。1839年，土著人领袖卡默哈默哈三世建立了君主立宪制的政体，提倡宗教信仰自由。1842年美国承认夏威夷独立，1842年至1845年期间，美国人西·尤德成为夏威夷岛的总理，1887年，美国获得了在珍珠港建立海军基地的权利。

19世纪末期，美国决定吞并夏威夷。不过，下定这个决心并不简单，在这个过程中曾经发生过激烈的争论。面对四起的反对声，是谁坚持主张吞并夏威夷的呢？这离不开三个起决定性作用的重要人物，他们分别是阿尔弗雷德·马汉、西奥多·罗斯福和亨利·洛奇。

在众多主张吞并夏威夷的人物中，阿尔弗雷德·马汉占有重要的地位。马汉是西点军校一位教员的儿子，1884年被聘为纽波特海军作战学院的教师，之后逐渐成长为著名的海军军官和海军战略家。马汉在最初任教的时候，便对海洋的控制权提出过自己的见解，但并没有引起重视。自那以后，他苦心研究，1890 年，他的第一部也是最著名的著作《海上实力对历史的影响》出版了。在这部书中，他运用大量的篇幅论证了强大海军、海外基地和贸易对国家发展的作用。这本书批评了美国的对外战略部署，并提出了自己的建议。这部书出版后，受到了军事界和政治界的极大重视，一度被列为美国海军高级军官的必读书目之一。

从马汉的军事思想来看，他是一个典型的扩张主义者。当时，美国的一些政治家主张美国向拉丁美洲扩张，但马汉却认为向远东地区扩张同样重要。对此，马汉不但积极出谋划策，而且千方百计地游说政府的决策层人物。他向当时担任海军部助理部长的西奥多·罗斯福提出建议，一定要注意日本人口在夏威夷群岛上的增长，所以在这之前应该把群岛夺到美国手中，然后才能解决其他具体问题。

罗斯福在担任海军部助理部长期间，就是积极主张美国要吞并夺取夏威夷的海军军官之一。当马汉向他提出建议后，他更是与马汉一拍即合。与此同时，他还对这个主张进行了补充，必须以实力解决夏威夷群岛的事情。

除了马汉、罗斯福之外，美国国会众议院海军委员会委员亨利·洛奇也对吞并夏威夷很感兴趣。他觉得，当时对美国造成威胁的不只是一直与美国作对的实力敌手英国，新崛起的日本也即将会成为美国最大的敌人。1895 年，洛奇进入参议院，加入了对外关系委员会，他不遗余力地为美国安全的各种必备因素辩护。在这些辩护中，最重要的一项主张，就是吞并夏威夷。

当时，美国参议院已经对夏威夷的问题展开过激烈的辩论。1895 年 3 月 2 日，洛奇发表了言辞激昂的讲话，他令助手把一张大幅太平洋地图挂在会议室的墙上，拿起一根教棍指着地图上的夏威夷，对众人说："这个群岛上的这些人并不重要，对我们来说，最重要的是这些岛屿的位置，以及岛屿本身巨大的商业价值和肥沃的土壤，这些就是我们必须占领它们的理由。"除此之外，他又阐述了夏威夷群岛的军事价值以及在战略上的重要性，英国并没有在夏威夷岛设立海军站，但是，夏威夷群岛却是太平洋的中心，就像连通太平洋的一把钥匙，美国拥有这把钥匙后，就可以成为太平洋上的霸主。

洛奇的讲话取得了良好的效果，马汉在书中阐明的战略原则，经过洛奇的解释，已在国会中产生了极其深刻的影响。最后，洛奇的主张被越来越多的人认同，甚至白宫及麦金莱总统都点头同意，并督促尽快实施这些主张的合理部分。

综上所述，美国吞并夏威夷并不是一个人的建议就可以完成的，马汉对此提出了理论性的建议，罗斯福为此推波助澜，洛奇运用智慧推波助澜，在国会中进行了决定性的发言。至于三个人到底谁是吞并夏威夷的主谋，看来还得进一步研究才能找到答案。

第三章　历史名人

客死他乡

寻找梭伦的埋骨之地

公元前 7~前 6 世纪之间，在古雅典的大地上生活着一位著名政治改革家和诗人，他有着很高的知名度，凡是读过希腊史的人，几乎无人不晓，他就是被誉为古希腊"七贤"之一的梭伦。但是，这个举世闻名的改革家却悄然无声地离开了世界，他死于什么地方，尸骨埋在哪里，至今都是一个难以解开的谜。

梭伦出生在一个贵族家庭，原籍为萨拉密斯。这里是雅典西海岸的一个小海岛，地势险要，是雅典的门户。他的父亲乐善好施，不过在他少年时他的家境就不再像之前那么富有了。他年轻时一面经商，一面游历四方，到过许多地方，漫游各地名胜，考察社会风情，写下了许多著名的诗作。

青年时代的梭伦非常关心国家大事，有着强烈的爱国情怀。一次，雅典与邻邦墨加拉为争夺萨拉密斯多次发生战争。雅典一开始便出师不利，节节败退，人们的反战情绪日益高涨，所以雅典官方公布了反战法令，对所有敢以书面及口头方式宣传再战者，一律判处死刑。

很多有志的热血青年，对反战法令敢怒而不敢言。当时，只有梭伦一个人，胆大过人。他为了激发雅典人民的爱国热情，竟然不顾自己的安危，戴着花冠，装疯卖傻地跑到广场中心，站在著名的传令石上，向周围聚拢过来看热闹的人大声朗诵他充满爱国激情的诗篇，号召人们团结起来，到萨拉密斯去，为了自己可爱的岛屿而战斗，一雪前耻。梭伦曾经大声地向众人呼吁："如果连战争的勇气都没有，那么你就不配做一名雅典人！"梭伦为了让人们相信夺取萨拉密斯是正义的行为，查阅了大量资料，进行实地考察，从历史传统到民族习惯，一点也不漏地进行调查，最终得出萨拉密斯自古以来就是雅典的领土的结论。

在他找到的确凿证据面前，雅典废除了那个丧失民族气节的反战法令，重新向墨加拉宣战，梭伦就是当时行动的指挥官。随后，梭伦亲自率兵来到雅典，出其不意，一举夺回了萨拉密斯岛。从此，进入而立之年的梭伦的名声大振，同时取得了雅典平民的信任，人们把他推举为首席执政官，实现了他对雅典进行政治、经济改革的愿望。

公元前594年，雅典平民与贵族之间的斗争已经到了白热化的程度，才华出众的梭伦被任命为首席执政官。上任后，他大刀阔斧地进行了一系列改革。首先，他颁布了"解负令"，把平民的一切债务都取消了，被压迫的下层平民得到了解脱。然后，他打破了按血统来决定社会地位的惯例，把人民按财产多少划分为几个等级，而且改革了国家机构，开创了几百人会议的先河。与此同时，他制定了一系列促进工商业发展的改革措施，改革货币，鼓励橄榄油输出，同时禁止雅典粮食出口。

之后，他给予所有公民最优厚的条件，同时引进外来人才，取消了外国人定居雅典的限制，为雅典奴隶主民主政治的建立奠定了基础。可以说，梭伦是一位世界上少有的优秀改革家，就连恩格斯也称赞他的改革为"政治革命"。古希腊哲学家亚里士多德曾经赞扬梭伦"采取了最优良的立法，拯救了国家"。

但是，在梭伦任职期间，雅典内部的斗争形势越来越严峻，因此他任期满后，再次出游，晚年的梭伦曾游历埃及和塞浦路斯。那么，梭伦出游后有没有返回家中？他究竟是客死他乡还是归隐家中悄然去世的呢？

大部分资料都认为，梭伦活了七八十岁，他在外游历了 10 年后才归隐家中，从事创作一直到他的生命结束。

但是也有一部分人对此持反对意见。他们认为，梭伦当时出外游历的原因并不是退隐，而是他反对专制统治，才不得不游历外国，最终客死他乡。古希腊作家弟奥根尼·拉尔修说梭伦在 80 岁时，客死于塞浦路斯。虽然他客死外国，但他仍然没有更改他的爱国思想和对家乡的深沉的爱。去世前，他曾经叮嘱亲人一定要将他的遗体运回故乡，把骨灰撒在他曾经战斗过的、深深爱着的萨拉密斯的大地上。

为了说服更多的人相信这一说法，弟奥根尼·拉尔修在他的《名哲言行录》里，还写了这样一首诗：在异乡塞浦路斯的土地上，火焰攫走了梭伦的躯体；他的遗骸为萨拉密斯所得，他的骨灰滋养着这里的庄稼。轴转木牌把他的英灵一直带上了天庭；因为，他的法律使人民的负担变得最轻最轻。

在人们对弟奥根尼·拉尔修的说法几乎全部相信的时候，人们又看到了古代著名传记作家普鲁塔克完全不同的说法。他的传记作品《梭伦传》中认为，梭伦游历结束后还活了很长时间。至于他的尸骨被火化，撒在萨拉密斯岛这件事是完全不可能的。

时光飞逝，世界每天都进行着沧海桑田的变化，梭伦死后的最终安眠地我们还是没有找到，看来这个谜团只能靠时间来解决了。不过，梭伦的改革理论与诗作却让一代代的人们一直赞叹着。

放弃权位去隐居

独裁者苏拉辞职之谜

    苏拉（约公元前 138~前 78），古罗马统帅、政治家、独裁者。他是一个具有传奇色彩的人物，他既勇敢又狡猾，被人们称为"半狐半狮"，他依靠军队实行独裁统治，为日后的独裁统治开了先河。不过，苏拉最令人不解的地方，就是出身于社会最底层的他，费尽心机登上了权力的顶峰后却突然宣布辞职，之后隐居在一座海滨别墅里。为什么苏拉好不容易获得了权力之后，却抵制住了权力极大的诱惑而选择隐居呢？

    苏拉的出身并不高贵，公元前 138 年，他出生于一个衰落的贵族家庭，祖辈曾做过罗马执政官，但因为私藏金银器皿而受到罗马元老院的严厉制裁。从那以后，苏拉的家族迅速败落下去，等到苏拉出生时，虽然有贵族的头衔，但实质上已经名存实亡，甚至只能与被释放出来的奴隶住在同一间屋子里。

    苏拉为了能填饱肚子，只好去做演员，甚至做小丑表演，这些职业在当时是最卑微的，没有人能瞧得起。不过，苏拉以他出色的表演和特有的滑稽相深受观众的欢迎，在罗马娱乐界也小有名气。苏拉对此并不觉得高兴，他对人生、对社会有自己的想法。他羡慕那些官场得意、家道兴旺的人们，对自己的无所作为，甚至丢人的处境感到强烈的不满。他决心要像自己的祖辈一样，做一个能呼风唤雨的大人物。为了实现这个目标，他处处寻求时机。但是，苏拉30岁时仍没有什么进展，他都开始绝望了，而且有些自暴自弃，只要有点积蓄，他便把它们花在吃喝玩乐上。

有一天，机遇终于来了。苏拉偶然间遇到了一位比自己大十多岁的妓女，他用自己的感情换来了妓女的信任，妓女临死前，把全部财产都留给了苏拉。与此同时，苏拉以他的聪明才智获得了继母的宠爱，继母去世后，苏拉又继承了一大笔财产。两笔巨额财产让苏拉青蛙变王子，一夜之间从一个破落子弟摇身变成罗马社会上有名的富人，初步实现了他的梦想。

从那以后，人们对他刮目相看，他放弃了那些虽然小有成就，但是一向被人瞧不起的职业，开始步入了政坛。因此，很多人认为，苏拉之所以会有以后的成绩，完全是踩着两个女人的肩膀爬上去的。

苏拉步入政坛后，可以说是顺风顺水。公元前111年到公元前105年，位于东非的罗马属国努比亚掀起了由朱古达领导的反抗罗马的"朱古达战争"。罗马当时的战斗力很薄弱，因为罗马小农破产，兵源明显不足，再加上军队内部腐化，已经完全失去了压制反抗势力的战斗力。反抗一直持续到公元前107年，罗马仍然没有在战争中取得任何优势，反抗力量也没有放弃，双方仍打得难解难分。为此，罗马政府深感头疼，派执政官马略为领导人去平息叛乱。

当时，苏拉也跟随马略出征，他抓住一个有利的时机，与朱古达的岳父交上了朋友。苏拉听人说，朱古达与他岳父之间有着不可调和的矛盾，于是，他运用这个矛盾，利用朱古达的岳父，把朱古达活捉。到此为止，持续了近7年的战争终于结束了。

苏拉也成了战争的功臣，罗马人把他奉为民族英雄，因此苏拉的身价顿时倍增。之后，他又与罗马实权人物大祭司的女儿麦特拉结婚，网罗了更多的罗马上层势力，从此在罗马的政坛享有很高的地位。苏拉50岁那年，东方的本都国王反叛，元老院决定出兵东方平叛，但由于谁带兵出征的问题上出现了分歧，因为当时苏拉与马略的竞争十分激烈。结果，苏拉借助麦特拉及上层贵族派的支持，战胜了马略，当选为执政官，统军平叛。不过。令他没有预料到的是，他离开罗马后，马略立即控制了元老院，除去了很多拥护苏拉的人，其中就包括苏拉的女婿。

在外平叛的苏拉得到消息后，立刻带着一小部分军队匆匆赶回罗马城，并且暂时夺回了元老院的控制权。但是，马略并没有死心，他再次利用苏拉去东方平叛的机会，击溃了苏拉的势力。就在苏拉平息了东方的叛乱，回到罗马城时，他带领的4万大军与马略的军队展开了为时一年半的内部战争。这场战争是罗马人的第一次内部战争，使十多万罗马人死于非命，整个罗马被战火笼罩，显现出一片死气沉沉的恐惧。最后，马略带着残部逃出罗马，苏拉取得了胜利，但他也因此背上了千古骂名。

战争胜利，苏拉率领军队进入罗马城，罗马元老院任命苏拉为无限期的独裁官，这是一个集立法、行政、司法、经济、军事等大权于一身的无冕之王。之前的独裁官，大部分都是在国家处于危难之时才选举产生的，一般任期都不超过半年，但是，现在苏拉却是终身制，也就是说他这一辈子永远会在独裁官的宝座上。苏拉上任后，他以维护罗马统治为理由，实行了一系列的恐怖政策，他颁布了《公敌宣言》，对与马略有关系的人大肆捕杀，弄得整个罗马人人自危，苏拉那个"半狐半狮"的称号也由此而来。

但是，看起来对独裁官一职热情似火的苏拉却只做了三年就突然宣布隐退了，这到底是什么原因呢？对于苏拉来说，这一权力来之不易，而且权力和财富是他一生的追求，他曾经不惜丢掉道德，不顾国家灾难和人民的生命去换取权力，可是现在这个追求实现了，他却要隐退。当苏拉决定放弃权力时，他曾在广场上发表过一次演说，他提出，如果有人质问他隐退的原因，那么他会不避讳地回答。但是，广场上没有人向他提问，因为没有一个人会冒着生命危险去质问他。

苏拉隐退的原因至今令人疑惑不解，而且自古至今说法众多。有人认为，苏拉在 3 年独裁统治后放弃权力是非常明智的选择。还有人觉得苏拉在权力欲满足后开始厌恶战争，厌倦权力，甚至对罗马的生活都感到疲惫，他向往轻松自由的田园生活，因此才会退隐。还有人认为，苏拉退隐完全是他实行的大刀阔斧的改革失败，他在绝望的情况下下定决心激流勇退。除了上述说法外，还有一种说法似乎更让人容易接受。

公元前 78 年，苏拉因肠出血而死。所以有些人以此推测，苏拉在宣布隐退时，已经得了相当严重的结肠溃疡，据说他那腐烂的肌肉里都长出了虱子。随着病情的加重，这些虱子爬得到处都是，这种病情让苏拉根本没有心思与精力再去管理朝政，所以只能退隐，以度残年。

至于苏拉在退出政坛时真实的想法是什么，我们已经无从得知。自古以来，很多的人都为了得到更多的、更高的权力而钩心斗角，兵戎相见，甚至不惜付出生命。不过，苏拉却在经历了这些艰难之后，在享受胜利果实的时候退出了，这的确是一件令人匪夷所思的事情。

蒙冤的政治家

丹东为什么被安上了通敌的罪名？

乔治·雅克·丹东 (Georges-Jacques Danton，1759~1794)，早年是法国的一名普通律师，1789 年法国大革命爆发后，他作为候选人进入议会，先后担任著名的科尔得利俱乐部副主席，共和政府的司法部长等职。与革命家马拉、罗伯斯庇尔并称为法国资产阶级激进派政治团体雅各宾派的"三巨头"，为拯救法国作出了巨大贡献。但是，1794 年，丹东却被扣上了"通敌"的帽子，被捕入狱，并在同年被判处死刑。

丹东真的通敌叛国了吗？为什么这样一个为法国作出杰出贡献的人却会通敌叛国呢？这些问题引起了人们的思考，丹东案也成了世界史上的谜案之一。

法国大革命时期，许多不安定的因素一直威胁着新生派资产阶级政权，国家政治动荡不安，风云变幻。特别是一批波旁王朝的流亡贵族更是勾结国外封建反动势力，妄图一举击垮新生政权。同时，法国的共和政府也对外界的一切变化保持着高度警惕，为了稳固国家政权，防止国家机密泄漏，共和政府组建了著名的公安委员会法庭，用以打击旧王族保王党势力的残余分子与一些间谍的破坏。

不过，法国的政局并没有因此而变得平稳，相反各党派间的矛盾越来越复杂，动不动就会以"通敌"罪对待持不同政见的人。1793~1794年为雅各宾派专政时期，这种打击方式更是极端化，他们连自己的领袖人物也不放过，丹东就是被打击的典型范例。雅各宾派专政建立后，丹东主张对外修和，对内实行法治，提倡宽容和人道主义。这一政治主张立刻遭到了同为领导人的罗伯斯庇尔、圣茹斯特等人的反对，雅各宾派内部也因此出现了分歧。

1794年3月30日，圣茹斯特指控丹东犯了通敌罪，因为丹东勾结政治家米拉波收取王室的贿赂，密谋协助国王路易十六出逃。而且他以丹东的政治主张为依据，认为丹东与温和的共和派——吉伦特派结盟，主张对敌人和解与宽容，又与可疑的外国人勾搭，把得来的财产装入自己的腰包。丹东对圣茹斯特的一连串指控，进行了激烈的辩解，表示他对国家一直赤胆忠心，绝对不会因为钱财出卖自己的灵魂。

但是，丹东的这些辩解并不能逃脱对他的刑罚。1794年4月5日，这位为法国的共和政府、为雅各宾派作出重大贡献的政治家，以通敌叛国、危害共和国安全的罪名被判处死刑。

关于丹东通敌的罪名，雅各宾派并没有拿出充分的证据，似乎真相被掩盖了起来，案件变得疑点重重，扑朔迷离。怎样去找到真相，判断他是否真的犯了通敌罪呢？根据圣茹斯特的指控，我们只能关注一下他在法国大革命时期急剧膨胀的个人财富了。

法国大革命时期，社会上一直流传着这样一个词——"庇特的黄金"。"庇特"是当时英国的首相威廉·庇特，人们一直认为，当时英国政府出钱给一些法国流亡贵族，用以支持他们的特务活动，颠覆四面危机的法国共和政府。丹东就被认为是接受庇特黄金的间谍之一，人们觉得他早已经因为钱把自己出卖了，因此人们常常叫他"皇室走狗""密探""英国间谍"等。虽然当时科尔得利俱乐部主动出来帮他写陈情书，平息了流言，但是人们还是对丹东大批个人财产的由来十分怀疑。

丹东在大革命期间的确像暴发户一样迅速富有起来。1791 年，他不但偿还了以前欠下的大批债务，还购置了大量的土地和新的房子，他的财富扩充速度让人不可思议。丹东被捕后，人们在他的一些私人文件中，发现了英国外交部给当时在巴黎从事间谍活动的银行家别尔列格的指令。指令的内容是，要求别尔列格立刻给一些人支付效忠英国的报酬。这可能就是丹东被指控与英国勾结的一个重要证据，人们怀疑丹东就是领取人之一。那么，为何指令信会在他手上呢？这也是一个难以解释的问题。

之后的一些事情，更是引起人们的怀疑。1794 年"热月政变"后，法国国民公会为那些在雅各宾派专政时期死去的议员平反，可丹东并不在平反之列。1803 年，一位保王党人偷偷回到巴黎时被拿破仑当局抓获，他供认丹东曾经参与协助路易十六外逃，并向英国人索取高额酬金。之后，还有一名保王党人的回忆录中也提到了这件事。1851 年公布了米拉波与王室代理人马克公爵的通信，信中提到了丹东的确收了保王党的钱。真相似乎越来越明朗了，丹东为了钱出卖了自己与国家，伟大的政治家的确犯了通敌叛国罪，他也因此名声扫地。

但是，在人们相信丹东罪行的时候，一些人也站出来为他辩解了。1848 年革命前夕，史学家韦尔奥梅通过广泛收集的资料证明，丹东的财产是通过正当途径得来的。著名史学家米什莱也在《法国革命史》一书中把丹东称为"大革命的天才""法国人民的象征"。之后，又有很多历史学家也在其著作中为丹东鸣不平。

史学家奥拉尔一生都在从事法国革命史的研究，他的《法国革命政治史》

于 1902 年出版，是现在人们了解法国革命史的重要著作。书中他为丹东辩解，他认为丹东是独一无二的革命巨人，是爱国主义的化身，是管理国家的巨人。同时他还认为，丹东可能犯有一连串的错误，但是在杀人和金钱方面他一定是无辜的。因为这本书的出版，使之前人们心目中那个通敌叛国的丹东的形象大为改变，丹东重新成为英雄的形象。

本以为丹东的案件就这样过去，令人意想不到的是，20 世纪初，奥拉尔的学生马迪厄的言论又引起了史学界对丹东的关注。

马迪厄对丹东的经济情况进行了仔细盘点，经过几年资料的积累，他觉得丹东的收入已经远远超过了合法所得的范围。如 1787 年丹东的年收入为 1.2 万里弗尔（货币单位），可是到了 1794 年他的各种财产总额竟然达到 20 万里弗尔。几年的时间为什么财产提升如此之快？马迪厄认为这些钱财应该就是保王党人或者英国政府给予的。除此之外，马迪厄以 1789 年驻英大使的报告作为丹东是英国间谍的证据，因为报告中有一个英国间谍的名字也叫丹东。

马迪厄的一番言论再次让人们对丹东的评价分成了对立两派。支持者觉得马迪厄的资料充分有力，反对者认为他过于偏激，个人情绪严重，并没有充分的证据。因此，丹东的"通敌"罪名成了人们争议不休、永远无法破解的谜案。

淡泊名利

华盛顿为什么拒绝第三次连任美国总统？

在美国历史上，乔治·华盛顿绝对是一位重量级人物，作为美国的开国元首，是他领导美国人民打赢了艰苦卓绝的独立战争，彻底摆脱了英国殖民者的统治，使美国走上了自由之路。战后，乔治·华盛顿又领导组建了第一个合众国政府，确立了国家信誉，为美国的国家形态奠定了基本的组织架构。这一切，足以使他受到美国人民的推崇和爱戴，并被誉为"国父"。

在华盛顿第二次担任总统的任期即将结束时，很多人准备再次选举他继续担任美国总统，并且当时的宪法对总统连任也没有任何限制。可是，华盛顿却毅然谢绝第三次竞选总统，并在 1796 年 9 月发表了著名的《告别词》，说服国会，让他卸任回家养老。

对于华盛顿这一出人意料的举动，历史学家们对其真实原因进行了长期的探讨和研究，但却始终没有得出最终的结论。华盛顿本人不管是在当时，还是在回到家乡后，也都没有公开表示过他拒绝连任的真实原因。尽管如此，历史学家们还是根据华盛顿的生平经历进行了大胆的猜测，以探究华盛顿拒绝再次连任的原委。

有些历史学家认为，华盛顿主要是担心自己会卷入激烈的党派斗争中去，因而不想继续从政。在华盛顿第二次总统任期即将结束时，美国历史上第一次出现了激烈的党派斗争，华盛顿本人也觉察到了选民中间日益增长的党派情绪。因此，在其告别演说中，华盛顿语重心长地呼吁团结，反对党派斗争，反对分裂势力。不幸的是，在党派斗争中，他虽然长期保持中立，但在第二任总统后期，他也被迫失去了无党派的立场，成为了一个联邦党人。但实际上，以华盛顿本人的资历和威望，他站在政治斗争的哪一方都是不合适的。在这种形势下，中断自己的政治生涯是一个开明的政治家能做出的最好选择。

另一些历史学家认为，舆论的攻击对华盛顿做出拒绝第三次连任总统的决定产生了主要影响。英国一位历史学家说："由于想要空闲，由于感到体力衰退和受到反对派的谩骂而气愤，华盛顿拒绝接受要他第三次连任总统的要求。"

美国许多历史和政治学家的看法也大致相同。随着党派斗争的加剧，舆论界的斗争也愈演愈烈。在两派报刊互相攻击谩骂的同时，华盛顿在他担任第二任总统期间，也受到反对派无情的攻击。攻击如此激烈，以致弄得他焦头烂额，十分难受。他被指责为"伪君子""凯撒"，有人说他貌视公众。当他提出不连任第三任总统时，许多杂志甚至还在头版头条中把他的举动称为"恶毒的谎言"。费城的《曙光报》在华盛顿告退的次日宣称："这一天应该成为合众国的纪念日。因为，原是我国一切灾难根源的那个人，今天已降到与他同胞们平等的地位。"

华盛顿在 1797 年 3 月 2 日的日记中写道："我现在把自己比作急欲寻找一个休息之处的疲惫旅客。但是，人们却不能听任你安安静静地工作，这未免太过分了，不是谁都能够忍受得了的。"

其实，上面两种意见是有着密切关系的，但究竟是哪一种在华盛顿的思想深处占主导地位，并产生了决定性影响，人们无从知道。除此之外，还有没有更进一步的原因促使华盛顿不想再继续担任总统？比如说，华盛顿本人是否对权力的欲望开始淡薄，或者是身体的原因，等等，这都是需要进行进一步讨论的问题。

不管怎么样，华盛顿毅然拒绝第三次连任美国总统，结束了自己的政治生涯，从而创立了美国总统最多只能连任两届的传统。从历史发展的进程中看，这项举动具有深远的影响和意义。在当时，美国宪法还没有对总统连任的时限做出规定，而华盛顿创立的这一传统一直延续到 1940 年富兰克林·罗斯福当选第三任总统为止。当然，罗斯福之所以打破了这个规定，是有特殊原因的，因为那时正值第二次世界大战期间，这只是一个特例。

1947 年，美国国会鉴于总统权力不断扩大和有可能形成终身制的趋势，才制定了美国宪法第二十二条宪法修正案，将"任何人不得任总统之职两届以上"正式列入了美国宪法。该修正案于 1951 年正式批准实行，从这一刻起，华盛顿所创立的传统又回来了。

退休不到三年后的一天，华盛顿偶感风寒，由于当时医疗技术低下和医生误诊，他最终不治身亡。这位美国人的国父虽然去世了，但他为美国人民留下的精神财富却永远留在了世世代代美国人的心中。当他拒绝竞选第三任总统时，他是否也曾想到他的这一行为会给美国政治的进步和民主的发展带来如此巨大的影响呢？

也许，这个美好的历史之谜并不需要我们想方设法地去解开，我们只需要记住乔治·华盛顿的名字，并对这位品格高尚的历史伟人心存敬意就够了，不是吗？

投降还是议和

杜桑·卢维杜尔被捕悬案

杜桑·卢维杜尔是南美洲独立运动伟大的革命者和领导人，他缔造了海地共和国。杜桑是奴隶出身，从小就受到法国殖民者和奴隶主的凌辱，于是他下定决心要为黑人争取自由。之后，杜桑参加了起义运动，他凭借严明的作战纪律使队伍迅速壮大，他带领的队伍很快成为起义军的主力，杜桑本人也成为海地奴隶起义军的主要领导人。

1801 年 6 月，海地制定了独立宪法，宣布独立，杜桑当选为海地总统，创建了第一个黑人共和国。拿破仑知道消息后，迅速命令他的妹夫黎克勒出征平定海地。海地人在杜桑的领导下进行了自卫反击战，战争中法军节节败退。但就在这时，杜桑却突然被法军俘虏，最终在监狱中染病身亡。

这一切发生得很突然，而且存在许多疑点。大部分人认为，杜桑是在前去法国军营谈判时，被狡诈的法军逮捕的。但是，还有人坚持自己的看法，他们认为杜桑并不是去议和，而是去向法国的远征军投降，之后被法军遣送回法国的。历史的真相究竟是怎样的呢？难道杜桑并不是被法军欺骗，而是真的去向法军投降吗？

1801 年 12 月，黎克勒接到拿破仑的命令后，率领着 54 艘战舰和 3 万名士兵踏上了以恢复法国殖民统治为目的的征途。杜桑带领着起义军坚决抵抗，他们在远征军登陆的地方点起了大火，法军所到之处，都成了一片灰烬。整个海地，迎接法军的只有满地尘土、满眼浓烟，法军根本没有办法找到食物，甚至连淡水也没有，因为起义军在所有法军能够找到的水中都投了毒。就这样，法军几乎失去了战斗力，再加上起义军利用有利地形，四处伏击，雄霸欧洲的拿破仑远征军变得狼狈不堪，伤亡遍野。

根据史学界的说法，当时黎克勒出征时，曾经带上杜桑的儿子和养子去做说客，但并没有成功。于是，他就采用了诱捕的办法，从而逮捕了杜桑。我国学者李春辉在《拉丁美洲国家史稿》一书中，对当时的情形做了描述：黎克勒在用武力无法解决海地的情况下，就采用了反动统治者经常使用的欺骗伎俩——伪装和谈。1802 年 5 月，杜桑应邀出席了和谈会议，但是，当杜桑到达会议地点以后，黎克勒迅速下了逮捕令，给杜桑加上镣铐，同年 7 月，杜桑被押送到法国。

美国学者罗伯特·珍扬对当时的情形也做了记述，杜桑多年来信奉的一句话就是"警惕是安全之母"。然而，在法军大败、杜桑也不想继续战争的情况下，他把自己的话给忘掉了。黎克勒邀请他去参加和谈会议时，他只带了养子普拉西多和一名村夫，径自去了准备谈判的种植园。当进入种植园后，一名法国将军热情地迎接了他，随后一个连的士兵闯进了会议室，捆住了他的双手。杜桑就这样被推出屋子，送上一辆马车，以最快的速度送到"英雄"号船上，并被送往了法国。

罗伯特的这种说法还曾经被写入世界史的教科书。但是，最近学术界更加倾向于另一种新的说法，他们觉得，杜桑并不是被强行逮捕，他在被捕前已经向法军投降了。

根据资料记载，在黎克勒带领着远征军向海地进攻前，杜桑手下的大部分起义将领已经向法军投降了，所以法军到达后集中了所有兵力向杜桑开战。杜桑当时被孤立起来，终于被打败，无可奈何之下，他向法军投降。于是，黎克勒假称杜桑疲劳过度，需要休息，强迫杜桑回到自己的种植园，从面夺取了他的一切权力。但是，此时黎克勒又接到拿破仑的命令，要求必须把杜桑逮捕送回法国，所以黎克勒便以和谈为名诱捕了杜桑。也就是说，杜桑在丧失一切权力，没有办法自我保护的情况下，才被法军逮捕的。

不过，美国学者托马赫并不同意杜桑投降的说法，他在《拉丁美洲史》一书中写道："杜桑被夺去了权力之后，他提出要保证黑人和自己的自由，同时他的支持者们也必须继续在政府和军队中任职，只有黎克勒答应这些条件后，他才会停止敌对行动。很快，黎克勒同意了杜桑的条件，杜桑隐退到了海地西部，但是黎克勒却没有信守诺言，他背信弃义地逮捕了没有任何防御能力的杜桑，并把杜桑送到了法国。

后来，杜桑病死在监狱中，不久之后，海地人民再次揭竿而起，反抗法国的殖民统治，黎克勒患黄热病死去，法国的远征军也全军覆没。海地终于赢得了自由独立。

至今为止，杜桑被捕的原因众说不一。虽然这些不同的说法，可能是学者们对历史资料理解不同造成的，但议和与投降却是两种完全不同的概念，这关系到杜桑的历史地位评价的问题。我们只能等待发现更多的可靠资料，帮我们解开这个历史悬案了。

死于非命

林肯遇刺案解读

　　1865 年 4 月 14 日晚上，美国南北战争结束五天后，总统林肯到剧院欣赏表演。晚 10 点 15 分，当林肯进入包厢不久，便被一颗罪恶的子弹击中。第二天早上 7 点 20 分，林肯在医院去世，时年 56 岁。林肯是美国历史上第一位遇刺的总统，事件发生后，一系列令人置疑的问题不断涌现出来，这次刺杀事件也变得迷雾重重。

　　亚伯拉罕·林肯（1809~1865），美国第 16 届总统。1809 年 2 月 12 日，林肯出生在肯塔基州哈丁县的一个伐木工人家庭。1858 年，林肯发表了著名的废奴宣言，要求限制黑人奴隶制的发展，实现祖国统一。1860 年 3 月，林肯当选为美国第 16 届总统，林肯的政治主张影响了南方各州奴隶主的利益，为此他们组建了"南部联盟"，打算另立政权。1861 年 4 月 12 日，美国历史上著名的南北战争爆发。1862 年 9 月 22 日，林肯发布《解放黑人奴隶宣言》（《解放宣言》）草案，宣布废除奴隶制，解放黑奴。战势迅速发生变化，北方联邦得到民众最广泛的支持，终于在 1864 年取得彻底胜利。1864 年 11 月 8

日，林肯再次当选为美国总统，开始着手准备进行战后重建。但是，他的计划还没有施行，悲剧就发生了。

那晚，林肯与夫人到福特剧院去看戏，随行的有几名警卫。他们10点多进入包厢，而后有人平静地用枪射穿了林肯的左耳和背脊之间，并在人们还没来得及反应的时候顺利逃跑了。

据说，实施这桩震惊世界的枪杀案的人是一个精神错乱的演员约翰·威尔克斯·布斯，他出身于美国戏剧界名门之后，是南部联邦的坚定支持者。内战期间，布斯就与一群人先后组织了刺杀副总统约翰逊、国务卿西华德等活动。从凶手的身份来看，林肯被刺的原因很明显，只是一个支持南方奴隶主的凶徒将仇恨发泄在废除奴隶制的总统身上。但是，这件事真是这么简单吗？

我们先来说说总统包厢。剧院中，林肯所处的包厢有前后两道门，而且每道门上都有一把大锁。林肯坐在包厢中，除了能看到舞台上的演员外，还能看到他的夫人和警卫。也就是说，这个包厢应该是十分安全的。但是，谁也没有预料到，包厢的后门被人做了手脚，门上有一个刚钻了不久的洞，透过洞可以看到包厢内的一切活动。同时，包厢后门的大锁也早已经被人弄断了锁簧，这道门已经形同虚设，并且它距离总统还不足5英尺。凶手就是通过这道门实施了他的刺杀计划。我们不得不问，门上的洞为什么事先没有人发现？锁坏了为什么没人修理呢？凶手实施犯罪时，跟随林肯的警卫都在干什么？

那天，除了随从外，总统身边还有4名白宫警卫。林肯在遇害前几天，他忽然有种不祥的预感，因此，在去看戏时，他为了自身的安全，要求作战部长斯特顿派陆军上校埃克特来做自己的警卫。但是，斯特顿告诉总统，埃克特早已在当晚安排了别的任务，于是就委派了武官布莱恩作为总统当晚外出的警卫官。根据预定安排，警察约翰·派克本来应该守在大厅通往包厢的必经之路上的，但是他对看戏并不感兴趣，于是趁演出换幕的间隙，他躲到另一个房间里喝酒去了。这样，凶手就有了可乘之机，毫不费力就进入了总统包厢，实施了暗杀。当晚，这一系事情的发生，难道都只能用"巧合"两个字来解释吗？

于是，人们对这桩刺杀产生了怀疑，一些人认为，这个事件应该是一起有组织、有预谋的政治阴谋。

对于林肯被刺杀这个案件，官方的说法是，凶手约翰·布斯刺杀的目的只有两个：一是想要为南方奴隶主报仇，二是想要出名。但是，官方给出的这个凶手的杀人动机很多人并不认同，他们认为这里面一定有不可告人的秘密。

林肯在去剧院之前曾说起自己有种不祥的预感，还特别要求埃克特陆军上校担任自己的警卫。但是，作战部长却谎称埃克特上校当晚要执行别的任务而改派他人。之后，人们调查得知，埃克特上校在林肯被害的晚上，一直在家里待着，根本没有执行什么任务。那么，我们不得不问，堂堂作战部长为什么要说谎呢？据说，作战部长后来委派的那个叫作布莱恩的人，一直图谋划不轨，熟悉他的人对他的印象都不好，那作战部长为何还要让他去保卫总统呢？

还有，在事后追捕凶手时，并不是把凶手活捉，而是用了一个"不知道情况的人"把约翰·布斯"误杀"了。是谁开枪打死了凶手？这个人是接受了谁的命令，如此大的胆子把谋杀总统的人直接枪毙了？这不得不让人想到杀人灭口。更令人奇怪的是，在之后的凶手缉拿报告中，人们发现上面赫然写着：凶手畏罪自杀。凶手死了，人们头脑中所有问题的唯一解答者就那样死了，林肯遭枪杀的线索自然也就断了，谋杀案也就成了一桩悬案。

之后，许多资料对林肯遇刺做了披露。资料中证实，林肯在遇刺前对自己被害有了预感。如果这资料是真的，那么是不是林肯已经觉察到了什么针对他的阴谋呢？这种猜测也不是不可能。自林肯上台时起，针对他的各种谋杀计划就已经在进行着。

林肯在任时，由于经常发生恐吓事件，周围的人非常担心他的安全问题，他们经常提醒林肯要小心。面对这一切，林肯总是表现得满不在乎，但似乎心里也早有提防。据说，林肯被暗杀的那天早上，他与副总统安德鲁·约翰逊突然冰释前嫌，人们觉得他似乎已经知道自己大限到了。就在林肯遇刺的当天傍晚，他与陆军部长谈完公事，突然对随从说："克鲁克，我觉得有人要谋杀我，你知道吗？"在场的人听到他的话后大吃一惊，因为平时林肯并不太关心这类问题，每当有人告诫他要注意自己的安全时，他总是满不在乎地一笑，但是这次他一反常态，相当严肃地主动提出来，并且还自言自语："我确信，他们一定会这么干的。"

当时，联邦军事法庭判定凶手约翰·布斯与其他8名同伙共同策划了这次暗杀，除约翰·布斯被公布自杀外，其余8名中的4人判处绞刑，另外4人被判罚苦役。但是，社会各界对此产生了大量的推测，大家都觉得这些人的背后一定有位幕后策划者，而且这个人只有约翰·布斯知道。要不然，约翰·布斯也不会落得自杀的下场。

究竟谁是这次暗杀行动的幕后策划者呢？有一些人认为，当时的副总统约翰逊可能出于某种原因参与策划了此事。有的历史学家认为，幕后策划人应该是当时陆军部情报机构的负责人拉斐特·贝克，因为他在组织追捕凶手时打死了约翰·布斯。而大多数人则推测，幕后黑手一定是陆军部长斯坦顿，他对林肯的重建政策不满，一定是为了共和党激进派的利益而策划了这次暗杀。甚至，还有一些作家有更离奇的说法，他们认为在追捕凶手的过程中被击毙的不是约翰·布斯，而只是与他长得十分像的人，幕后指使者已经把约翰·布斯秘密藏了起来。

当然，上面的种种说法只是人们的猜测而已，并没有确切有力的证据。现在，最令人遗憾的是，找出问题答案的希望越来越渺茫了，因为林肯的儿子也已经离开了人世，他在去世前已经把父亲的一些私人文件全部销毁了。他说，那些文件中有内阁成员犯有叛国罪的证据。如果他的说法属实的话，那么林肯在死前就已经知道内阁中一些人的秘密，他被杀很可能就是某些人为了自己的利益而策划的一场政治阴谋。

政府丑闻
美国总统哈定之死

美国的每一任总统都会成为一段传奇，第 29 任总统哈定也不例外。1921年，哈定就职。当选总统后，他用 1921 年的《紧急关税法》和 1922 年的《福德尼·麦坎伯关税法》取代了 1913 年的《安德伍德关税法》，把平均税率提高到 38%，并对战时兴起的化学、药品等美国工业实行特别保护，而且宣布联邦政府不得干预私营企业。但是，就在哈定任期的第三年——1923年，57 岁的他突然暴死了，成为了第六个死于任期内的美国总统。

1923 年 6 月 20 日时，哈定总统曾经离开首都华盛顿前往全国各地视察。

据说，在他从阿拉斯加返回途中，曾经突然患病，当时他的私人医生确诊为螃蟹中毒。不久之后，他又染上了肺炎，经过诊治就快痊愈的时候，哈定却突然死亡了。死亡时间是 8 月 2 日晚上 7 点 35 分，当时哈定夫人正在念书给他听。

这个令人震惊的消息传出来后，有人认为哈定视察回来时犯的病应该是心脏病发作，结果医生却误诊为中毒，延误了病情的治疗。之前，检查过哈定尸体的五名医生提出的结论都与中毒没有关系，有些医生觉得哈定总统应该是患脑出血或者脑血栓之类的疾病，并要求解剖尸体来确定。不过，因为哈定夫人不允许，也只得作罢了。也正因为这样，人们才无法确定哈定总统的真正死因，也因此引起了人们的许多质疑和猜测。人们众说纷纭，没有一个统一的结论。

有人认为，哈定在当选总统后，生活并没有想象中的顺利，加上不断浮出水面的丑闻和一系列的罪行，他只能以自杀结束生命。

哈定当选总统之后，以前的老朋友都纷纷找上门来，投奔到他的门下，而且担任着像内政部长、司法部长、退伍军人局局长等政府要职，包括与哈定八竿子打不着的亲戚，也都纷纷从家乡依附而来，最后甚至形成了一个类似于家族企业的庞大"俄亥俄帮"。这些形形色色的朋友、亲戚、食客都汇集到了华盛顿，他们中的大部分人都是一些唯利是图者，仗着总统的势力，开始胡作非为，以政府、总统的名义开始收敛金钱，掠夺财物，甚至出现了买官卖官的现象。一时间，哈定的政府充斥着无数丑闻。

1922 年开始，哈定的手下贪污受贿、敲诈勒索等消息接连地被曝光，其中有许多人因承受不了打击与社会舆论而选择了自杀，如哈定最亲密的朋友杰西·史密斯等。在哈定的政府内阁成员中，一大批贪污、受贿、买卖职务、暗算、包庇等罪行也浮出了水面，像内政部长艾伯特·福尔，他曾经把留作海军专用的两个储备油田秘密租给了私人石油公司，从中获利40多万美元，他是美国历史上第一位在任期间被关进监狱的内阁成员。再比如说，退伍军人局局长查尔斯·福布斯，曾经用高价购买地皮、物资等，让政府蒙受数亿美元的损失，而这些钱几乎都流进了他自己及几个商人的腰包。

这些现象，哈定总统并不是不知道，他曾经说："我当总统，倒不怕政敌能把我怎样，可是令我担心的却是自己的朋友，经常被他们愁得夜不能寐。"1922年下半年，他对朋友、亲戚的这些做法已经了解得很透彻了，但他因为顾及亲友的面子与关系，并没有采取任何惩戒措施。哈定的置之不理、任其发展也从另一方面使那些人走向不归路，哈定也因此自食了恶果。

在事态无法控制的情况下，哈定总统出于无奈，只好让朋友主动辞职，并把他们悄悄送回了故乡，或者送到国外，来缓解当前的情势。但是，哈定政府的丑闻层出不穷，哈定也受到了国会的指责，他的名声也每况愈下，一下子掉进了无法自拔的深渊中。

处于这种情势下的哈定，既没有能力把左右清除干净，也没有办法控制政局。于是，他采取了躲避的办法，以到全国各地视察为名躲避各种矛盾。就在哈定总统的行程中，他接连不断地接收到某某人交易被揭发、某某交易黑幕被曝光的消息，本来心神不宁的哈定更加地惶惶不安起来。他不断地喃喃自语，数落着朋友的罪行，情绪也越来越糟糕，精神一天比一天差。这时，哈定已经清楚地认识到，如果所有交易都被揭发出来，大白于天下的话，那么后果是不堪设想的。他不想将来出庭指责朋友们所犯下的罪行，更不想让法律追究到自己身上来。于是，他服下了毒药，用死来结束这种混乱局面。

由此看来，哈定的私人医生诊断的中毒是真实的。之后，中毒导致呼吸系统失调，引起肺炎，也说得过去了。但是，有些人又提出了新的说法，他们觉得哈定自杀说并不可信，这应该是一起有预谋的谋杀事件。

哈定死后，哈定夫人的行为很让人疑惑。她不但拒绝医生以调查死因为目的进行尸体解剖，而且还烧毁了哈定生前所有的文件和信件，连哈定写给别人的私人信件也四处查找，然后不辞辛劳地追回销毁。于是，人们猜测，哈定的死一定与哈定夫人有某种微妙的关联。

哈定总统相貌英俊，在竞选总统的过程中，赢得了众多妇女的选票。但是，哈定有一个坏毛病，那就是常常四处拈花惹草，因此哈定夫人对他很不满。但是，考虑到哈定的地位与政治影响，哈定夫人并没有把不满说出来或者表现出来。在哈定临死前，他们的夫妻关系就已经很紧张了，哈定外出旅行是为了改善夫妻关系，但是并没有取得很好的效果。哈定当选总统期间，哈定夫人也积极参与政府各项决策的制定，甚至单独与内阁成员会面。因此，她对政府许多内幕了如指掌。随着哈定政府的丑闻不断曝光，哈定夫人觉得哈定已经快到身败名裂的地步了，她想到之前哈定对婚姻的不忠，而现在自己却要跟着他一起出丑，于是哈定夫人动了杀掉哈定的念头，对哈定下了毒。

由此看来，无论哈定的死因到底是什么，都与他政府的丑闻有着莫大关系。因为当时并没有仔细调查哈定的死因，也没有解剖尸体，所以我们只能从这一系列不统一的说法中，找到些许蛛丝马迹了。

蛰伏的野心家

佛朗哥为何没有参加二战？

　　第二次世界大战把整个欧洲都卷入了战争中，但唯独西班牙是唯一没有参战的法西斯政权国家，它的领导人佛朗哥也因此受到了许多人的关注。1939年，欧洲的法西斯国家在意大利法西斯党魁墨索里尼的倡导下，如同箭在弦上，战争一触即发。这时，佛朗哥却对全世界宣布：在这个受尽折磨和蹂躏的欧洲中，西班牙永远是一块快乐的绿洲。

　　弗朗西斯科·佛朗哥（Francisco Franco），是西班牙政治家、军事家，西班牙内战期间推翻民主共和国的民族主义军队领袖，法西斯主义独裁者，西班牙长枪党党魁。他告知墨索里尼，自己将竭尽自己全力让欧洲相信：这场全面战争是没有意义的。1939年9月1日，德国军队攻占波兰。3日，英国、法国对德宣战，这天，佛朗哥公开宣讲：战争要局部化！他同时表示，他愿意和其他国家一起来商讨怎样结束这场战争，因为它可能是一场"欧洲式的野蛮残暴"的战争。4日，佛朗哥对外宣布："西班牙中立！"

　　难道，弗朗西斯科·佛朗哥有未卜先知的能力？他知道德、意、日等国组成的轴心国必将失败吗？或者，他真的是为了维护和平才不参加战争？作为欧洲三大法西斯政权国家之一，他在刚刚结束的西班牙内战中与德国、意大利结成了不同寻常的密切关系，为什么在激烈的战争打响后，他不与德意结成同盟却要选择中立呢？

一些人研究了当时的历史，觉得佛朗哥之所以不参战，是因为当时西班牙内战刚刚结束，国内经济、政治都存在危机。

当时的西班牙，经济发展处于停滞状态，灾荒频繁发生，食品供应严重不足，一些靠进口的必需工业材料和设备也严重缺乏，更别说黄金、外汇储备了。政治方面更是极其混乱，刚刚结束政权的纷争，共和派、共产主义左翼集团和君主派右翼集团处于三足鼎立的状况，哪一派的社会力量和影响都不可小觑。西班牙国内唯一的合法政党长枪党内部也隐藏着种种猜忌、不和与争斗，这些问题严重削弱了长枪党的独裁统治能力。所以，这时的佛朗哥当然不会参与战争，那样只会让西班牙政局更加不稳。他的当务之急就是要解决这一系列的问题，使经济复苏，政局平稳，确保法西斯政权长枪党的独裁统治。

但是，也有人认为，佛朗哥因为国内危机不参加战争这种说法是不可靠的。如果想要解决国库空虚、政治不稳等问题的最快捷、最有效的方法就是对外发动侵略战争。因此，人们觉得佛朗哥不参战主要是因为同盟国的拉拢和利诱。

英、法、美等国家组成了与轴心国对立的同盟国，第二次世界大战就是轴心国和同盟国之间的战争。西班牙所处的地理位置使同盟国很担心，因为一旦西班牙加入轴心国的话，那么直布罗陀海峡就会受到它的控制，大西洋与地中海的航路就会被切断。断了航路，同盟国也许就不战而败了，后果将不堪设想，所以，1940 年 3 月，英国向西班牙提供了 200 万英镑的贷款，允许西班牙从同盟国进口一些禁运的工业原料，并且从阿根廷给西班牙快速运送了一批食品，以解决西班牙因战乱灾荒带来的食品短缺问题。1941 年，美国为西班牙运送了价值为 150 万美元的食品和药物，名义上作为红十字会的援助，当时的美国总统罗斯福还设法让国会同意放宽美国商人向西班牙输出石油的控制。

根据以上资料，有些人便得出结论，同盟国的拉拢让佛朗哥选择了中立。但是，这种说法显然也有很多可疑之处。我们知道，佛朗哥和德国的希特勒、意大利的墨索里尼被称为三大法西斯政权头目，他们之间的关系就像"兄弟"一样，当初若没有德、意的援助，佛朗哥也不可能建立自己的独裁政权。况且，1940 年 5 月，意大利把西班牙的债款从 70 亿里拉减少到 50 亿里拉，西班牙的军火、机械、精密仪器等也一直是由德国提供。1940 年 10 月 23 日，希特勒宣称，如果佛朗哥同意参战的话，他将会得到梦寐以求的兵家必争之地——直布罗陀海峡，这样，战后西班牙也能大捞一笔。同时，希特勒还同意给西班牙提供物资援助，如石油、粮食、橡胶和化肥等。

如果当时西班牙同意参战的话，那么轴心国取胜的可能性很大，希特勒所说的"大捞一笔"也会实现，这要比同盟国给的"利"大多了，但佛朗哥为什么不贪这种"利"，而选择了中立呢？

于是，第三种说法出现了，佛朗哥之所以不参战，只是因为他反对苏联。

当时，苏联是支持西班牙国内左翼力量的后台，佛朗哥对苏联恨之入骨，他曾说："西班牙和西方世界的真正敌人是苏俄，西方国家之间的任何战争都不过是为俄国人"火中取栗"。"

1941 年 6 月，德国攻打苏联，佛朗哥立即表示支持德国的军事行动。他迅速组织了 1.7 万人的长枪党志愿军，史称"蓝色师团"，参加了对苏联的战争。佛朗哥针对此事件还加以解释，他强调，"蓝色师团"的行动只代表西班牙抵制苏俄的一贯立场，并不能证明西班牙参与了轴心国一方的作战计划。

这样，西班牙左翼力量虽然仍然存在，但已经名存实亡，对佛朗哥的政权已经无法构成威胁了。但是，如果我们赞同这种观点，认为佛朗哥向苏联作战是反对共产主义的话，那么谁也不能解释为什么在1943年德军对苏联的作战优势失去后，他不助德国一臂之力，而是落井下石地把"蓝色师团"撤了回来。因此，我们只能说，佛朗哥是个讲求实际的人，他不会因为只反对苏联而放弃参战，放弃这个谋取利益的大好机会。

以上资料都无法揭示佛朗哥放弃参战的根本原因。所以，对于这件事人们仍在不断地探寻中，但在研究过程中，不知道你是否注意到一个可疑之处：为什么希特勒会对佛朗哥如此宽容，对西班牙的"背叛"视而不见呢？

1940年夏，德军急需穿越西班牙，攻占直布罗陀和北非的丹吉尔，如果能够成功的话，德国将把地中海置于自己的控制下，这也是轴心国能否取胜的关键。这时，佛朗哥表示，西班牙对任何入侵企图都将加以抵抗。也就是说，如果德军穿越西班牙的话，那么西班牙会对德开战。如果以希特勒的一贯作风，他必将长驱直入，但令人奇怪的是，德国竟然停止了行动。

同年6月14日，西班牙出兵与邻国共管的丹吉尔，于是佛朗哥向希特勒提交了一份西班牙参加轴心国的条件，其中包括对直布罗陀、法属摩洛哥和阿尔及利亚奥兰省的领土要求。德国答应了他的一部分条件。于是，他们共同商议要对直布罗陀采取军事行动。但是，当德军一切准备就绪，并供给了西班牙作战所需的重武器，通知次年1月开始行动的时候，佛朗哥突然明确表示：西班牙目前还不能参战。希特勒对佛朗哥强调，战后一定满足西班牙的要求，但佛朗哥仍然拒不参战。因此，德国只好停止了这一行动。

"二战"期间，德军在军事上占绝对优势，几乎在整个欧洲称霸，无论是对哪里开战，他们从来毫无顾忌，横扫一切。但为什么这次对西班牙如此"仁慈"呢？看来，佛朗哥与希特勒等法西斯国家政权之间，还有许多不为人知的秘密等待我们去探求、去揭开这个历史谜团。

激流勇退的政治家
戴高乐辞职的原因

夏尔·戴高乐（Charles de Gaulle，1890 年 11 月 22 日~1970 年 11 月 9 日），法国军事家、政治家，曾在第二次世界大战期间领导自由法国运动，并在战后成立法兰西第五共和国并担任第一任总统。戴高乐支持发展核武器、制定泛欧洲外交政策、努力降低美国和英国的影响、促使法国退出北约、反对英国加入欧洲共同体、承认中华人民共和国，这一系列思想政策被称为"戴高乐主义"。2005 年，法国国家电视二台举行的"法国十大伟人榜"评选结果揭晓，电视观众评选戴高乐为法国历史上最伟大的人。

1944 年 8 月 25 日，戴高乐离开了寄居 4 年零 68 天的英国，回到巴黎，受到民众热烈的欢迎。当时名义上是法兰西临时政府总理的戴高乐，实际上行使着政府首脑和国家元首的权力。但是，此后不久，戴高乐突然宣布辞职，他的这一举动实在让人匪夷所思。

1944 年 9 月，戴高乐把政府迁回巴黎，身为临时政府总理的他开始重建战后满目疮痍的法国。1945 年 12 月，议会的制宪委员会就宪法框架达成一致，他们取消法国总统的权力，规定总统由议会选举，对议会负责，政府只听命于议会。

戴高乐厌恶政党政治，虽然当时戴高乐周围有不少的追随者、崇拜者，但他也不想搞什么政党。他觉得自己属于整个法兰西，而政党只是法兰西的一部分，所以戴高乐与那些职业政客水火不容。

1945 年 6 月，戴高乐发表一篇讲演，表明了自己的观点。他说："我要对未来说几句话，我和你们的分歧点在于，我与你们对政府以及政府和议会之间的关系的看法相悖。法兰西共和国的复兴工作，希望各位在我离任后照样能做好。这次是我的最后一次讲话，在这里，我很真诚地告诫大家，假如你们不对法国近 50 年的历史认真思考的话，不对政府权力、尊严与职责好好考虑的话，那么，在不久的将来，你们就会为今天的错误付出代价。"

这段演讲的意思很明显，戴高乐已经有了辞职的想法。此后，戴高乐去地中海附近的昂提布休息了一周。1946 年 1 月 14 日，他回到巴黎，认真批阅完积压多日的各种文件后，他向身边的几位部长宣布了他打算辞职的想法。

1 月 20 日，戴高乐在办公室会见了所有部长，他平静地和各位部长握手，然后谨慎地读了声明："我不赞成政党政治，可是它卷土重来。除非用武力去建立独裁政治，但我不会同意。我无法制止一切，因此我在今天向国民议会议长递交辞职书，我应激流勇退。我衷心谢谢各位给予我的帮助，请求你们能留任到继任人到来之时，以保证工作的顺利进行。"

戴高乐当时只有 55 岁，对于一位国家领导人来说，正值精力充沛、思路清晰、大展宏图的年龄。但是戴高乐却辞职了，很多报刊都以遗憾和痛惜的语言报道了这则新闻，虽然法兰西共和党的报纸中有说戴高乐离任是逃避困难的说法，但是社会党领袖勃鲁姆却表示戴高乐辞职没有任何理由。

其实，我们从戴高乐的声明中可以看出，他辞职并不是逃避困难，当然也不是没有理由的。他在声明中明确地表达了自己对当时法国政界的不满。于是，有些人便说戴高乐在以退为进，他虽然现在辞职了，但不久就会复出。

不过，这种说法在一段时间后便不攻自破了，直到 1958 年，戴高乐才在国内动荡的局势下再次进入政坛，所以，人们觉得当时戴高乐辞职的确是对政局不满，也可以说是一种激流勇退的做法。

辞职后的戴高乐终于享受到了自己的家庭生活。他有一个智障的女儿，早在 1937 年，戴高乐夫妇就在科龙贝买下一处房产，因为那里绿树成荫，气候宜人，对他们的女儿安娜的健康有好处。那年安娜已经 10 岁了，许多人建议他们把安娜送到一个专门的疗养院去，可是戴高乐一直坚持要把女儿留在身边，他曾经说："安娜是被我们强制带到这个世界上来的，所以我们要对她的幸福负责。"戴高乐常常一面跳舞，拍着大腿，一面唱着流行歌曲，甚至还让安娜玩他的军帽。戴高乐辞职以后，他回到了科龙贝，与安娜一起度过幸福的时光。

作为一个坚信自己就代表国家的政治家，正值事业黄金时期却突然退出政坛，这是不可思议的，所以戴高乐辞职的原因还有待进一步考证。

圣雄殉道

甘地遇刺悬案

　　他一生都在为民族独立、倡导和平而奋斗，他在印度近代史上享有崇高的地位，他一生都过着极其简朴甚至清苦的圣徒般的生活。他就是现代印度的国父，被人们尊为"圣雄"的甘地。甘地是现代民族资产阶级政治学说——"甘地主义"的创始人，他的"非暴力"哲学思想，影响了全世界的民族主义者和以和平变革的国际运动。但是，令人不可思议的是，这位一生都从事反对暴力运动的领导人却死在了同胞暴力的枪口下。是谁谋杀了这位国父？难道其中有什么不为人知的内幕吗？

　　1869年10月2日，莫汉达斯·卡拉姆昌德·甘地出生于印度西部的波尔班达尔城，甘地的家族地位虽然不高，但在当地也还算是有些名望，从他的祖父开始就一直担任着小土邦的帝万（首相）。甘地小时候很内向，不善于与人交流，常常故意躲开别人钻进书本中。不过，他的记忆力并不好，智力也一般，甚至连最简单的乘法口诀都是花了很长时间才背会的。甘地读完中学后，打算到英国留学，这个决定像引爆了一枚炸弹，引起了波尔班达尔的大骚乱。

对于偏远闭塞的波尔班达尔而言，这是违反教规的想法，于是，19岁的甘地不惜被开除种姓身份，毅然踏上求学之路。

甘地的求学路没有想象中那么顺畅，因为他胆小害羞，不善于与人交流，身体又弱，再加上他那古怪的传统服饰，常常被同学们讥笑。因为年轻人特有的虚荣心，甘地努力改变着自己的形象，他也曾经购买了礼服，学习礼仪与小提琴，他决心要成为一个真正的"英国式绅士"。不过，这些所谓的外在改变并没有成功，因为他腼腆的性格还是没有改变。于是，他开始提升自身修养，发奋读书，这期间他大开眼界，接触了大量欧洲先进思想，并获得了律师资格。

1891年，22岁的甘地回到自己的国家，在孟买做了一名律师。不过，律师这个职业对他而言真的太不合适了，他腼腆的性格并没有改变多少，第一次出庭时就头重脚轻，心惊胆战，一个字也说不出来。因此，他的律师生意越来越冷清，甚至经营不下去了。

1893年，一位朋友建议他去南非做律师，因为当时的南非种族歧视很猖獗，作为"有色人种"的印度人受尽歧视，他们坐车只能坐三等车厢，乘马车也只能坐在车夫旁边，就是去住旅馆时也只能躲进自己的房间吃饭，不能到餐厅和白人们一起进餐。当然，甘地身为"有色人种"，这种种族主义的无端歧视他也是经常遇到的，有一次他乘车时坐了头等车厢，就在寒风刺骨的冬夜被一名警察扔到一个陌生的小站上。

第一次世界大战后，甘地回到祖国，全心全意地投入到为印度人民争取民族独立的斗争中。甘地对英国殖民政府展开了"非暴力不合作"的运动，他一直发展着自己在南非时提出的"非暴力抵抗"思想。甘地为了吸引印度广大农民参与民族运动，曾经腰间围上土布，裸着上身，每天抽出半个小时亲自纺纱织布；为了抗议英国殖民者在阿姆利则城屠杀上千名百姓的罪行，他又带领着许多人进行绝食抗议；为了对英国政府的"食盐专卖法"提出抗议，61 岁的甘地率领 79 位门徒，步行 400 多公里，到海边举行宗教洗礼仪式。

为了和平、抵抗暴力，甘地一生中曾经入狱 15 次，但他还坚持着自己的思想，提倡社会改革，主张人人平等。在他 78 岁时，为了平息国内印度教徒和伊斯兰教徒的仇杀，还带头进行绝食抗议，最后晕倒。虽然甘地的这种主张得到印度及世界上很多人的尊重和理解，但仍有一部分人对此很不满，他们认为那是对英国的屈服，一些宗教极端分子认为甘地出卖了自己的信仰，背叛了教规，因此很多的暴力攻击在甘地身边发生着。

1948 年，印度发生了大规模的教派纷争，年事已高的甘地仍在不断地调解，但有人对他的做法很不理解，甚至还秘密实施刺杀行动。1 月 20 日，甘地的住所外突然有炸弹引爆了，他们打算把甘地炸死，但阴谋没有得逞。警方并没有认真调查此事，他们只抓到了一名罪犯，而且草率地认为那只是一些难民因为失去理智而做的。但是，10 天后，另一件意想不到的事情发生了。甘地为了与信徒们一起进行晚祈祷，像往常一样走出家门，正当他单独站在台阶上，双手合十向信徒们致意的时候，一个身穿土黄色军装、身材肥胖的男子挤出了人群。开始，他像其他教徒一样，向着甘地深深地鞠躬施礼，突然间一把手枪出现在他手上，并抵在了甘地赤裸的胸膛上。在所有人都没反应过来时，他连开了三枪，甘地应声倒在了血泊中。

凶案发生后，这个凶手不但没有逃跑，反而大声地喊着警察，等待被抓捕。在法庭上，这位名叫戈德塞的凶手用生涩的英语发表了像演讲一样的供词，他声称之所以杀掉甘地，是因为甘地没有尽一个印度国父的责任，他现在是为了印度对被称为"国父"的甘地执行死刑。根据资料记载，他的那篇"演讲词"让当庭的每个人甚至法官都感动不已。最后，戈德塞主动要求对他执行绞刑，当然法庭出于法律原因也答应了他的要求。

但是，甘地被刺杀案件中的许多悬疑之处不得不让人思考。有些人认为，在甘地的公寓被炸的时候，警方就已经通过审讯掌握了有关刺杀甘地的计划。据说，有位名叫贾恩的教授察觉了凶手的密谋，并把那些人的全部资料迅速上报给了警方，但警方并没有采取什么行动，所以凶手的计划也就得以完美地实行了。而且，当时社会上一些人高喊"处死甘地"的声音不绝于耳，甘地也曾经说过他坦坦荡荡，不会畏惧也不会躲闪，可见他早已经把生死置之度外。但就连甘地本人都知道有人在预谋着刺杀行动，为什么那些印度政府中所谓甘地的信徒们却不动声色、没有反应呢？

1999 年《时代》杂志将甘地评选为 20 世纪风云人物，甘地生前就享有"圣雄"的称号，甘地之死并不是因为个人恩怨，也不是恐怖袭击，从凶手的供词来看，即使政见不同，他也很敬重甘地的人品。因此，甘地的死似乎带有圣徒殉道的意味，这也许就是一位"圣雄"为印度和平所作的最后一点贡献吧！

惊魂生日宴

丘吉尔遇刺案始末

2002 年，英国广播公司（BBC）举行了一个名为"最伟大的 100 名英国人"的调查，温斯顿·丘吉尔被民众选为有史以来最伟大的英国人。丘吉尔一生经历坎坷，是 20 世纪最负盛名的英国资产阶级政治家，可是在他叱咤风云的一生中，69 岁生日宴会上的那一次惊心动魄的遇险至今还扑朔迷离。

温斯顿·丘吉尔（1874~1965），政治家、演说家、作家以及记者，曾于 1940~1945 年及 1951~1955 年期间两度出任英国首相，并且多次担任内阁大臣等职务，被认为是 20 世纪最重要的政治领袖之一。第二次世界大战期间，身为英国首相的温斯顿·丘吉尔带领着英国人民取得了反法西斯战争的伟大胜利，被人们推崇为英国的拯救者。当时，他与苏联统帅斯大林、美国总统罗斯福被人们并称为"三巨头"，是被载入现代世界史册上的一代伟人。不过，在他那非凡的魅力和杰出的才能受到人民爱戴的同时，也遭到了敌人的仇视。

1943 年 11 月 30 日，丘吉尔迎来了他 69 岁的寿辰。此时，第二次世界大战正进入十分微妙的相持阶段，丘吉尔打算乘胜追击，彻底摧毁世界法西斯联盟，于是，他以庆祝寿辰为名义，邀请了罗斯福和斯大林等 34 位贵宾，一起在德黑兰聚会，以便共同商议作战大事。

丘吉尔命令侍卫长汤普森负责这次特别庆祝会的安全工作。汤普森接到任务后，便命令情报机构加班加点，仔细调查每一个来宾的详细情况。宴会将要开始的时候，丘吉尔以主人的身份领着客人们朝餐厅走去，罗斯福总统新聘的私人秘书霍克犹豫了片刻，转身从口袋里拿出一个精致的小包放到桌子上，又顺手取过一束鲜花，放在小包上面，然后像什么事都没发生过一样走进餐厅。

这位年轻的秘书并不简单，他有着十分复杂的经历，他曾经在瑞士与德国国家秘密警察的特务有过接触。此时，德国纳粹出了几十万英镑的重金收买了他，让他在宴会厅里安放定时炸弹。但是，当时别说携带定时炸弹进不了宴会厅，就连一根小小的针没有经过检查也带不进去，所以，霍克在等待时机。

非常老练的汤普森一直警觉地注视着这一切，他当然不会看不到霍克的这个举动，汤普森立刻取走了小包，带到另一间屋子，然后轻轻地打开小包一看，里面只有一块十分昂贵的钟表。他又仔细地把小包和钟表检查了几遍，也没有发现什么可疑的地方。于是，汤普森放心地走进了餐厅，来到了丘吉尔的身边继续警惕地观察着周围的一切。但是，他的脑海中已经有了疑虑，神经更加紧绷起来，注视着身边的每个人。

这时，一个精致的大蛋糕摆在餐厅的桌子上，上面已经点燃了 69 支蜡烛，餐厅中正在进行着切蛋糕的仪式。每个客人都端着酒杯，祝贺着丘吉尔的生辰。丘吉尔兴致勃勃地向客人们致词："我衷心感谢诸位光临我的庆寿仪式。尤其是两位伟大的朋友斯大林元帅和罗斯福总统抽出宝贵的时间出席这个聚会，我深表感谢。"席间，宾主频频举杯，鼓掌声、碰杯声不绝于耳，大厅内每个人都沉浸在一片热闹喜庆的氛围之中。

突然，所有人的视线都转向了餐厅的南门，因为这时一个侍者正托一只大盘子走进来，盘子上放满了布丁和盛有冰淇淋的杯子，堆得很高，看上去也很重。那个侍者脸上的表情十分痛苦，而且显得特别恐怖，脚底下也踉踉跄跄，没有根基。这个侍者摇摇晃晃地往前走着，结果碰到了斯大林的翻译鲍罗克的身上，连人带盘子全都倒在了鲍罗克身上，盘子中的布丁和冰淇淋溅了鲍罗克满身。

餐厅中的人看着鲍罗克尴尬的模样，哄堂大笑。但是，没有人能预料到一个恐怖行动正在悄悄地进行着。正当大家放松警惕的刹那间，餐厅中的灯突然全部熄灭了，整个大厅伸手不见五指，陷入一片黑暗中，只听到有人大声地吼道："抓住侍者！小心他的盘子！"随后，餐厅中枪声连连响起，刹那间，碗盘的破碎声、人们的喊叫声以及枪声让整个大厅陷入一片混乱中。

很快，一些人反应过来，四周手电筒的光也亮了起来，这时，人们发现罗斯福的私人秘书霍克的头部中弹，已经被击毙，他身边的椅子底下掉落了一支手枪。那个侍者也倒在地上，身体早已变得冰凉，人们仔细检查他的身体后发现，他的喉咙里不知何时被刺进了一根半寸长的细针，侍者的托盘底部有个按钮，按钮开启后，里面装有一枚微型定时炸弹和一只袖珍时钟，时钟上的指针离 12 点还差 3 分钟。汤普森急忙拔掉定时炸弹的引线，如果再晚一会儿的话，那后果真是不堪设想。

幸好汤普森及时地发现，才避免了这场灾难，丘吉尔毫发无损，罗斯福和斯大林也安然无恙。这件事过去后，丘吉尔的情报人员才送来一份情报，在他生辰宴会前，纳粹党头子希特勒就下过一道命令："无论如何要干掉丘吉尔。"大批的纳粹特务已经汇集到了德黑兰，德国的密探和间谍千方百计跟踪丘吉尔的行踪，伺机下手。

此后，有人认为霍克深知自己的行迹败露，持枪自杀了。但是这种说法并不真实，因为打中他脑袋的那颗子弹并不是出自他自己的枪。汤普森观察了在场的所有人，觉得应该是那个被侍者撞倒的鲍罗克开的枪。

鲍罗克对此连连否认，他说自己肯定不会开枪杀自己的同行的，但是，他说霍克坐的门旁边有灯的总开关，并且提醒汤普森杀死侍者的针是东方式的。汤普森也回忆了当时的情形，侍者跌倒时，身边只有鲍罗克和霍克，斯大林的保镖都时刻形影不离地保护着他们的首脑，他们是不可能既开枪又吹毒针的。按照鲍罗克之后的提醒，汤普森查了霍克在瑞士银行的账户，里面新增加了五十万英镑，看来这笔钱应该是纳粹收买他时所付的。

以此看来，鲍罗克可能知道事情的真相。汤普森一直希望在鲍罗克的回忆录中找到是谁杀死了纳粹的两名奸细，但是，这本回忆录一直没有公开出版，所以真相也被隐藏了起来。

时至今日，人们也没有弄清那个被纳粹收买的私人秘书与携带定时炸弹的侍者是什么关系，究竟是谁幕后指使侍者将定时炸弹带进餐厅的?又是谁在关键时刻打死了霍克并刺死了侍者，使丘吉尔转危为安的? 一个个谜团悬在了人们的心头，也许在不久的将来我们可以找到某些资料，从而解开这些谜题。

铁血将军之死

巴顿意外车祸之谜

　　在第二次世界大战期间，有位将军威震世界，他出生于一个军人世家，先后在弗吉尼亚军校、西点军校、顿利堡骑兵学院及轻装甲部队学院接受过军事教育，他曾经远赴欧洲参加了第一次世界大战，充分发挥了他指挥坦克作战的才能。之后，第二次世界大战爆发，美国任命他为第二装甲军团总司令，这次，他更加如鱼得水，并立下了赫赫战功。他就是号称"血胆老将"、威名远扬的乔治·巴顿将军。

　　巴顿所在的战场上，人们听到的最多的一句话就是："混蛋，你们的刺刀要毫不迟疑地穿透那些杂种的胸膛。"巴顿将军以他英勇神武的精神屡次创下辉煌的战绩，1945 年 4 月，美国军方将四星上将的军衔授予了他。但是，就在这一年的 12 月 9 日，他却在德国曼海姆附近突然遭遇了车祸，12 月 21 日，因伤势严重抢救无效在海德堡医院去世。

　　战争才刚结束，谁也没有料到刚刚被授予上将军衔，应该享受战功成果的老将，却因为一场车祸结束了生命。难道冥冥之中上天真的在安排着人类的命运吗？还是这场车祸本身就有些太过巧合呢？这场车祸究竟是意外还是人为的呢？

如果想要解开疑惑，我们只能一起回到 1945 年 12 月 9 日的那个清晨。当时，巴顿住在德国曼海姆。这天，他准备与朋友盖伊上将一起去打猎，于是，早早就安排司机霍雷斯·伍德林准备好车子，那是一辆超长的豪华卡迪拉克。根据当时的资料表述，巴顿将军所乘的轿车正在火车道口边等火车经过，司机已经看到离火车道 500 米左右的距离停着两辆大卡车，仿佛在等待着什么。当他们的轿车开始慢慢向前行进的时候，两辆卡车中的一辆向着他们的轿车缓缓驶来，另一辆也由相反方向向轿车驶近。在这样"背腹受敌"的紧急情况下，司机迅速踩下了刹车，但事故还是不可避免地发生了。轿车重重地撞在了卡车右边的底盘上，因反作用力被弹出三米多远，巴顿将军也因惯性被狠狠地向前甩动，头部撞在司机后座椅的围栏上。之后，巴顿将军被送到了海德堡医院，因为剧烈的撞击让他的脊柱已经完全裂开了，眉骨上方的头皮也被隔板割开了一道 7.6 厘米长的口子。

大约一个小时后，巴顿将军醒了过来，虽然头脑还算清醒，但是脖子以下已经没了知觉，四肢已经不能动了。在医生的全力救治下，巴顿将军的伤势渐渐好转，他的一只胳膊已经可以用力，一条腿也有了知觉。可是，当医生们认为他已经脱离危险的时候，12 月 20 日下午，他的身体状况突然恶化了。次日凌晨 5 时 55 分，巴顿将军因血栓和心肌梗塞抢救无效离开了人世。

事情的经过就是这样，可是很多人提出了疑问：按当时的情况来说，豪华卡迪拉克车内应该一共坐有 3 个人：司机、巴顿将军和盖伊上将，可是为什么只有巴顿将军受了重伤而其他两人没有太大损伤呢？而且根据记载，当车祸发生后，司机竟然趁人们抢救人的混乱之机不见了踪影。事后，宪兵队勘查案发现场时也表现得很马虎，甚至最后也没有看到任何一份案件记录。

所以，我们如果现在去查巴顿将军资料的话，除了他在军方的履历表外，什么都找不到，就是记录全面的履历表也不知道什么原因把巴顿将军的车祸情节忽略掉了。

一切的可疑现象都似乎在告诉我们，这场车祸一定不是那么简单，不是一次意外事故，而极有可能是一场蓄意谋杀。如果是这样的话，那么谁是幕后指使者？是谁要如此惨忍地置巴顿将军于死地呢？他与巴顿将军之间又有怎样的纠葛呢？

有些人认为，那只伸向巴顿将军的幕后黑手应该来自于他的某个上司。一些美国历史学家提出了大胆的假设，他们认为，那位上司就是与巴顿将军不和的艾森豪威尔将军。巴顿将军在第二次世界大战后的一些行为与艾森豪威尔的主张大相径庭，巴顿将军一直提倡要与德国亲近，他曾经公开批评包括美国在内的同盟国国家的"非纳粹化政策"，而且还在记者面前把纳粹党人和非纳粹党人之间的斗争，不恰当地比喻成美国民主党和共和党之间的斗争。同时，他又打算扶植德国几个没有在"二战"中受损失的党卫军部队，挑起一场与苏联的战争。因此，艾森豪威尔将军一直对他很不满意，巴顿将军已经成了他的眼中钉、肉中刺，对巴顿将军下狠手也是可以推理出来的。

还有一些人认为，巴顿将军的死可能与"奥吉的黄金案"有关。"奥吉的黄金案"是一个政府参与的大案，第二次世界大战期间，纳粹分子埋藏的一批黄金被美军的一些高级将领给发现了，但是他们并没有上缴国库，竟然私下里瓜分了。事情发生后不久，巴顿将军就被指派去调查此案。久经沙场、雷厉风行的巴顿将军很快投入了案件追踪中，他调查得很认真，案子也有了新的进展，但是，就在这马上要将作案嫌疑人公布于世的关键时刻，巴顿却突然遇难了。联想到这件事，你会发现，如果说那只是一场意外车祸的话，那巴顿将军一定很冤屈。

如今，事情已经过去很多年了，关于车祸的根本原因至今没有一个确切的答案，也许真相我们永远也无法知道，因为除了巴顿将军和事故策划者之外，其他人实在无从得知。

苦肉计

法国总统密特朗遭枪击事件解读

弗朗索瓦·密特朗（1916~1996），是法国历史上最伟大的政治家之一，在1981~1995年间连任两届法国总统，创造好几个政治纪录，甚至很多纪录至今还无人能超越，被人们称为法国政坛的常青树。

他的一生充满传奇，刚当上总统半年便查出身患癌症，但他却严守机密，与疾病一直斗争了13年半，成为法国政治界一道独特的风景。但是，在他当选总统之前，有一件事却极大地打击了他的精神，甚至影响了他的政治生涯，这就是著名的天文台公园枪袭事件。时至今日，这个事件的真相还困惑着人们。

1959年10月15日，《巴黎新闻》头版头条刊登了一则骇人听闻的消息：极端殖民主义分子准备暗杀一批主张谈判解决阿尔及利亚问题的人士，刺杀别动队已经越过了西班牙边境，暗杀黑名单上的人员已经确定，行动可能将会在明天发生。

令人意想不到的是，当天夜里，时任法国国会参议员的密特朗与几个朋友聚餐完毕后在回家的路上，悲剧就发生了。汽车向前行驶了一段路程，密特朗突然感觉有些不对劲儿，他向四周观察着，发现一辆黑色的轿车紧紧跟在他的车子后面。密特朗随即紧张起来，想起今天早上报纸上的消息与最近的传闻，他马上开车与黑色轿车兜起了圈子，但是无论怎么甩也甩不掉。于是，他急中生智地作出了一个决定，迅速把车开到了参议院南边的天文台公园，然后迅速从车里跳下来，极快地翻过公园铁栅栏，偷偷地藏在花丛中。刹那间，他的背后传来接连不断的枪声。事后，人们在检查他的车子时，发现车子满身疮痍，上面至少有七个子弹眼。

第二天，密特朗遇袭的消息迅速传遍了整个巴黎。各大报纸、大街小巷的人们都在谈论着这件事，联想到昨天报纸的消息，凶手一定是极端殖民主义分子，而密特朗就在他们别动队的黑名单中。瞬间，一封封慰问和声援的信件纷纷飘到议会，人们都把密特朗称为英雄。似乎事件已经很明了，没必要再追究了，但是令人不可思议的是，事情在一个星期后竟然发生了逆转。

22日，右翼议员罗贝尔·佩斯凯对记者说，密特朗遇袭事件是密特朗自己亲自策划的，由佩斯凯一手执行的政治丑闻。事件发生前，密特朗给佩斯凯写了两封信，一封以"待取邮件"的方式寄到了巴黎，另一封信是挂号信，寄到了佩斯凯的住处。除了书信联系，行动前，密特朗私下还与佩斯凯见过三次面，他们商定了行动路线和行动方式等。案件发生的夜里，佩斯凯在密特朗的安排下进行跟踪，到达天文台公园时，他确认密特朗已经不在车子中，才对同伙阿贝尔·达于龙下令开枪。

按照佩斯凯的说法来看，密特朗以遇袭事件来博取众人的声援，的确是一个政治阴谋，天文台公园事件自然也就变成了密特朗沽名钓誉的"苦肉计"。

人们为此采访密特朗时，他表示强烈的反对，但却不能像佩斯凯一样拿出有力的证据来。他说，确实在事件发生前见过佩斯凯，那是佩斯凯悄悄来找他，告诉他要小心提防，因为暗杀名单中密特朗名列榜首。密特朗还表示，佩斯凯曾经为自己出谋划策，如果发现汽车被跟踪的话，那么不要往家开，应该逃到天文台公园更安全。并且，佩斯凯还请求密特朗对他提供的情报保密，如果发生什么事情，也不要报告警察局。因此，事件发生后，密特朗并没有告诉任何人，也没有报警。密特朗的确信守了承诺，却也因佩斯凯的率先出击而百口莫辩了。

佩斯凯的说法出来后，密特朗在人们心目中的地位开始下降，他迅速由英雄变成政治骗子，成为了政敌攻击的目标，甚至许多朋友也离他而去。

在这件事发生前，密特朗的政治主张一直与法国总统戴高乐对立，因此与戴高乐的关系很紧张。1959 年 1 月，戴高乐任第五任法兰西共和国总统，密特朗的政治生涯开始进入了低谷，他先是把一直积累了任 7 年部长的优势丢了，之后国民议会选举时，他又丢掉了连任 11 年的议员席位，重新做回了参议员。

但是，戴高乐的首任总理米歇尔·德勃雷并没有就此放过密特朗，他想在密特朗中刀后再补上一刀，于是向参议院建议取消密特朗议员的豁免权。当时，参议院对此事做讨论时，密特朗愤怒地指责政府是这桩丑事的主谋和帮凶。

根据资料记载，在事件发生一个月前，佩斯凯曾经恐吓过总理，直到总理报告了国家安全局长后，佩斯凯才停止纠缠。而这次事件，佩斯凯也使用了同样的手段，只是密特朗太轻信他了，他才有了空子可钻。参议院讨论完毕后，以投票的方式得出了结论，暂停密特朗的豁免权，密特朗因此受到了很大的打击，这种打击也包括精神上的。因此，他几乎被逼得走投无路，只能再次做起律师。

一直到密特朗去世后，他的夫人回忆天文台公园事件时，悲痛地说："人们打算终结他肉体的愿望没有实现，却从精神上把他打垮了。"

这件奇怪的天文台公园偷袭事件之谜,直到今天也没有解开,反而变得更加扑朔迷离。密特朗一直称,有人将要置他于死地,那人要使他名誉扫地。佩斯凯的证词也在不断变化,1959年11月4日,佩斯凯被指控参与议会爆炸案而被捕。被捕的几年,他坦白地说,操作天文台公园枪袭事件的幕后人是戴高乐派的人。但是,他并没有拿出证据,因此人们对这种说法也持怀疑态度。支持密特朗的人认为,这个事件是戴高乐派的情报部门一手操纵的,他们想要从政治上消灭第四共和国时期留下来的对手,而密特朗正是其中之一。

不论密特朗是真的遇到了袭击,还是受人陷害,或者就是他自己使的一条"苦肉计",我们已经无从得知。但是,我们从密特朗事件中看到了政坛的险恶,以及身为政治人物的不易。

谁杀了肯尼迪

肯尼迪总统遇刺始末

20世纪60年代,年仅43岁的约翰·肯尼迪(John Kennedy)当选为美国总统,他出身名门,他出色的领导才能、非凡的人格魅力以及出色的口才获得了广大美国民众的支持。但是,谁也想不到,这位美国历史上最年轻的总统，却成了美国历史上最悲剧性的总统。1963 年 11 月 22 日，正当肯尼迪总统的轿车在西部得克萨斯州达拉斯市埃尔姆大街上行驶时，突然两声枪响，肯尼迪头部中弹倒在车座上，之后因抢救无效而死亡。

究竟是谁杀害了肯尼迪？凶手杀人的动机又是什么呢？

当时，以最高法院首席法官厄尔·沃伦为首的委员会与联邦调查局分别进行了调查，最后得出了结论：凶手叫奥斯瓦尔德。当凶杀案发生时，人们在案发现场附近的一幢六层楼楼房的书库里发现了步枪和弹壳，它们的主人名叫李·哈维·奥斯瓦尔德，所以，他被当作重大嫌疑犯而逮捕。可是，第三天早上，当奥斯瓦尔德在警察局等候审讯时，达拉斯夜总会老板杰克·鲁比突然冲进来，将奥斯瓦尔德打死了，警察立刻举枪把鲁比当场击毙。奥斯瓦尔德虽然被打死了，可他为什么要谋杀总统呢？

有人认为，他只是一位单纯的狂热分子。奥斯瓦尔德喜欢看 007 侦探小说，而且总想着做出惊人壮举，虽然他曾经计划着偷渡到中美和古巴，但并没成功，他最大的梦想就是叛逃出美国。很多研究者认为，奥斯瓦尔德在行刺肯尼迪前，曾经看过两个月的 007 侦探小说。所以，人们得出结论，奥斯瓦尔德不是因为一时冲动而刺杀肯尼迪，他是想把肯尼迪杀掉作为自己叛逃出美国的礼物，赠送给古巴当局，让他们能够收留自己。但是，古巴方面立刻对这种表忠心的说法给予反驳，并通过一些事实大胆推测：是美国中央情报局因不满肯尼迪对古巴制裁的约束，指使一名黑帮分子和两名古巴流亡分子暗杀了总统。

还有人认为，奥斯瓦尔德得了抑郁症，他就是为了表现自己才用了这么极端的方式。2003 年，这种说法得到了奥斯瓦尔德哥哥的认同。不过，这种说法并没有得到人们的认同，而且官方对案件的调查也是漏洞百出，令人议论纷纷，疑窦丛生。

首先，肯尼迪的尸检让人生疑。案发后，有关部门对肯尼迪遗体进行了检查，负责解剖肯尼迪遗体的海军医疗中心 X 光摄影师对肯尼迪的遗体进行了拍照，但是当联邦调查局特工坚持把底片拿走后，许多底片不是失踪就是被"曝光"，只留下一些模糊的、不可辨认的照片。

曾在验尸时协助工作的一名警官说，当时他发现总统的后头部被射穿，但脸部完整无伤。按照常理来推断，肯尼迪的脸不可能那么完整，子弹肯定会把肯尼迪脸部的右半侧轰碎。所以有人怀疑，凶手并不是在肯尼迪后面开的枪，而是从前面打穿了头部，之后又把子弹取出，开枪设计了新的弹道轨迹。

其次，无法确定凶手子弹的数目。案发当天，从警方在总统车队的汽车上安装的麦克风的录音来判断，非常清晰的枪响声只有 3 声。但是之后经过专家测算，这 3 声枪响的时间都与肯尼迪中弹的时间有着非常明显的间隔，录音带中一些像枪声的噪音实际上也是枪声，这个声音与肯尼迪中枪的时间很吻合，也就是说，这一枪要了最年轻总统的命。

但是，令人不解的问题出现了，凶手所使用的枪是 1940 年意大利制造的旧式步枪，最多只能射出 3 颗子弹，而案发时子弹射出时的间隔也不足以新装子弹。由此看来，凶手应该不是一个人，而是两个人分别从不同的方向向肯尼迪开的枪。之后，人们从一位目击者的口中得知，当时，许多警察及目击者为捕捉凶手而冲向教科书仓库大楼对面的草坪。所以，子弹并不是从教科书仓库大楼内射出的，凶手准确的所在地应该是在大楼对面的草坪。但是，这些说法都因缺乏必要的证据被一一推翻了。

最后，无数的证人先后丧命绝对不是巧合。肯尼迪遇刺后，竟然先后有 183 名与案件有关的重要证人无故失踪或者死亡，特别是那些证明奥斯瓦尔德不是真凶的人。随着众多证人先后离奇死亡，越来越多的人怀疑杀死肯尼迪的真凶并不是奥斯瓦尔德，这个案件也不是简单的杀人案，它肯定与政治有着不可分割的瓜葛。

奥斯瓦尔德曾经在苏联生活过，还有人说他是中央情报局的双面特工。因此，有人猜测这次谋杀活动一定与中央情报局和肯尼迪的矛盾有关。

1988年，一个名为珍妮佛·怀特的女人来到得克萨斯州莱特兰市的联邦调查局分部报告说，她的丈夫罗斯克·怀特和射杀奥斯瓦尔德的鲁比共同谋杀了肯尼迪。她说，怀特与奥斯瓦尔德是好朋友，当年，怀特与鲁比谋划刺杀肯尼迪的事情时，她偷听了谈话，鲁比发现了偷听的珍妮佛，立刻打电话向某个地方请示。他们立刻对珍妮佛电击治疗，并警告她如果泄漏就杀死他们的两个儿子。之后，珍妮佛询问丈夫，怀特说这是中情局安排的，自己只能执行命令。

除了这种中情局杀人的说法外，还有一些更加离奇的说法。

在美国一本名为《死亡的三角地带》的书中说，肯尼迪是被越南人刺杀的。当年，美国政府策动了南越的军事政变，并打死了越南共和国总统吴庭艳，这次事件便是吴庭艳余党对肯尼迪的报复。

20世纪90年代，随着一些内幕的曝光，很多人认为肯尼迪时期的副总统林登·约翰逊才是真正的幕后黑手，肯尼迪死后，约翰逊成了白宫的真正主人。案发当天，车队出发时，约翰逊安排秘密警察把护送总统座车的摩托数量减少了一半，之前被安排在总统座车前面的新闻车也被放在车队的尾部。所以，当案发时，现场没有一个记者、一架摄影机或照相机。而且，案发后，肯尼迪仍在医院抢救的时候，约翰逊就下令清洗他乘坐的敞篷汽车。除此之外，种种迹象都表明约翰逊就是杀死肯尼迪的主谋。

不过，肯尼迪遇刺从案发之时就注定会成为一个悬案，因为它所涉及的不只是一个刺杀问题，它的背后一定隐藏着无数权力与利益的斗争，而肯尼迪只不过是斗争下的牺牲品而已。

惊天刺杀阴谋

是谁杀害了马丁·路德·金？

　　马丁·路德·金（1929~1968），著名的美国民权运动领袖。1963 年，马丁·路德·金晋见了肯尼迪总统，要求通过新的民权法，给黑人以平等的权利。1963 年 8 月 28 日，马丁·路德·金在林肯纪念堂前发表著名的《我有一个梦想》的演说，并因此获得 1964 年度诺贝尔和平奖。1968 年 4 月，马丁·路德·金前往孟菲斯市领导工人罢工时，被人刺杀，年仅 39 岁。那么，到底是谁刺杀了马丁·路德·金？这次谋杀事件的幕后黑手又是谁呢？

　　马丁·路德·金出生在佐治亚州亚特兰大市的一个黑人牧师家庭，这在黑人当中属于中等阶级家庭，他从小就受到家庭的熏陶，接受了系统的神学教育。当时的美国正处在战后经济发展的巅峰时期，但是，国内同样为美国的民主事业作出贡献的黑人，却在经济和政治上受到歧视和压抑。马丁·路德·金主张大爱，公正无私的爱，爱一切人，甚至要爱敌人。基于上述理念，他对美国的种族歧视深恶痛绝，决心以自己的实际行动去改变这种现状。

　　之后，马丁·路德·金和几个黑人领袖组织了"蒙哥马利改进协会"，他们领导近5万名黑人展开了声势浩大的抵制公共汽车运动的游行。从此，持续十余年之久的黑人民权运动拉开了序幕。1957年1月，为了有效地把民权运动推进下去，60位黑人牧师在亚特兰大组成了"南部基督教领袖联合会"，具有很高威望的马丁·路德·金被推举为大会主席。此后，为了正义与和平，马丁·路德·金就不断往返于美国各大城市，四处奔走呼吁。在他的领导下，民权运动取得了一系列辉煌成果。遗憾的是，1968年4月4日，一颗子弹击中了马丁·路德·金，一代黑人民权运动领袖就这样离开了人世，留给后人无限的思考。

1968年4月4日，马丁·路德·金和他的追随者为了支持清洁工争取同工同酬进行的罢工运动，赶往了田纳西州孟菲斯市，住在了洛兰旅馆306房间。当天下午6点左右，他吃完晚餐后与助手走到阳台上时，突然传来一声枪响，随后马丁·路德·金应声倒下。晚上7点5分，医生宣布，子弹穿透了马丁·路德·金的脊髓，医治无效死亡。

据说，1964年，当美国总统约翰·肯尼迪遇刺身亡之时，马丁·路德·金就曾经对妻子说，在他身上将要发生同样的事。可能，那时他就预感到自己未来将死在某次暗杀中吧。马丁·路德·金遇刺后，愤怒的人们强烈要求美国司法部门和联邦调查局迅速查明案件的真相，要求把真凶捉拿归案。在这种压力下，美国警方和联邦调查局特工展开了调查。4月5日凌晨，联邦调查局就称找到了真凶——詹姆斯·厄尔·雷。

马丁·路德·金被刺的当天下午，他们下榻的旅馆对面出租的公寓里来了一个穿着入时的青年，以约翰·维拉尔德的名字做了登记，并付了一周的租金，但是晚上6点之后他突然失踪了。这个人的行迹很可疑，再加上穿透马丁·路德·金脊髓的子弹就是从对面公寓射来的，所以警方立刻把这个青年列为了怀疑对象。

同时，公寓的一位临时住户也证实，枪响后有人拿着奇怪的东西离开了二楼浴室，联邦调查局立刻根据住户的描述，模拟出了这个人的肖像。之后，警方又在公寓里发现了一个旅行袋，里面装有衣物、望远镜和一支雷明顿公司制造的 760 型"打猎能手"式步枪等。经鉴定，那支雷明顿步枪的购买者登记名为埃里克·斯塔尔沃·高尔特，而步枪上的指纹却是在公寓住宿的约翰·维拉尔德。之后，经过联邦调查局的缜密调查，发现埃里克·斯塔尔沃·高尔特与约翰·维拉尔德是同一个人，而这个人的真名叫詹姆斯·厄尔·雷。于是，联邦调查局确认杀死马丁·路德·金的凶手就是詹姆斯·厄尔·雷。

虽然联邦调查局很确定，但是人们不禁要问：詹姆斯·厄尔·雷杀人的动机是什么呢？他虽然有过盗窃和抢劫银行的犯罪记录，但是他并没有伤害或者杀死过人呀，他为什么要杀死领导民权运动的马丁·路德·金呢？

联邦调查局称，詹姆斯·厄尔·雷是一个极度仇视黑人的种族主义者，他认为马丁·路德·金所倡导的运动是一种颠覆活动，所以他要把这个领导黑人民权运动的人消灭掉。然而，联邦调查局的这种说法却遭到很多人的反对。根据记录，詹姆斯·厄尔·雷是个笨拙的罪犯，他怎么能够用几个假名四处流窜呢？他又怎么能在刺杀行动后，迅速逃脱警方的抓捕呢？太多的疑问让人们理不出头绪，只能等待法庭的进一步审判。

1968 年 11 月 12 日，马丁·路德·金遇刺半年之后，孟菲斯法庭准备对詹姆斯·厄尔·雷正式进行审判。但是，谁也没有料到，在开庭的前一天晚上，法庭称疑犯突然要更换律师。一般情况下，犯人是不会随意换律师的，因为新律师必须从头开始工作，进行调查、取证，然后再得出结论，这大概会浪费半年多的时间；而且詹姆斯·厄尔·雷所更换的是著名律师珀西·福尔曼，这将需要一笔不菲的律师费。

法庭的审判一再延期。可是，当第二年的 3 月 10 日再次开庭的前一天，不可思议的事情又发生了，孟菲斯法庭突然称，公诉方和辩护方已达成协议，犯人已经认罪，并自愿被判99年监禁。表面上看，案子已经结束了，可是就在詹姆斯·厄尔·雷被监禁的29年中，他先后8次上诉，每次都称自己是在被人胁迫和诱骗下才认罪的，并请求法庭重新审理此案，但孟菲斯司法当局并没理会。最后，詹姆斯·厄尔·雷因肝癌死于狱中。

詹姆斯·厄尔·雷的上诉没有被司法当局重视，却引起了人们的怀疑。人们觉得孟菲斯法院在掩盖事实，杀人真凶绝对不止是一个人，刺杀的过程很复杂，这不是一个人就可以完成的。因此，美国国会也得出了马丁·路德·金的死是有组织、有预谋的谋杀案件的结论，但同时又表示无法查明密谋的具体参与者。

直到1999年，美国一个陪审团裁定，马丁·路德·金被杀事件是多种势力策划的惊天刺杀阴谋。2002年4月，美国佛罗里达州的一名牧师向《纽约时报》记者透露，他的父亲亨利就是杀害马丁·路德·金的凶手，他今年61岁，其父亲在1990年已经去世。当年，亨利是一个3人小组的头目，他并不是反对马丁·路德·金的民权运动，而是认为马丁·路德·金与共产主义有联系，他身为一个热爱美国的人，除掉共产主义者是为了挽救整个国家的命运。

究竟是谁杀了马丁·路德·金？凶手杀人的真正动机又是什么呢？我们只能等待更多的资料出现去找寻真实的答案。

"深喉"是谁

水门丑闻的来龙去脉

"水门"是一座位于美国首都华盛顿的综合办公大楼，就在这个地方，发生了震惊世界的"水门事件"。水门事件与尼克松有着直接的关联，当时他正在准备竞选下一届总统的连任。为了取得民主党内部竞选策略的情报，美国共和党尼克松竞选班子的首席安全问题顾问詹姆斯·麦科德，带领着5个人闯入位于华盛顿水门的民主党全国委员会办公室，企图窃听民主党参加大选的情报，在安装窃听器并偷拍有关文件时，当场被捕。

这个事件发生后，美国一片哗然，尼克松竭力掩盖开脱，但在随后对这一案件的详细调查中，尼克松政府里的许多人被陆续揭发出来，并且直接涉及尼克松本人。最后导致了当时身为共和党人的美国总统尼克松辞职，成为美国历史上最严重的政治丑闻，但这件事情真的就是"暗探"窃听会议那么简单吗？

1973年10月，特别检察官考克斯对总统尼克松的调查进入到了关键时刻，他要求尼克松交出与水门事件有关的证据。20日晚，尼克松命令司法部长理查德森罢免考克斯的职务，但理查德森却没有执行总统的命令，而是选择了辞职。之后拉克尔·肖斯接任了司法部长一职，但也因拒绝罢免特别检察官而辞职。最后，司法部的三号人物博克成为司法部代理部长后，博克犹豫再三才勉强答应。与此同时，尼克松动员美国联邦调查局封锁特别检察官及司法长官、次长的办公室，并废除了特别联邦检察局，把这个案子转移到司法部。对于尼克松这种滥用权力维护自己的行为，国民纷纷指责。

31日，美国众议院为弹劾尼克松做了准备，他们调查、搜集了尼克松的罪证，并于1974年6月25日，向司法委员会递交了证据。8月8日，尼克松致信国务卿基辛格宣布将于次日辞职，成为了美国历史上首位辞职的总统。

事件的经过就是这样，美国内部政治腐败黑幕因此揭开，总统被赶出白宫，但是究竟是谁把这个事件公之于众的呢？他就是向《华盛顿邮报》记者提供"水门事件"关键线索的幕后神秘核心人物——"深喉"。他被美国民众称为"最熟知的匿名者"，他的真实身份却是美国新闻史上最大的谜团。

可以说，"深喉"是一位告密者。在美国，告密者与叛徒一样是受人唾弃的，也许这正是他给自己冠上这样一个名号的原因，那么，"深喉"是谁？他究竟是一位揭露真相的英雄，还是一个扳倒总统的小人呢？

有人认为，"深喉"就是在水门事件中被称为"皮包人"的弗雷德·拉吕。当时，密闯水门大厦行动的谋划地是在尼克松总统在佛罗里达的度假地，而拉吕就在其中。但拉吕却对此感到很冤枉，之后，他被指控妨碍司法公正而被判入狱四个半月。2004年7月28日，拉吕去世。至此，"深喉"其人仍然是个谜。

此后，人们又开始怀疑当年的联邦调查局执行局长帕特里克·格雷，他一度被人们怀疑为最有可能是"深喉"的人。1973年，参议院曾考虑提名格雷为联邦调查局的正式局长，但他却退出了竞争，自动提出辞职，这当然留给世人无限遐想。

人们在遐想中，各种各样的猜测纷纷出现。人们把怀疑的目光锁定在尼克松总统办公厅主任黑格、前国务卿基辛格、总统演讲稿撰写人帕特里克·布坎南乃至前总统老布什等几人身上，但都没有切实的证据。

美国当地时间 2005 年 5 月 31 日，美国联邦调查局前副局长马克·费尔特在接受《名利场》杂志记者采访时称："我就是那个被称为'深喉'的人。"这个告白太让人不可思议了，被神秘笼罩的特殊人物终于浮出了水面。那么，新的疑问产生了，当初他为什么要揭发尼克松呢？

现年 91 岁高龄的费尔特，与女儿一起居住在加利福尼亚州圣罗莎市。费尔特曾经为把这个秘密带进坟墓还是公布于众作过激烈的思想斗争。1999 年，他在身体每况愈下的时候，就曾经郑重其事地把秘密告诉自己的密友、社会活动家伊微特·拉加德。当时拉加德被震惊得说不出话来，虽然他已经向费尔特发誓说要保密，但在 2002 年，他还是忍不住将真相告诉了费尔特的女儿。

之后，费尔特以"断绝关系"作为威胁来警告女儿和儿子小马克必须保守秘密。可是，当 2005 年年初，他的身体状况越来越差的时候，他突然意识到自己应该把这个秘密公之于众了。于是，他约见了自己的律师约翰·奥康纳，向他咨询联邦调查局对"深喉"的评价，究竟人们觉得"深喉"是一个高尚的人，还是告密的小人。原来，费尔特担心一旦秘密公开，自己的声誉将会受到影响，甚至也许会受到法律制裁，咨询后他还是拿不定主意，坚持要把这个美国历史上最大的政治秘密带进棺材。不过，最终在儿女们的劝说下，他还是把这个秘密公之于众了。

弗尔特承认当时他向外界揭秘有两个原因，一是他所在的联邦调查局与白宫积怨已深；二是他本人与尼克松也有很深的矛盾。

当年，白宫和联邦调查局本就不和，"水门事件"的曝光并不是一件偶然的事情，而是多年的矛盾激化的结果。1971 年，尼克松想要通过窃听器找出泄漏军事机密的人，但是联邦调查局却不赞同他的做法，因此尼克松与联邦调查局本来就紧张的关系更加恶化。所以，尼克松转而与中央情报局合作，成立了臭名昭著的"铅管工人小组"，这个小组曾在"水门事件"中发挥了重要作用。费尔特觉得安装窃听器必须得到法律许可，所以对总统的行为不赞成，他曾经亲自去白宫与总统的助手展开了一场辩论，但是没有收到效果。1972 年 3 月，美国国际电话电报公司的一份备忘录曝光，备忘录称，向尼克松的总统连任选举班底"进贡"40 万美元就能帮自己了结一桩公案。这件事让尼克松政府陷入极为尴尬的境地，他向联邦调查局求助，要他们公布备忘录系伪造的，但是费尔特通过调查后却得出了相反的结论，联邦调查局与白宫的关系雪上加霜，费尔特的不合作将白宫不满的怒火再次点燃。

当联邦调查局开始调查"水门事件"时，白宫设置了各种各样的障碍。再加上联邦调查局的传奇掌门人胡佛老局长去世，所有的人都认为下任局长非费尔特莫属的时候，尼克松却任命副司法部长格雷继任联邦调查局掌门人。此时，费尔特深感不满。在接下来对"水门事件"的调查中，格雷成了一道主要的障碍，甚至将费尔特的调查引向了歧途。格雷把水门"暗探"的嫌疑限定在 7 个人的身上，而且还不准费尔特超出这 7 个人的范围。正是在这种状况下，费尔特以"深喉"的名义，向《华盛顿邮报》的记者透露"水门案"的重要线索。

"水门事件"让尼克松总统引咎辞职，也让费尔特将这个秘密保守了 30年，这期间费尔特一直处于自责中，他觉得"深喉"是一个不光彩的名字，我们也不知道他把这个真相公布出来是福还是祸。

疑点重重的绑架案

意大利前总理莫罗被害事件揭秘

1978 年 3 月 16 日，意大利天主教民主党的主席、前总理莫罗在凌晨 4 点半的时候就早早地起床了，因为这一天对他来说，是 30 年政治生涯中最重要、最辉煌的日子。但是，他并没有料到，正是在这样一个好日子，在他的身上却发生了一件震惊世界的绑架案。

莫罗今天之所以这么高兴，是因为前不久他刚刚顺利解决了意大利战后最大的政治危机——几个月来的无政府状态，各党派在他的调解下已经达成了协议，组成了联合政府，意大利即将结束无政府状态。今天，国会即将讨论并通过这个协议。莫罗在当时意大利的政坛，是位举足轻重的人物，他曾经五次担任总理一职，解决过不少政治危机。因此，许多党派的头面人物在之前交涉中已经向他保证，协议一定会通过。

此时，意大利已经议论纷纷，大家都说，没有莫罗，意大利早就四分五裂了。年底的总统竞选，莫罗也成了支持率最高的人物，如果这次协议通过，那么意大利的下一任总统必将是莫罗无疑。

8 点 30 分，莫罗和妻子告别，坐着轿车沿着斯特里大街向国会大厦的方向驶去。但他不知道，几名化装成航空公司雇员模样的"红色旅"成员正在他的必经之处静静地守候着，他们准备绑架莫罗。意大利的"红色旅"是 1969 年创建的，他们经常实施暗杀、绑架等恐怖活动，一直以来都是意大利政治界最严重的威胁。

　　今天行动的领导人是一个美貌的金发女郎，她的名字叫安娜，是"红色旅"的创始人之一。很快，莫罗的汽车驶进了安娜的视线中，她猛地一挥手，同行的四个人迅速打开旅行包，几支乌黑的冲锋枪出现在他们手中，莫罗的汽车受到雨点般的子弹的袭击。

　　安娜端着冲锋枪，对着汽车前排座位一阵狂扫，跟随莫罗的警官里奇和司机还来不及反应就倒下了。四名保镖有三名惨死在车中，另一名勉强逃出车外还没来得及举枪，就被一排猛烈的子弹打倒了。随即，安娜等人把坐在车后座的莫罗带到了一辆警车前，莫罗这时突然恳切地哀求安娜放他走，但安娜仍十分无情地绑架了他。

　　莫罗被绑架后，意大利举国震惊了，世界也被震惊了。整个罗马城戒严，全国也进入了备战状态。警察倾巢出动，开始了空前规模的大搜捕，第二天，政府调来 5 万军队参加了搜捕行动。但他们没有料到，莫罗根本就没有离开罗马，他就在离绑架地不远的一个停车场修理库的密室中。

　　"红色旅"向外发表公告，提出可以放人的条件，但都被意大利政府拒绝了。于是，"红色旅"发表了莫罗的亲笔信，莫罗以个人名义向政府呼吁：请与"红色旅"谈判，并释放库乔等人。库乔是"红色旅"的首领，他曾经为特伦多大学的学生领袖，在一次示威游行中，他的两位好友被警方的催泪弹炸死。之后，他为给好友报仇成立了"红色旅"。不过，1975 年，库乔被政府抓捕，3 年来，"红色旅"多次营救但都没成功，官方几次开庭审判，却没有一次能顺利进行。库乔也威胁法官："谁要继续坚持审判，那么'红色旅'必将结束谁的性命。"

这次莫罗绑架事件，就发生在对库乔审判的前一天。意大利政府确认的确为莫罗的亲笔信后，并没有答应要求，他们认为那封信是莫罗被迫写的，甚至还有可能是在药物的影响下写的。莫罗的妻子多方奔走，希望政府能与"红色旅"对话，但政府对此置之不理。她来到天主教民主党总部，声泪俱下地恳求道："为了这个党，莫罗献出了毕生的精力，你们不能见死不救！"那些领袖大多是莫罗一手提拔的，与莫罗的私人感情很深，但对于政府他们也无能为力。

莫罗在"红色旅"威胁下，他连续给意大利政府写信，当第80封信被政府拒绝后，莫罗绝望了，"红色旅"也绝望了。"红色旅"此时已经明白，以莫罗作为人质并不能要挟政府，于是制定了新的疯狂行动计划。

安娜准备利用莫罗给政府一个沉重打击。她用装有消音器的手枪对着莫罗的胸膛连发了11枪。随后，莫罗死去。5月9日，人们在罗马市中心的一辆汽车内发现了莫罗的尸体。莫罗的死讯一公布，全世界为之震动，当罗马电视台新闻广播员哽咽着宣读公告时，意大利全国哭声一片。

从以上资料来看，因为政府拒绝"红色旅"的恐怖分子所提的条件，莫罗才被杀害，也就是说，政府为了国家制度的尊严把莫罗抛弃了，而这些制度是莫罗耗费一生的精力建立起来的。因此，有人指出，莫罗表面上是"红色旅"杀害的，实质上却是被政府和天主教民主党送上了断头台。如果在绑架期间，政府采用灵活的策略来对付"红色旅"，莫罗也许不会死得那么悲惨，甚至不会死去。

不过，事情没有人们想的那么简单。意大利警方从破获的"红色旅"的几个军火库中发现了一个秘密：军火库中的所有武器弹药几乎全部由苏联制造！之后，一份确凿的证据证明，"红色旅"的许多成员都曾经在某个东欧国家接受过训练。而且，安娜等人在绑架莫罗前，曾反复进行过实战演练，演练的地点在捷克斯洛伐克！他们作为一个民间组织，哪来的经费购买军火，怎样到那里去演练的？种种可疑之处让人不得不怀疑，莫罗的被杀是不是与东欧的一些国家有关？

1987年，几盘据说是"莫罗自供状"的录像带发表后，引起了意大利政坛的震动。大多数意大利人都认为，在近两个月的被绑架生活中，莫罗对"红色旅"供出了许多政府机密，其中包括意大利两党派之间联合的秘密。当时的众议院议长皮利里证实说，莫罗自供时的确有录像。而且警方在搜查"红色旅"位于罗马的一个地下指挥所时，也发现了不少录像带。但是，原"红色旅"的一个负责人却否认录像带的存在。

莫罗的惨死看似很清晰，但实际上却是扑朔迷离，表面上只是一个简单的绑架案，但实际上却涉及意大利政府与国际上某些国家。可惜，时至今日，莫罗被害的真正原因我们仍然无从知晓。

第四章　世界文化

文字的起源

拉丁字母表是如何产生的

如果将世界上的文字字形进行大的分类，那么就只有象形文字和拼读文字两大类。纵观世界上所有的古文字，基本上都是由象形文字演化而来的。即便如此，我们不得不承认：拼读文字相比象形文字具有更多的优越性，因为它能够更好地同语言紧密结合。那么，拼读文字究竟起源于何时呢？这个问题就值得人深思了。因为拼读文字并非是从一个地区、一个民族来逐渐使用的，而是多个地区、多个民族几乎共同开始了拼读文字的时代。不仅如此，他们还使用了几乎一样的拼读字母，这就给后世众多学者进行研究判断造成了困难。

英国人说过，中国古代科学技术上的火药、指南针和印刷术这三大重要发明在传入欧洲以后，为世界地理的新发现和之后的产业革命，作出了重要的贡献，从而促进了整个人类历史的发展。同样，我们也认为，就如同中国的三大重要发明一样，拉丁字母表是罗马文明为世界文化作出的巨大贡献。因为拉丁字母表的发明，罗马人不但将拉丁语和拉丁文化普及到当时多民族的整个意大利地区，还促进了之后整个罗马帝国境内的各个民族和罗马文化的发展。

在进入中世纪以后，由拉丁字母表发展而来的有意大利语、西班牙语、法语和罗马尼亚语等罗曼语族的各个国家的语言，还有英语、德语等日耳曼语族的某些语言以及波兰、捷克、克罗地亚等斯拉夫语族的天主教各国的语言。正是因为拉丁字母表比其他语言文字的字母表拥有更多的优越性，所以我国如今所使用的拼音字母表才会参考借用拉丁字母。不仅如此，很多医学以及生物学的科学专用术语也都是采用拉丁字母进行表示。

但是，拉丁文却不是古代最早出现的文字，拉丁字母表同样也并非世界上最早出现的字母表。即便如此，拉丁字母表的产生也脱离不了东方文化的孕育。

世人皆知，世界上最古老的六种文字就是：中国的甲骨文；中美、墨西哥的玛雅文字；克里特线形文字；印度的哈拉巴文字；西亚的楔形文字和埃及的象形文字。可是这些文字都不是字母文字，因为字母文字的出现时间应该是比较晚的。

按照古希腊人和罗马人的推测，字母表的首创者很有可能是以下五个民族：腓尼基人、埃及人、亚述人、克里特人和希伯莱人。由此可见，最早出现的文字和字母表大部分都是来源于东方。虽然在古代，各大文明地区之间都比较闭塞，可是也不会绝对是"东方就是东方、西方就是西方，相互之间没有任何的往来"。拉丁字母表的产生就是最有力的证据。

根据威廉·库里坎的研究，最早出现字母系统的是叙利亚海岸的古代乌加里特。其中乌加里特字母表确定年份为公元前1400年左右，所使用的也是30个楔形符号。而最早的线性字母表却是腓尼基字母表。这种字母表最初出现在比布罗斯的阿希拉姆国王的石棺上面。虽然这种字母的定年说法不一，有公元前 13 世纪、公元前 11 世纪、公元前 10 世纪或者约公元前 975 年等说法，但是其中约公元前 975 年这种说法最为后世学者所认同。以此类推，大约公元前 1200 年，就已经产生了 22 个字母的腓尼基字母表。

到公元前 9 世纪中期，希腊人就从居住在希腊各个地方的希腊商人那里学会了腓尼基字母。其中在克诺索斯的一个克里特几何形墓中发现了公元前 900 年的腓尼基铭文。这就可以证明，那个时候的腓尼基人和爱琴海地区的希腊人已经在文化上进行相互交流了。希腊字母表是来源于腓尼基字母表，并且希腊字母本身又是由东部和西部两个变体共同组成，其中东部变体的爱奥尼亚字母就在希腊、小亚细亚及邻近岛屿通行。雅典所用的就是爱奥尼亚字母。直到公元前 4 世纪中期，爱奥尼亚字母逐渐取代其他的字母，从而成为了 24 个字母的古典希腊字母表。

一直以来，有关拉丁字母表的产生都是争议不断，但经过总结大致可分为以下两种说法：

第一种说法认为，在希腊字母的各个分支当中有两个最大的分支：一个就是西里尔字母，是 9 世纪时期圣西里尔 (约 826~869) 和圣美多迪乌 (约 815~885) 按照安色尔体希腊文创造而来的；还有一个就是埃特鲁斯坎字母，诞生于公元前 9 世纪或公元前 8 世纪初，应用于意大利中部的托斯卡纳，但是很多留传下来的铭文几乎都没有被破译通读。之后，西里尔字母演变成为俄语、乌克兰语、保加利亚语和白俄罗斯语等多个民族的语言文字，埃特鲁斯坎字母表也演变发展成拉丁字母表。

最初的时候，罗马人只是从 26 个字母的埃特鲁斯坎字母表中借用了 21 个字母。到了公元前 1 世纪的时候，随着罗马帝国对希腊的征服，另外两个字母 Y、Z 也被应用到了拉丁字母表中。其中 J、V 两个字母是在中世纪的时候被创造出来的，在这之前，日常的书写都是用 I、U 这两个字母来代替的。

直到最后，又从罗曼语中新增了一个字母 W，从而才形成了最终的 26 个字母的拉丁字母表。根据这种说法，古典的拉丁字母表应该是来源于埃特鲁斯坎字母表，其中又间接地受到了希腊字母表的影响。

第二种说法认为：最早的拉丁字母表只有 20 个字母，没有 J、O、U、W、Y、Z，并且是直接采用了坎帕尼亚的库迈城的希腊字母表。其中，库迈城是希腊优卑亚岛卡尔奇斯城的殖民地。之所以会有拉丁字母表是起源于坎帕尼亚的库迈城的希腊字母表这种说法，完全是因为一些拉丁字母的古老形式和库迈字母表相对应的字母形式极为相似所推论出来的。

因此就目前来看，这两种有关拉丁字母表起源的说法都有一定依据，因此很难推断哪种说法才是正确的。但是，有关埃特鲁斯坎文字的释读却会给人们带来全新的认识和了解。

知识的载体

寻找图书的发明者

图书，是书籍、期刊、画册、图片等出版物的总称。在电子产品出现以前，人类的思想和知识就是依靠图书这种载体来进行记录及传播的。由此可见，图书是人类文化不可或缺的重要组成部分。

图书是文字的载体，所以要想有图书，就一定要先有文字。因此，众多的专家们对世界上各个主要古民族的图书源流都进行了全面的考察，罗列起来，可以说是非常地可观。但是，如果要从时间上来排列先后的话，就极为困难了。

图书是人类获取知识、承载精神文明的瑰宝。然而，这个瑰宝的发明者究竟是谁？一直以来都是争议不断。

第一，泥板书的出现。古代两河流域是人类文明的最早发源地之一。1889~1900年，美国的考古学家曾经在伊拉克境内尼普尔的一个寺庙废墟附近发掘出了大量的泥板书，内容就有关于神庙的记载、献给巴比伦国王的赞美歌、祈祷文及苏美尔人的神话，等等。除此之外，根据古代埃及的众多皇宫以及寺庙的废墟中发掘出来的许多历史遗迹和文物来推测，在古代埃及曾经有过大量的泥板图书。这种泥板图书就是通过木棒在泥板上刻写，然后放在火上烧制出来的。

相传在一个名叫尼尼微的地方，曾经发现了亚述巴尼布王的一个图书馆。这个图书馆里面全都是陶土烧制而成的书，总共有三万块字板。并且每一种书都是散开的，只有通过对照每块陶字板上面刻录的书名和号数，才可以完整地阅读这些书。其中有的还是泥字板，也有的是砖刻，但是年代大约都是在公元前650年以前。根据记载，这种书都是一些比较平的或者是稍微有凸起的泥板，板面的尺寸大约是20×30厘米，是通过削尖的木杆在泥版上写好字之后，放在火里烧制出来的。曾经有过一篇报道说，伊拉克的考古学家从巴比伦古城希帕尔发掘出来的萨马斯神庙里发现了一座世界上最为古老的图书馆，"在图书馆的石头架子上面，存放有大约上千块的楔形文字泥板，这些泥板书大致分为宗教、经文、地理记述和语法等几个部分的内容。"之后，在经过专家们的鉴定以后，认为这座图书馆里面保存下来的部分楔形文字泥板是源于公元前11世纪。根据历史资料的记载，希帕尔市建于公元前2000年。

第二，蜡板书的出现。有关蜡板书的出现，有人说是在希腊荷马之前，但可以确定的是，蜡板书是由罗马人发明创造出来的，并且一直应用到19世纪初期。根据记载，蜡书先是用黄杨木和其他木材制作成小木板，在木板的中心位置挖出一个长方形的槽，用来盛放黄色或者是黑色的蜡。然后在内侧的上下两角（相当于如今图书的订口位置）凿出小孔，用绳子穿过小孔，将许多木板整个儿串连起来，也就成了一本书。但是，最前面和最后面的两块木板上面不会涂上蜡，这样做是为了保护里面的蜡书不被磨坏，最早的书籍封面形式大致就是如此。

一般蜡板的书写工具是用金属做成的针，但是也有的是用象牙或骨头制作而成的。这种针通常一端是尖的，用来在蜡板上面书写；另外一端是圆的，是用来修改蜡板上面写错的字，和现在的橡皮有着相同的功能。蜡板的底板除了常见的木制以外，也会采用金属或者象牙制作。这种图书的模板显然已经是非常精致的了。

不仅如此，蜡板还能反复地进行使用，通常应用于通信或者记事。但是在蜡板上面书写的字迹很容易受到磨损而变得模糊不清，并且由于使用材料和书写工具的原因，很难在上面工整地进行书写，所以，大部分的蜡板都是草书。因而，古代的蜡板内容都很难辨认清楚。

蜡板的使用人群也非常广泛，很多的学生、僧侣、诗人以及商人都会用它来记事、写诗和记账。在庞贝城就曾发现过一位银行家的家中收藏有蜡板书，可是令人遗憾的是，庞贝城早在 2000 年前的一次火山喷发中消失了。

第三，纸草书的出现。纸草是古代埃及的主要书写材料。公元前 28 世纪，埃及就已经出现了纸草古写卷。

纸草并不是我们现在所说的纸张，而是生长在尼罗河沼泽地上面的一种芦苇，通常芦苇的茎高都是在五六尺左右，但是也有的比人还要高上许多。纸草制作纸并不等同于之后的纤维制作纸，而是用针将纸草的茎部破成越宽越好的薄片，竖着平铺放好，然后再横着平铺上一层，这样相互交错地放好之后，再用尼罗河的河水将它们浸湿，用木槌反复地捶打，并放在太阳底下晒干，最后再用骨头、象牙或者贝壳打磨光滑平整。如此制作而成的纸，可根据不一样的质地划分成为不同的等级。其中最好的纸被称为"圣纸"，最差的就会被称为"商人纸"。

纸草书所使用的书写工具是将芦管削尖，并使它一端裂开，就如同现在的钢笔尖的裂缝一样，以便于墨水下流。而墨水通常是用比较粘稠的煤烟、水和胶混合制作而成的。如果在书写的过程中出现错误，就可以用海绵进行擦拭或者是用舌头舔掉。这种用纸草制作成的纸，质地非常地脆，无法折叠起来，只能将它们粘成长条，成为几米或者三四十米的长卷，然后卷在一根两端雕刻有棋子形状的花样装饰的木棒上面。这也就是西洋人称书为卷的来源了。截至目前，在法国巴黎国家图书馆收藏的普里斯纸草书卷，就是公认的一部约于公元前 2880 年写成的埃及最古老的书籍。

除此以外，还有用树叶和树皮作为书写材料制作而成的图书。相传在古印度，整部的图书都是采用椰树的叶子制作而成，人们将树叶的边角压平，然后切成一定的形状来进行书写。拉丁人通常用树皮的里层 Liber 来抄书，因此他们称呼图书为 Liber，之后英文中的 Library(图书馆) 和法文的 Litrairie(书店) 等就是根据这个词演化而成。

就目前来看，已经有了泥板书、蜡板书、纸草书和树皮书这几种书，但是，到底哪一种书才是图书的最早起源呢？看来要想解开这个谜，还有待于进一步的研究考证。

天灾还是人祸

亚历山大图书馆毁灭真相探究

　　亚历山大之所以会成为一座历史名城，很大一部分原因是在于它拥有一座当时世界上最庞大和最完备的图书馆。正是因为这座图书馆的存在，亚历山大才拥有了最著名的学府，成为了当时众多学者汇集的地方，从而也成为了当时世界的学术中心。

　　公元前5世纪，古希腊就已经拥有了众多的图书馆，其中就包括公共图书馆和私人图书馆。然而，古希腊时期最为雄伟壮观和最有名望的图书馆并不是建立在雅典城，而是建立在古埃及的亚历山大里亚城。当时，亚历山大里亚城拥有很多精美绝伦的建筑物：宫殿、广场、花园、庙宇以及博物馆等，其中最为著名的就是亚历山大博物馆。而这个著名的博物馆里面又建有一个当时世界上最大的图书馆：亚历山大图书馆。

　　可是，在古代硝烟四起、战火不断的年代，文化的繁荣并不能保护自身的安全，在经历多次的战争和亚历山大市统治者的变换之后，亚历山大图书馆还是未能幸免于难，最终走向了消亡。那么，导致亚历山大图书馆毁灭的罪魁祸首究竟是谁呢？这个问题的答案至今都尚未解开。

亚历山大图书馆是根据古希腊的帝王亚历山大的名字命名的。相传，亚历山大大帝自幼就热爱并且熟知古希腊的文化，他的老师就是古希腊最为著名的学者亚里士多德。亚历山大十分喜欢阅读和收藏书籍，甚至在征战的途中也会带着大量的书籍，然后抽时间阅读。他还曾经计划建造一个巨大的图书馆，但遗憾的是，没等这个计划实现，亚历山大便因病去世了。后来，亚历山大的继承者托勒密一世索特（前367~前282）开始实行了这个宏伟的计划。

虽然托勒密一世是一位专制蛮横的君主，但是他十分喜欢结交一些文人学者，也因此招揽了众多的著名学者来到了亚历山大里亚城。其中就有一位名叫德米特利乌斯的学者，他是希腊的演说家、历史学家和诗人，他在公元前307年来到了亚历山大里亚城，不久就成为了托勒密一世最为宠信的大臣。之后没多久，德米特利乌斯就十分热心诚恳地向托勒密一世提议：为了体现王朝的繁荣昌盛，从而名垂千古，最好在亚历山大里亚城建立一座庞大的图书馆和博物馆。托勒密一世不假思索便同意了这个提议。随后在德米特利乌斯的协助下，公元前297年（一说公元前290年)，托勒密一世就在亚历山大里亚城布鲁丘姆建立起一座极为雄伟壮观的大厦，这座大厦集博物馆、图书馆和学院的功能于一体。

到了托勒密二世的时候，又紧接着在亚历山大里亚城西南隅的萨拉匹斯神庙中新增了一个分馆。这个分馆的规模相对较小，据称里面藏有的图书大约有四万卷，被人称为是"子馆"，虽然它不如主馆的藏书丰富多彩，但是对外却比较开放，允许一些普通的市民和学生进行使用。因此，亚历山大图书馆成为了托勒密二世统治时期最为重要的代表建筑。亚历山大图书馆以丰富的藏书著名，但是里面究竟藏有多少图书，至今都无从知晓。有人说里面收藏的草纸和皮纸卷轴大约有十万，也有人说大约有二十万，还有人说大约有五十万，甚至有人说大约有七十万或者一百多万卷。

亚历山大图书馆是当时世界上规模最为庞大的图书馆，在之后长达两百多年的时间里，它作为古希腊文化的中心，对古代世界文化的保存和交流起到了极为重要的作用。但是，令人十分痛惜的是，亚历山大图书馆最终还是被毁灭了。那么，这座举世闻名的图书馆究竟是如何毁灭的呢？关于这个疑问，历史上没有任何可靠的文字记载，所以也就成为了一个难以破解的千古之谜，也因此引发了众多学者们的猜测和争议。经过总结，大致可归结为以下几种说法。

第一种说法：公元前 47 年，罗马统帅凯撒亲自率领军队远赴埃及征战，当时，凯撒的军队在经过亚历山大里亚城的时候，企图掠夺走亚历山大图书馆中的藏书。于是，亚历山大里亚城中的市民们为了阻止图书被运走，就放火烧毁了港口停留的船只，但是没想到船上的大火迅速蔓延到了整个市区和图书馆，导致亚历山大图书馆也被烧毁了一部分。根据古代历史学家狄奥·卡西乌斯的记载，公元前 41 年，罗马统帅马可·安东尼为了弥补凯撒军队对亚历山大图书馆的毁坏，就从小亚细亚的另外一座著名的图书馆——帕加马图书馆中把大约二十万卷的图书送给了当时以美貌著称的古埃及女王克娄巴特拉七世。

第二种说法：公元后，亚历山大图书馆的影响已经大不如前，里面收藏的图书有一部分就被搬运到了罗马的图书馆。

第三种说法：古埃及女王克娄巴特拉七世为了取悦于凯撒大帝，曾经用亚历山大图书馆的藏书换取了小亚细亚西北部古城帕加马的图书馆。

从上面几种说法我们可以看出，亚历山大图书馆被烧毁的各种说法之间存在很大差异，但这里面也同样存在一些共同点，那就是：第一，亚历山大图书馆是因为外族入侵被毁灭的；第二，毁灭的方式几乎都是火烧；第三，被毁坏的原因也大都与宗教有关；第四，图书被毁坏并不是在短时间之内完成的，而是遭受了多次的抢夺和破坏，它经历了一个漫长的过程。

不可否认，在很长的一段时间里，亚历山大图书馆都被认为是世界上最著名的奇迹之一，它的毁灭是人类文明的一个不可弥补的巨大损失。

千年不坏的古书
罗马羊皮纸典籍保存和流传之谜

古希腊和古罗马是世界文化的发源地。在长达 10 多个世纪的悠久岁月里，希腊和罗马先后孕育出很多的文化名人。他们创作出很多举世闻名的著作，为后人留下了极为宝贵的精神财富。每当我们阅读这些流传下来的历史巨著时，都会在心中反复出现一个疑问，那些几千年前写成的文字到底是如何保存并流传下来的呢？

追溯到古希腊罗马时代，那时候还没有发明纸张和印刷术。通常人们在写字的时候，都是用羽毛或者芦苇管作笔，蘸着墨水在羊皮纸上面进行书写，然后再逐一装订成册子。如果人们想要得到一本书，唯一的办法就是通过手工抄写。当时很多贵族们的家中，都有专门负责抄书的奴隶，也正是因此，远古的书籍才得以广泛流传。然而，在公元476年西罗马帝国灭亡以后，情形就开始发生了很大的改变。

最初的时候，取代罗马人进行统治的是被称为"蛮族"的日耳曼人。日耳曼人大都是一些不识字的武夫，根本不知道羊皮纸典籍所蕴含的巨大价值，所以他们肆意地损毁。由于战争连年不断，很多宝贵的书籍都遭到了焚毁或者损坏。等到社会逐渐稳定下来以后，整个欧洲势力最为庞大的基督教会为了掌控民众和排斥异己，就对古希腊罗马的典籍进行了一场大规模有组织的焚毁行动。

除此以外，教会中的人员和神学家们还把大量的羊皮纸书籍的原文给销毁掉，然后再在上面书写一些有关基督教的东西。如此一来，又毁掉了大量的古典书籍，还造成了部分古典书籍的内容混乱。另外，很多羊皮纸书籍都是常年存储在禁室当中，因而里面灰尘散落、蛛网遍结、虫蛀腐烂。从6世纪到10世纪欧洲进入黑暗时代，古希腊罗马长期以来积累起来的书籍宝库，就遭受了无数次的掠夺、焚毁、虫蛀和腐烂，所造成的损失是难以计算的。

即便如此，还是有不少的古希腊罗马羊皮纸典籍得以保存并流传开来，从而成为了当今世界文化宝库中一笔非常珍贵的财富。那么，这些珍贵的古典书籍在当时的环境之下又是如何得以保存的呢？经过总结，大致分为以下几种说法。

第一种说法认为，虽然基督教会是焚毁古希腊、罗马古典书籍的元凶，但是后来在保存这些古典书籍方面，还是作出了一定的贡献。这里面功劳最大的就是修道院里面的抄录修士。在公元6世纪的黑暗时期，东哥特王的宠臣、罗马贵族后人加斯奥多勒斯在自己创建的修道院里面专门开设了一个誊写室，里面的人专门负责抄写古典书籍作品。根据圣本笃修会的创始人本尼狄克所颁布的会规规定，抄录书籍是修士们每日必做的功课，并且还说只有通过日夜不停地抄写，才会得到上帝的宽恕。自此以后，抄录制度就迅速在西欧各个修道院中普及开来。不仅抄写的书籍数量巨大，而且质量也是非常不错，整个稿本字迹工整，装订也非常地精美。不仅修道院中普遍抄书藏书，甚至连教皇也收集了大量的古典书籍。

罗马的教廷图书馆创建于公元 4 世纪，但是 13 世纪的动乱使图书馆中的藏书损毁了大半。15 世纪时，教廷又在梵蒂冈重新建立了大型的图书馆，这座图书馆直到今天仍是古希腊罗马手稿的重要收藏地。但是，教会的人们为什么会如此重视抄写和收集一些异教的典籍——古希腊罗马的古典书籍呢？后人对此也是争议不断，莫衷一是。

第一种看法认为，古希腊罗马的古典书籍里面有基督教可以吸取利用的东西。如果吸取利用这些东西，将会让基督教的思想更具有力量。不仅如此，他们举例加以证明：托马斯·阿奎那就是在吸收了亚里士多德的思想以后才成为了经院哲学的集大成者。除此以外，托勒密的天文学地心说也被教会用来证明上帝是创造和主宰一切的神明。

第二种看法认为，基督教内部经常会产生意见分歧。这些人热衷于古希腊罗马古典书籍的收集、整理和阅读，以此来创立自己的学说。

第三种看法认为，10 世纪以后，伴随着欧洲工商业城市的逐渐发展，人们对古典医学、数学、天文学、地理学、生物学以及工艺学知识的需求日益增长，教会作为当时的知识统治阶层，不可能视若无睹。

上述几种说法，究竟哪一种说法才更接近真相呢？这就要看每个人自己的判断了。

通过修道院里面修士们的抄录和教会收集所保留下来的古典书籍数量确实很多。有人认为，修士们将 6 世纪以来能够看到的羊皮纸古典书籍都抄录了下来，并且他们认为保存到今天的古希腊罗马古典书籍几乎都是经过他们的抄录才得以流传的。对于这种说法，很多学者都提出了异议。原因有以下几点：

第一，很多古希腊罗马的古典书籍早在日耳曼人占领罗马城之前就已经毁坏或者流落到别的国家去了。

第二，古希腊罗马有些古典书籍，由于犯了禁忌并没有被抄录，或者在抄录之后又被刮掉销毁。

第三，不少古典书籍在被抄写完成以后又流失了。

第四，由于羊皮纸来之不易，也有人将收藏的古希腊罗马古典书籍上面的文字给刮掉，然后抄写教会的书籍。

那么，除了教会以外，是不是还有其他保存羊皮纸典籍的人呢？

第二种说法认为，后世有的学者将保存古希腊罗马羊皮纸典籍的功劳归结于阿拉伯人。自从公元 7 世纪以来，阿拉伯人在长达几个世纪的领土扩张过程当中，占领了地中海沿岸的大片原属古希腊罗马统治的区域，从而直接获取了许多宝贵的古希腊罗马古典书籍。不仅如此，阿拉伯的统治者还推行开明的文化政策，大量搜集各国文化书籍，甚至不惜动用军队去掠夺。

公元 9 世纪时期，哈里发马蒙在巴格达修建了宏伟壮观的图书馆，并且还将四处搜集到的古典书籍翻译成阿拉伯文字。这些书籍在 12 世纪以后又逐渐流回到欧洲并被翻译成了拉丁文。当时翻译书籍的中心主要是刚刚赶走阿拉伯人的西班牙的托利多，其次就是接近阿拉伯地区的西西里。一时之间，阿拉伯人的书籍作品在各地迅速地流传开来。有人曾专门做过这项统计，认为阿拉伯人所收集保存的古希腊罗马古典书籍的数量要比欧洲修道院中所保存的古典书籍还要多，特别是医学和自然科学方面的著作。有些被翻译为阿拉伯文的古典书籍后来都被陆续地翻译回拉丁文，从而在整个欧洲流行开来。

第三种说法认为，拜占庭才是古希腊罗马古典书籍的最大保存者。在西欧处于黑暗时期，大量的羊皮纸典籍都遭到损毁，只有拜占庭收藏、保存了大量的古典书籍。当时的拜占庭统治者君士坦丁七世极力提倡学术和艺术。拜占庭的藏书虽然在 1204 年和 1453 年遭到了十字军和土耳其的两次劫掠，但是当时整个西欧的黑暗时期已经成为了过去，拜占庭流失出去的古典书籍也陆续流回了欧洲地区。因此，后世有学者将拜占庭称之为古希腊罗马古典书籍的最大保存者。不仅如此，他们还认为如果不是拜占庭进行收藏的话，那么，如今的人们是无法一睹荷马、柏拉图、索福克勒斯甚至亚里士多德的辉煌著作的。

就目前来看，上述的种种说法都有一定依据，但是仍然无法确定谁对保存古籍起了主要作用。现今收藏的古希腊罗马古典书籍到底是如何保存并流传下来的呢？要想解开这个千古之谜，还有待后人的进一步考证。

非洲的秘密

"阿非利加"一词从哪儿来？

非洲位于亚洲的西南面，约占世界陆地总面积的 20.2%，是仅次于亚洲的世界第二大洲，并被大多数人类学家认为是人类的诞生地。由于非洲长期处于西方殖民者的掠夺和奴役之下，所以就更加贫困和落后。除此以外，非洲历史还有许多没被人搞清楚的地方，甚至连非洲为什么会被称为"阿非利加"，这个称呼又是从什么时候开始的，如此简单的问题，也被后世众多学者猜测和争议不断。

大约相当于三个欧洲的面积，并且是仅次于亚洲的世界第二大洲——非洲，被很多人认为是人类始祖的发源地。非洲除了苏伊士海峡和亚洲紧密相连以外，其余四周都被海岸和山脉紧紧围绕。非洲有众多穿过整个山脉的、气势磅礴的河流；非洲东部还有世界上最大的裂谷带，绵延千里；北部又是世界上最大的撒哈拉大沙漠；中部有常年虎豹豺狼出没的拥有着"绿色沙漠"之称的赤道森林；南部有卡里哈里大沙漠；遍布湖泊和火山、辽阔的沼泽地等天然地理条件，让远古时候的非洲在交通方面极为艰难，从而也就造成了非洲的与世隔绝以及非洲内部之间的相互阻隔。再加上一直以来匮乏的历史资料来源、殖民者的掠夺伪造、扭曲以及篡改，让非洲的大部分区域都一直处于昏暗和阴霾之下。

自从 15 世纪新航路开辟以后，随着西方殖民者对非洲的侵略和充满着残酷血腥的奴隶贸易，西方人对非洲地区的了解也日渐增长。然而，直到 18 世纪时，殖民者们对非洲的侵略活动仍然仅限于沿海一带。在很多的欧洲人眼里，非洲依然只是"一条海岸线"，只是"狮子出没的地方"。整个世界对于非洲的认识，也还仅仅停留在古希腊、罗马以及中世纪阿拉伯学者的水平上。

到了 18 世纪后期以及 19 世纪初期的时候，欧洲和北美的一些资本主义国家开始进入自由竞争的时期。伴随着资本主义的快速发展，对销售商品的市场和工业原料的供应基地的要求扩大，这就促使了西方列强开始对非洲的中心地带进行全面的探索和入侵活动。几百年以来，伴随着一拨又一拨的各国旅行家、探险家、传教士、殖民者和众多学者们的脚步，数以万计的非洲历史研究人员的辛勤努力，远古非洲的悠久历史文化也开始愈来愈多地呈现在世界眼前。可是，直至今日，非洲历史的很多方面和领域也依然环绕着一股神秘的气息，其中"阿非利加"这个词语的来源就是一个难以解开的千古之谜。

阿非利加 (Africa) 是英文中对非洲一词的音译。有关"阿非利加"这个词语的来历和其所蕴含的意思，一直以来都是古今中外众多学者猜测和争议的焦点。

很多人认为"阿非利加"这个词最早出现在古罗马人的著作里面，它代替了原本是希腊或者埃及文的"利比亚" (Libya)。"利比亚"这个词语在《圣经·创世纪》中被认为是利布人或者利宾斯人的领土。

"阿非利加"最初指的是北非沿海一带的领域，自从公元前 1 世纪末开始，"阿非利加"就被认为是对整个非洲大陆的称呼。然而也有不少人认为，早在古罗马时期，"阿非利加"很有可能是称呼突尼斯南部一个名叫"阿非利克" (Afarik) 的一个柏柏人部落。在古罗马消灭了迦太基以后，曾经在这个区域创建了一个"阿非利加省"。15 世纪初期，伴随着欧洲人到达非洲，"阿非利加"这个词语才逐渐被用来泛指整个非洲大陆地区。

除了上述的看法以外，后世的众多学者还提出了以下几种看法：

第一，"阿非利加"这个词来源于两个腓尼基词语，其中一个词语的意思就是玉米棒子，这是为了体现这个地区的富饶；而另外一个词语的意思就是水果之乡。

第二，"阿非利加"这个词语也有可能是出自拉丁语的一个形容词"阿卜利加" (Aprica)，也就是阳光明媚的意思。

第三，出自古希腊语"阿卜利克" (Aprice)，就是没有寒冷的意思。

第四，出自腓尼基语"法拉卡" (Faraqa) 这个词根，意思就是分离或者分散。

第五，但是值得人们注意的是，在一些非洲的语言里面，例如班巴拉语，也同样可以找到这个词的词根。

第六，再有一种可能就是出自梵语和印度语。在梵语和印度语中，词根阿帕拉 (Apara) 或者阿非利加 (Africa) 所表示的意思就是在地理上位于某个地方的后面，也就是西方的意思。所以，"阿非利加"这个词的意思可能指的就是"西方的大陆"。

第七，根据利奥·阿弗里卡纳斯 (Leo Africanus) 进述的一个历史故事，一位名叫阿非利克斯的也门人的统治者在公元前 2000 年的时候曾经侵略过北非，并创建了一个名叫阿非利基亚 (Afrikyah) 的城市。除此之外，还有一种可能就是阿拉伯语里面的伊非利基亚 (Ifrigiya) 是阿非利加 (Africa) 这个词的阿拉伯语的音译。

第八，"阿非利加"这个词语来自于阿弗尔 (Afer)；阿弗尔是亚伯拉罕的一个孙子，是海格立斯的终身伴侣。

由此可见，因为非洲很多地区、民族的文字形成时间都非常晚，所以有关非洲古代史的很多问题也只能依靠极少的考古发现和民间传说来进行研究和推测。因而，有关"阿非利加"这个词语的来历和其所蕴含的意思至今也还是一待解之谜。

圣火仪式的秘密

奥运会"圣火"传递中的疑团

在近代的每届奥运会开幕式之前，都会举行一场隆重而壮观的奥运火炬接力仪式。在古希腊的奥林匹亚，有一个宙斯神庙祭坛，按照规定，奥运会的主办国在规定时间要派遣优秀运动员前往宙斯神庙祭坛，用古希腊点燃圣火的方式，由希腊长老用凸透镜收集太阳的光热点燃橄榄枝，然后在身着古装的希腊少女簇拥下，将火炬递给第一位运动员。然后，再由成千上万的人们组成的火炬接力队逐段传递进入运动场。

第 21 届奥运会的"圣火"传递办法有所不同。"圣火"在奥林匹亚宙斯神庙的祭坛点燃火炬后，运动员持火炬跑步传到雅典。在雅典，这一次运用现代技术将火炬上的火转化成"电子包裹"，然后利用卫星传送到加拿大首都。再通过激光，重新点燃圣火，继续以接力跑步方式将"圣火"传递进入会场。

2008 年北京奥运会的"圣火"传递历经海外的 19 个城市，而且还首次将火炬传递到珠穆朗玛峰，最后传抵北京国家运动场。

这时，你也许会问了，这么隆重的奥运会"圣火"传递仪式是由什么时候开始的呢？其实，对于"圣火"传递仪式的起始时间还没有定论，主要有以下三种说法：

第一，奥运会"圣火"传递仪式始于1896年在雅典举行的第一届奥运会。

1983年7月份，上海教育出版社编印的《国外体育漫话》中《奥运会圣火的传说》一文如是说："近代奥运会上出现的火炬是1896年在希腊雅典举行的第一届奥运会上，各国选手为了祝贺奥运会的复活，在开幕式上高举火炬进入赛场，祝愿奥运会光明、永存。"

第二，奥运会"圣火"传递仪式始于约50年前的第11届奥运会。

1984年7月份浙江科普创作协会主编的《科学24小时》杂志（总第26期）载录的静亚的《奥林匹克"圣火"的来历》一文中，这样说道："奥林匹克运动会上熊熊燃烧的'圣火'，始于……第十一届奥运会……l936年7月20日，在奥林匹亚赫拉神殿前，希腊少女们身着节日盛装，用凸镜聚集日光引燃第一只火炬。运动员高举火炬经过雅典之后，又横跨南欧和中欧的七个国家，于八月一日第十一届奥运会开幕式前，由一名运动员跑进会场，点燃火炬台上的火炬。"

第三，奥运会"圣火"传递仪式始于古希腊与古罗马。

在古希腊神话中，有一个关于火的传说。据说，在遥远的太古时代，众神之王宙斯为了统治大地，故意不降火给人类，世间的百姓一到夜晚，就只能在黑暗和寒冷中度过。可是，有一个叫普罗米修斯的少年却很勇敢，他敢于违背宙斯的意志，趁太阳车驶过高加索山顶时，用树枝伸到太阳车的火焰中，为人类引来了火种。从此，世间就有了火。黑暗与寒冷消失了，取而代之的是光明与温暖。可是，普罗米修斯却遭到宙斯的惩罚，被吊锁在悬崖绝壁上，任凭烈日暴晒，风雨侵袭，鸷鹰啄食肝脏，受尽折磨和煎熬，但他从不屈服，也不后悔，为了能使人类得到光明和幸福，他甘愿受苦。

为了讴歌普罗米修斯，讴歌火种，古希腊人便将火奉为神明。家家都有祭台，祭台中时时刻刻都燃着圣火，人们每天还要向它祭祀祈祷。圣火不能熄灭，一旦熄灭，就被认为是不祥之兆。

在古罗马，每个家族也都有自己的圣火。每年的三月初一，每家每户都要熄灭家中祭台上的圣火，重新点燃新的圣火。点燃新圣火是件"大事"，不准去别人家接火种，也不准用铁器击石取火，而只准用聚光镜聚集日光的光热点燃树枝。

有人说，今天奥运会上点燃"圣火"的惯例可能就是来源于此。

由此来看，奥运会上那盛大而壮观的"圣火"，如果追本溯源的话，也许可以追溯到遥远的古代。

寻求刺激的娱乐

古罗马为什么风行"角斗"？

在古罗马长达千余年的历史上，曾出现过一项血腥至极的娱乐活动，而且它延续了上千年之久，这就是"角斗"。最初的角斗是人与人之间的拳斗，后来逐渐发展成为人与老虎、狮子等猛兽的肉搏。再到后来，为了寻求更大的刺激，角斗发展为两个斗士手里拿着利剑或三叉戟、盾牌或网套，相互刺杀。为了进行这种娱乐活动，罗马人还专门建了许多雄伟壮观的角斗士竞技场。

在我们看来，古罗马人的角斗是一种极为残忍的血腥活动，但是角斗却是古罗马人生活中的重要娱乐活动，当一批批角斗士的躯体被猛兽撕裂之时，他们不但不对此感到厌恶和愤恨，反而为此大声欢呼叫好。在当时，甚至现在，角斗显然已成为罗马城的象征。曾有一位叫贝达的神父预言："几时有斗兽场，几时便有罗马；斗兽场倒塌之日，便是罗马灭亡之时。"我们从中也可看出古罗马与角斗之间的渊源关系。那么，古罗马人为什么要进行这种野蛮残忍的血腥活动呢？他们角斗的目的又是什么呢？

第一种观点是：古罗马角斗与祭祀和宗教有关。

罗马人真正的角斗活动是从邻近民族埃斯特鲁坎人那里学来的，而埃斯特鲁坎人进行角斗是为了表示对战死沙场的英雄的祭奠。故持此观点者认为，古罗马人角斗的目的也应如此，他们相信，死者可以用血来赎罪，因此便在葬礼上用杀战俘和奴隶的方式祭祀死者。但是对此观点持反对意见的人认为，古代有许多民族都有这种用奴隶来祭祀死者的迷信观点，当角斗在古罗马风行之时，它最初的宗教意义早已不复存在，所以这种说法的理由过于牵强。

第二种观点是：古罗马皇帝和贵族举办角斗比赛，是出于政治需要，而角斗产生的根本原因则是奴隶制度。奴隶制度的最突出特点就是不把奴隶、战俘、犯人当人看待，对他们大肆折磨和杀戮。奴隶制度中处于中间阶层的是破产的农民，这些人虽然是"无产"阶级，但他们却是拥有选举权的公民，手中握有选票，在政治斗争中占有举足轻重的地位，就是统治阶级也不敢无视他们的存在，甚至还要巴结他们。所以，这些全权公民仗着他手中的选票，即使破产了，也不会去劳动，并且还视劳动为耻，整天无所事事，不劳而获，是社会的寄生虫。由于角斗是古罗马人喜欢的一种娱乐方式，王公贵族为了笼络民心，争取更多全权公民的支持，于是就引诱他们，扩大角斗规模，增多比赛场数，延长比赛时间，让他们在长时间欣赏角斗的过程中日益堕落、沉沦，成为对统治者唯命是从的工具。正如亚利桑那大学教授埃里森·福特莱尔所说："竞技场奠定了一块复杂的政治基石，与其说它意味着用糖衣来掩饰强制力，还不如说是罗马统治者自身正在进行逼真的表演。竞技场上的仪式是皇帝通过直接的个人态度变化来控制的方式，以此来造就和操控大众情感的反应，重新规范地构建统治特权阶层的命令。"即：古罗马皇帝为了赢得罗马民众的支持，贵族为了光耀门第，总之是为了个人目的才煽起了角斗之风。

第三种观点是：角斗是罗马帝国统治与教育的需要。

此说认为，虽然罗马帝国内部的核心地带已经"和平"，没有了战争，但是为了培养罗马人那种勇敢善战、视死如归的作战精神，罗马人便在城市和乡镇建立起人工战场来对后方的男人、女人和孩子们进行勇敢和善战的现场教育，不仅要使男人们增强体质，也要让孩子们从小就记住被打败的后果，还锻炼了妇女们敢于牺牲的心理素质。另外，由于每次角斗比赛，总有许多战俘、奴隶被打死，相当于是在执行公开的死刑，让罗马人都看到这一残忍的行为，也是对他们有所警醒，起到一种杀一儆百的作用，意在告诉他们反叛与出卖祖国的下场。就连主张内心平静的西塞罗都说："角斗是一种良好的教育，它能培养沉着、勇敢和视死如归的精神。"由此可知，角斗对于古罗马帝国的统治所起的作用非同一般。

第四种观点是：罗马风行角斗是罗马人的传统。

此说认为，如同斯巴达人一样，古罗马也是一个好战的民族，其民族文化实则就是战争的文化。也正是因为如此，养成了罗马人残忍好战的性格。正如有些人形容罗马人那样，"罗马人天生残忍，这句话重复多少遍也不过分"，罗马人天生喜欢血腥，充满着征服欲，所以即使在"和平时期"，他们也非常渴望"流血"的战争。于是，他们大量捕获野兽，当国内的野兽数量急剧减少后，他们还从国外进口野兽，然后将野兽随意扔给犯人，让他们进行厮杀，以满足自己观看"流血"的欲望。这一点从奥古斯都统治时期，将用罪犯喂养野兽作为合法的死刑中就可以看出来。

第五种观点是：角斗的风气源于罗马人对勇士的崇拜。

这种说法认为，由于罗马人对勇士有着无上的敬意，因此，在罗马人心中，战胜的角斗士是最有魅力的人物，是罗马文明中的英雄。另外，获胜的角斗士也十分讨异性的喜欢，这一点从庞贝遗址的雕刻中就可以找到此类信息："塞拉杜斯，三次获胜者，三次冠军，年轻女孩心目中的白马王子。"

角斗比赛在古罗马影响深远，在罗马皇帝君士坦丁大帝于公元 325 年下令禁止角斗比赛后，角斗比赛还是没有被彻底禁止，直到后来的皇帝们数度颁布禁止角斗的法令，残忍的角斗才在公元 6 世纪得以停止。

虽然我们至今还没有搞清楚古罗马人角斗的真正目的，但是血腥残忍的角斗比赛的确在一定程度上刺激了罗马经济的发展，这一点是不容质疑的。

窥探中国文化

日本人到唐朝"留学"目的何在

"留学"这个词对于今天的我们来说并不陌生，它指的是一个人去母国之外的其他国家接受各种教育，时间可长可短，而这个人就被称为"留学生"。

"留学生"一词是由日本人创造出来的，源于我国大唐时期。当时，日本政府为了学习中国的先进文化，曾多次派遣唐使来中国学习。由于遣唐使是外交使节，不可在中国停留太长时间，于是日本政府在第二次派遣唐使来中国时，又带上了"留学生"和"还学生"。在遣唐使回日本时，与之一起回国的人就是"还学生"，而留在中国的则被称为"留学生"。后来，"留学"一词便由"留学生"发展而来。

所以，现在一提及"留学"的渊源，便会让人不由自主地想起日本人在中国大唐"留学"之事，而对于日本人留学中国的目的，一直以来，人们多以为日本是为了学习中国文化，为了促进中日文化交流。但是，事实真相果真如此吗？

公元 630 年，唐太宗李世民即位，就在这一年，以犬上御田秋为首的日本政府第一次派遣唐使来到长安。后来，从公元 630~894 年的 200 余年间，日本政府又向唐朝派出遣唐使多达 19 次之多。不过，有两次受阻未能成行，有 1 次是为了迎接前遣唐使回国，有 3 次是为护送大唐使节回国，所以，日本正式委派并真正到达唐朝都城的遣唐使的次数应是 13 次。由于中国大唐时期，经济文化发展空前鼎盛，中亚、波斯、印度、拜占廷等地的国家纷纷派遣使节和商人来到唐朝学习中国的治国经验和先进文化，占据优越地理位置的日本自然也不甘心落后，日本政府便精挑细选出一些使臣和学者来中国参观学习。

刚开始时，日本的遣唐使团（由政府使官、学习访问人员和航海工作人员组成）规模较小，通常每次只有一两艘航船，人数也仅有 120 人左右。后来，遣唐使团的规模逐渐扩大，航船增加至 4 艘，人员增至 500 余人。

日本人在中国的"留学"确实对推动日本的发展作出了巨大贡献，而且也极大地促进了中日之间的经济文化交流。从现在日本民俗风情和生活习惯，我们也可看出浓厚的中国古代文化的痕迹。

然而，随着元、明时期倭寇在我国沿海的出没，有些学者对日本人"留学"中国大唐的目的产生了怀疑。有人认为，日本对中国的野心是蓄谋已久的，他们当初来大唐不仅仅是为了进行经济文化交流和学习，更多的是为了窥探中国，或者是在窥探中国的同时，顺便学习中国的先进文化。而对于"遣唐使"和"倭寇"这两个称谓，有人说，日本本就是"寇"，只是因为当时他们的实力难以与大唐的国力相抗衡，故将"寇"转为"使"，以便冠冕堂皇地出入中国。

究竟孰真孰假？孰是孰非？这些猜测是无中生有，还是确有证据？目前我们还难以对此作出解答。

拥挤的澡堂

古罗马人为什么沉溺于沐浴？

古罗马除了风行角斗之外，在其版图日益扩大、国力强盛后，社会各阶层还兴起了一股修浴池之风。

古罗马大浴场首建于罗马首任皇帝奥古斯都（公元前27~公元14）时期，到帝政末期时，修建了阿格里帕大浴场和850个小浴场。那时的浴场虽是公共浴场，但是装修却很豪华，内有大理石柱、精美的拼花地板、穹窿天花板、喷水池等；另外，澡堂设施也是一应俱全，有热气室、热水浴池、冷水浴池、凉气室，还有娱乐场所，如游戏室、酒吧、咖啡座等，其内部的配置与现在的高档浴所差不多。

除此之外，古罗马浴场除了装修豪华、设施齐全外，其规模也大得惊人。罗马城内由名喀拉凯拉皇帝修建的浴场，方圆11公顷，可供1500多人同时洗澡。据史学家吉朋记载，当时，罗马有个卡拉卡拉大浴场，占地面积达124400平方米，可同时供2300人洗浴。罗马市中心戴欧克里兴皇帝的热浴场占地更广。

虽然浴场是拥挤的喧嚷场所，但是在当时，这种公共浴场很受罗马公民欢迎。那么，人们为何会喜欢沉湎于喧闹的大澡堂沐浴呢？

这不仅仅是因为浴场设施豪华、服务齐全，还因为罗马热浴场有国家和私人的捐助，收取的入场费很低，有些甚至是免费洗浴。无论是富人还是穷人，只要是罗马公民，都可以去浴场享受一番。除了这些原因之外，吸引人们洗浴的最重要原因则是男女可以共浴。

在当时，澡堂也是狂饮者的最佳饮酒场所。在运动室、热气室、或者热气浴池里，人们难免会备觉口干舌燥，于是，便会到澡堂的酒吧喝上几大杯酒。当酒麻醉神经后，人就会迷失本性，不是打架斗殴，就是做些淫荡苟且之事，而这些醉酒之人也会成为小偷扒手的目标，丢失财物之事在浴场也就屡见不鲜了。

总之，曾经辉煌奢华的罗马浴场就是个穷奢极欲、萎靡淫荡之地，而现在，它的繁华喧嚣早已不复存在，留下的只是一堆供人观赏和追寻罗马昔日遗风的废墟！

日本人是徐福的后人吗

日本人的祖先来源之谜

日本人是东亚日本的主要居民，并自称为大和民族。日本是位于文化边缘的一块神秘国度，和亚洲大陆最相近的地方也有一百多英里的距离。由于日本在地理和人文上的孤立，日本发展出一套独有的文化体系，并且极少受到外界的影响。然而，日本人究竟来源于哪里？学术界对此一直是众说纷纭，莫衷一是。

一直以来，由于日本的皇室被神化，有关日本早期的历史记载又是一片空白，而皇室中的史料文献记载也是极度匮乏，再加上日本的皇陵又禁止外人进入，日本天皇的"身世"之谜就成了一个众人猜测的焦点。于是，日本人的来源就呈现出各种不同的说法。

第一种说法认为，日本人的祖先来源于中国。

从古至今，众多的学者们都一致认为日本人的祖先来源于中国。根据历史记载，日本的第一位天皇就是神武天皇，于是，众多的学者从神武天皇的生平进而研究日本人的来源。在我国学者看来，日本的神武天皇其实就是先秦时期东渡的徐福。提出这个观点的主要依据有以下几个方面：

第一，徐福东渡确有其事。根据《史记·秦始皇本纪》中的记载，公元前219 年，齐人徐福等人上书，说在海中有三座名叫蓬莱、方丈、瀛洲的神山，是专门供神仙居住的地方。请求斋戒，然后和众多童男童女前去拜求神仙，于是皇帝就派给徐福数千名童男童女，让他们一同前往神山拜求仙人。除此之外，《汉书》中也有过相同的记载："徐福得平原大泽，止王不来。"《史记》和《汉书》是我国历史上两部最具有权威性的史书，并且《史记》成书的时间和徐福东渡的时候只隔上百年左右，所以可信度极高。

第二，当时整个国家都对成仙和长生不老等深信不疑，秦始皇为了能够长生不老获取仙丹而派徐福去寻找神仙是有可能的。但是也有学者对此提出了质疑，认为秦始皇派遣徐福东渡的主要目的其实是炫耀国力，从而让四海臣服。

第三，徐福东渡以后到达了哪个地方。大部分学者都认为，徐福到达的三神山指的就是日本的列岛。也有的学者认为，徐福很有可能到达了吕宋岛。还有的学者认为徐福东渡以后到达了现在的美国所管辖的岛屿等。

第四，有一部分日本人就自称是徐福的后裔。他们之所以会这样说，主要是由于在日语中，秦和羽田的发音是一样的。日本前首相羽田就说自己是徐福的后裔。日本昭和天皇的御弟三笠宫曾经说过："徐福是我们日本人的'国父'。"在日本，徐福是作为日本先民的领导者和日本文化的开拓者的形象出现的，日本人都尊称徐福为"司农神"和"司药神"，因此日本各个地方对于徐福的崇敬度远远超过中国。直到今天，日本也依然保留着包括徐福墓、徐福宫、徐福上陆纪念碑在内的许多遗址。并且在每年的秋季，日本佐贺县的人们都要向供奉在"金主神社"中的徐福敬献"初穗"。每隔五十年，都要举行一次大规模的祭奠。

对于上述这一观点，也有学者提出了质疑。他们认为徐福东渡并没有其他可靠有据的史料文献加以佐证，而且《史记》中也没有记载徐福东渡以后具体到达了哪里，所以说日本人的祖先来自中国的论证不充分，不仅如此，他们还认为即使中国的许多语言、文化、民俗在日本盛行一时，但是，由于历史上中国和日本来往较多，所以也极有可能是逃亡到日本的中国人在日本把具有中国特色的东西推行并发展下来。

第二种说法认为，日本人的祖先来源于朝鲜。

日本东京大学医学院人类遗传学教授德永胜士以基因组研究为基础，把东亚多个民族的人体 6 号染色体内的 HLA 遗传基因进行相互比较，得出的结论就是和日本人最接近的基因是朝鲜半岛居民和居住在中国的朝鲜族人民。这个研究结果说明，现在生活在日本的日本人的祖先是经由朝鲜半岛移居到这里的人们。这项研究结果表明：在日本弥生时代日本人口的形成中，从朝鲜半岛移居的祖先所占的比例最大。

除此以外，还有一个广为流传的说法也可以证明日本人的祖先是朝鲜人：明仁天皇 68 岁生日的当天曾经承认，桓武天皇的母亲是古代朝鲜百济王国一位王室中人。这个说法的依据是日本编年史，编年史上有过详细的记载："公元 781 年即位的桓武天皇的母亲就是古代朝鲜百济王国的王族中人。"

第三种说法认为，日本人的祖先来源于亚洲的游牧民族。

提出这种观点的主要依据是，考古学又为人们解开日本人的祖先之谜提供了重要的证据。从陪葬物品的考古结果来分析，早期日本天皇古墓的陪葬品都是以镜子、刀为主要的祭祀用品。而到了中期的时候，日本天皇的古墓和早期的古墓对比，陪葬物品中多了许多大陆化的贵族的生活物品，例如金饰、玉饰，等等，甚至还出现了马具。

也有一部分学者根据这个发现结合其他史料得出，5 世纪以后的日本天皇和之前的日本天皇并不属于同一个家族，目前的日本天皇家族是从北九州一带东征过来的。这些学者还提出，当时的日本是处于部落间相互纷争的时期，加上生产力相对发达，所以来自中国和朝鲜的部落首领可能在纷争中占据了有力的位置，从而最终统一了其他各部落，成为了日本的第一位天皇。由此可见，古代的日本是由诸多的部落国家和从东北亚迁徙而来的游牧民族融合演变而成的。

就目前来看，日本人到底来源于哪里，已经有了好几种观点，并且每一种观点都有一定的史料作为依据，因此无法判断到底哪一种说法是正确的。所以，有关日本人的来源问题也依然是一个尚未被解开的千古之谜。

兄妹真假难辨

谁是《呼啸山庄》的作者？

《呼啸山庄》通过叙述恩肖和林敦两家两代人的感情纠葛，向人们勾勒出了一个畸形社会扭曲了的人性及造成的种种恐怖事件。由于这部小说结构特异，构思奇妙且想象力丰富，再加之其笔法流畅而细腻，因此受到广大读者的喜爱，而且此小说还被改编为剧本多次拍成电影在世界各地上映，同样受到大批观众的青睐。

1847 年 12 月，《呼啸山庄》出版问世，当时，作者的署名是"艾莉斯·勃哀尔"，出版商是托马斯·科特雷·牛比。而关于这部书的真正作者，大多数人都认为，这部世界巨著出自于英国女作家艾米莉·勃朗特之手。另外，英国作家盖斯凯尔夫人所著《夏洛蒂·勃朗特传》一书中也提到"《呼啸山庄》系妹妹艾米莉所著"（夏洛蒂·勃朗特是《简·爱》的作者，是艾米莉的同胞姐姐）。但是，艾米莉·勃朗特在 1848 年就已经去世，出版商牛比在 1850 年 10 月决定再次出版这部小说时，却不慎将原稿丢失了。本就对《呼啸山庄》的作者有争议的人们就更坚信自己的观点了，认为《呼啸山庄》的著作权并非属于艾米莉其人。那么，到底谁是《呼啸山庄》的真正作者呢？

主张《呼啸山庄》的作者不是艾米莉·勃朗特的人是威廉·迪尔顿，他是艾米莉的已故同胞哥哥布兰韦尔·勃朗特的旧友。迪尔顿曾在英国《哈利法克斯报》上撰文，十分肯定地说《呼啸山庄》不是艾米莉的作品，而是艾米莉的哥哥布兰韦尔所著，并且还公开责难盖斯凯尔夫人。另外，迪尔顿还在文中说道，在布兰韦尔在世时，他们两人就约定好了聚会时间和地点，决定各写一出戏或一首诗来看看两人的水平究竟孰高孰低。为公平起见，他们还找了另外一位朋友做仲裁人。当布兰韦尔到约定地点后，便要拿出自己所写的一首名为《死神》的长诗为大家朗诵，但当他拿出来诗稿时，却发现自己拿错了稿子，他带的是自己正在写的一部小说的原稿。后来，布兰韦尔让迪尔顿看了这部小说的原稿。迪尔顿在文中肯定地说道："《呼啸山庄》中描写的人物和背景与布兰韦尔所写的那部小说开始部分的人物和背景一模一样。"布兰韦尔·勃朗特的另一位朋友弗朗西斯·格兰特也赞同迪尔顿的观点，他后来也在报上发表文章，称布兰韦尔在世时也曾跟他说过正在写作小说一事，而且布兰韦尔还曾多次给他念过这部小说的手稿。所以当他最早读《呼啸山庄》

这部小说时，就已经知道其中的故事情节了。因此，《呼啸山庄》的著作权应归于布兰韦尔名下。

然而，艾米莉的姐姐夏洛蒂·勃朗特及其父亲老勃朗特都一致肯定《呼啸山庄》是艾米莉创作的。老勃朗特曾说，他深知儿子布兰韦尔的文风，与《呼啸山庄》的文风截然不同，而艾米莉的文风与《呼啸山庄》的文风十分吻合。他还说，如果人们了解布兰韦尔的生平思想和写作风格，就不会将其与《呼啸山庄》联系在一起了；而假如人们多读读艾米莉创作的其他文学作品，也就不会再怀疑她是《呼啸山庄》的真正作者了。他肯定地说，《呼啸山庄》不仅不是他儿子所作，而且他儿子也从未插手过该书的构思和编写。

夏洛蒂也说，她妹妹艾米莉·勃朗特之所以在出版此书时署名"艾莉斯·勃哀尔"，用的正是她本人姓名的首个英文字母。同时，夏洛蒂还在《呼啸山庄》第二版序言中写道：《呼啸山庄》的主题构思与情节是源于艾米莉的生活体验。艾米莉幼年丧母，父亲是一位偏僻乡村的穷牧师，她幼年时曾就读于专门为穷苦牧师的子女寄读的学校，也曾与姐姐夏洛蒂一同去比利时求学，为的就是将来开办学校，摆脱穷苦的命运，只是这个愿望终究未能实现。艾米莉是个性格倔强的女孩，是个不信教、寡言少语而且具有强烈自立性格的人，就是这样的性格造就了她简洁明快的创作文风，而这一点也正是艾米莉能够创作出《呼啸山庄》必不可少的前提。相比较而言，她的几位哥哥姐姐的性格就显得过于怯懦了，所以他们，当然也包括布兰韦尔，就不会写出如《呼啸山庄》这种风格的作品。

虽然有些人对艾米莉·勃朗特的《呼啸山庄》的著作权提出了异议，但艾米莉·勃朗特的名字却已深深印在了人们的记忆中。很多人仍然愿意相信，《呼啸山庄》这部世界文学宝库中的巨作就是艾米莉·勃朗特的创作。

谜团多多的日本小说

《源氏物语》的作者究竟是谁？

《源氏物语》是日本的一部古典名著，小说描写的是平安朝时期日本的风貌与宫中的斗争，揭露了当时的人性，反映了当时妇女的低下地位和苦难生活。全书共 54 回，近百万字，故事涉及四代天皇，历时 70 余年，涉及人物多达 400 多位，成书年代大约在公元 1001 年至 1008 年间，也是世界上最早的长篇写实小说，被人们誉为世界文学长廊的经典之作。

《源氏物语》是日本小说创作的巅峰，对日本文学的发展产生过巨大的影响，至今都无人能及，可以说，这是一部让日本民族整整骄傲了十个世纪的古典著作。

然而，这部在世界上享有盛誉的日本巨著却有着诸多谜团，而且至今未解。

谜团之一：《源氏物语》作者的真实姓名叫什么？

现在，人们都说该书的作者是紫式部，日本宫廷的一个女官。其实，紫式部并不是作者的真实姓名。因为作者是 11 世纪时晶子宫的一位女官，当时有个规定：除了尊贵的公主之外，贵族妇女的名字一般是不公开的，所以作者的真实姓名就成了一个谜。作者本姓藤原，由于当时的宫中女官往往以父兄的官衔为名，而作者的兄长在朝中担任式部丞一职，因此作者在宫中时的名字就是藤原式部。那为什么现在人们都称其为紫式部呢？这主要是因为《源氏物语》中的女主人公紫姬很受人喜爱，并被世人广为流传，因此，人们便用紫姬的"紫"字当作作者的姓，这样一来，便有了"紫式部"一名。

谜团之二：作者的生平之谜。

虽然作者生前曾写有《紫式部日记》，而且至今仍保留有此日记，但是由于日记记录不是很全面，学者们数百年来通过各种途径对其生前的生活状况和生平进行了探讨，也已勾画出一个大致的轮廓，但是这些内容都还不是十分明确。学者们对紫式部的生平作出的推测大致是这样的：

紫式部出身于势力极大的藤原家族旁系的一支，在大约公元1000年，她与御林军军官藤原宣教结为夫妻，并生下一个女儿。但是，在他们结婚一两年后，藤原就去世了。从此，年轻的紫式部就开始独守空房，与女儿相依为命。据说，紫式部为了消遣时间，便在此时开始着手写《源氏物语》。后来，在父亲的帮助下，她于1005年或1006年进宫做了女官，由于她从小就读书识字，受到了良好的文化教育，所以进宫后的主要任务便是给一条天皇19岁的皇后晶子解读白居易的诗以及《日本书纪》。在此期间，紫式部仍然在不间断地撰写《源氏物语》。1011年，一条天皇驾崩，皇后晶子便与其侍女一同搬进了一座较小的宫殿。

谜团之三：日本最伟大和最早的小说出自一千多年前的日本女人之手？

有许多文学工作者对《源氏物语》的作者提出质疑：当时的妇女识字者甚少，即使是贵族妇女也没有几个能看得懂文学著作，一名宫女怎么可能执笔进行创作，而且还写出日本最伟大和最早的小说呢？相较于有关紫式部的其他谜团，这个问题很容易解释。既然紫式部可以给皇后晶子讲解白居易的诗作以及《日本书纪》，就说明她是有一定文学功底的。由于当时的日本将汉文作为标准文字，日本男人阅读、书写的内容多是汉字，但供女人使用的文字还是日文，所以用日文书写的人一般都是女人，而《源氏物语》的原本也是用日文书写的，这一点也可以充分说明此书是出于女人之手。

除此之外，《源氏物语》还有许多细节仍然是未解之谜，比如，《源氏物语》究竟创作于何时？又成书于何时？紫式部生于何时？又卒于何年何月？谜团颇多，尚待解疑。

伟大的史诗

荷马与《荷马史诗》的未解之谜

古代希腊的《荷马史诗》是《伊利亚特》和《奥德赛》这两部叙事史诗的统称，它不仅真实反映了公元前 11 世纪到公元前 9 世纪的社会历史，而且还记录了迈锡尼文明，再现了古希腊社会的图景。因此，《荷马史诗》不仅是古希腊人留给希腊人的一份重要的精神财富和文化遗产，也是世界文化的瑰宝。

一直以来，人们都认为《伊利亚特》和《奥德赛》为古希腊盲诗人荷马所作，所以后世才将二者统称为《荷马史诗》。然而，西方学术界在很久以来，就一直对这两部史诗的作者持有争议，并且还说历史上并没有荷马这个人。那么，事实的真相究竟是怎样的呢？

早在古希腊时代，著名历史学家希罗多德、哲学家柏拉图与亚里士多德都肯定荷马是两部史诗的作者，直到 18 世纪初，欧洲人仍然坚持这个观点。

关于荷马的生活年代，有些古希腊作家认为，荷马是位盲诗人，大约生活在公元前 9 至前 8 世纪之间，由于"荷马"在爱奥尼亚土语里是"盲人"之意，所以称其为"荷马"。还有些学者认为，荷马大体生活在公元前 8 至公元前 7 世纪之交，应与赫西俄德是同一年代的人；也有些学者认为荷马生于公元前 8 世纪之前，应早于赫西俄德；还有些人则说荷马生活于赫西俄德之后；甚至还有传说称，荷马生于公元前 1159 年。

虽然流传至今的荷马传记共有九部，但由于这些传记很多都有杜撰之嫌，而且还互相矛盾，所以这些传记并不具有完全的参考价值，故上述说法并不完全可信，但也不可全部否定。不过，关于荷马的生活年代，传统上倾向于公元前 9 世纪至 8 世纪之间的盲诗人之说。

关于荷马的出生地，学术界的说法也不尽相同。由于在古希腊的很多城邦都可以看到有荷马史诗中的某些词句、词组或者与荷马史诗有关联的谚语，而荷马史诗的影响甚大，所以这些城邦都争相将自己的所在地当作是荷马的故乡，他们以自己是荷马的同乡或者后人而感到自豪。一说他是雅典一带的人；还有人说荷马是希腊北部的人，也有人说他生活于希腊东部靠近小亚细亚一带……关于荷马的出生地，有十几处之多。不过，多数古代文献记载说他的生长地在爱琴海东边，或是希俄斯岛人，或是小亚细亚的斯弥尔纳人。

最先对《荷马史诗》的作者提出异议的是 18 世纪初的法国僧正多比雍和维柯。他们二人认为，荷马其人并不存在，他不过是希腊各民族神话故事说唱艺人的总代表，并非单指一个人。其依据是：《伊利亚特》与《奥德赛》这两部史诗前后相隔数百年，绝非一人的创作。这一"新观点"可谓是石破天惊，极大地震动了西方学术界，"荷马问题"骤然而起。

18 世纪末，德国学者沃尔夫通过对《荷马史诗》进行细致研究后，在《荷马史诗研究》一书中发表了自己对史诗的看法。他指出，《荷马史诗》大约形成于公元前 10 世纪，不过这时候只是口头相传，直至公元前 6 世纪（雅典僭主庇西特拉图当政时期），它才正式记录于书面。他断言，这两部史诗都有若干部分组成，每一部分都曾作为独立的诗歌由诗人们创作，后来又经过多次整理和加工，才形成了我们现在所看到的史诗。由此可见，《伊利亚特》与《奥德赛》这两部史诗并不是同一诗人所作，而是许多诗人的集体创作。

在沃尔夫发表完自己的观点后，其同胞拉赫曼更为肯定、更为明确地对沃尔夫的观点进行了阐述。拉赫曼说，所谓的《荷马史诗》是口头相传的单个的民间诗歌的汇总，他还将《伊利亚特》分成了 16 首彼此独立的诗篇（除最后两卷外），从而形成了"分解说"，也叫"短歌说"。

在"短歌说"提出不久，以德国学者尼奇为代表的学者又提出了"统一说"，他们坚持有关荷马的传统看法，认为历史上确有荷马其人，并指出荷马的生活年代在公元前 9 世纪之前。对于"短歌说"，持此观点者给予了大力抨击，他们认为，荷马史诗中的矛盾之处无伤大雅，仅凭这些小矛盾是难以证明两部史诗是由多人创作的。他们还说，这两部史诗是荷马借用了古代民间诗歌的材料，并对其进行了大量的加工整理而成。

后来，又有些学者提出了一种折中的观点。持此观点者认为，《荷马史诗》是以短篇为基础后来以这些短篇为核心逐渐整理扩充而成，这样一来，史诗在大体上是统一的，但是在扩充的过程中难免会出现一些自相矛盾的地方。如德国学者赫尔曼认为，《伊利亚特》的基本核心是有关阿基里斯的

"愤怒的文字"，《奥德赛》的基本核心则是俄底修斯渡海返乡的飘泊奇遇的故事，除了核心之外的部分都是后来逐步添加上去的。

德国学者基希霍夫等人也对上述观点表示肯定，他们认为，这两部史诗既非一人所作，也非许多各自分别创作的民间诗歌的汇编，而是由许多民间诗人在很长的历史时期，以古老的神话传说与特洛伊战争的英雄故事为原始素材，对它进行增删、修饰而成。而荷马可能就是最后对《荷马史诗》进行加工整理的诗人，所以人们才会将其看作这两部史诗的作者。这种观点提出后，在当时也引起了不小的反响，很多学者都倾向于此说法。

然而，20世纪以来，美国学者帕里又从语言学的角度，对这两部史诗中重复出现的词组、短语进行了仔细研究，他发现史诗不仅由一个个的字或词组成，还有大量固定的词组和诗句，且重复使用的诗句占史诗的1/5。他认为，如此大量的固定词组和诗句与配乐咏唱的古希腊诗歌的规律相吻合，便于在没有文字的条件下口头传诵，很显然，这不是出自一位诗人之手，而是经过漫长的时间，由世代民间歌手不断传诵、不断积累汇集而成的。帕里的发现在学术界也引起了不小的轰动。

至今，是否有荷马其人及所谓的《荷马史诗》是否为荷马所作这两个问题都尚未解决，至今仍是一个众说纷纭、争论不休的疑案。旷日持久的争论还会继续进行，不过，可以肯定的是，《荷马史诗》是世界文化史上伟大的史诗，这是永远也改变不了的事实。

情人的笑容

《我的太阳》所指的意文是什么？

　　"多么辉煌，灿烂的阳光，暴风雨过去后天空多晴朗，清新的空气令人心旷神怡，多么辉煌那灿烂的阳光！啊！你的眼睛闪烁着光芒，仿佛那太阳灿烂辉煌，眼睛闪烁着光芒，仿佛太阳灿烂辉煌……"这是意大利著名歌曲《我的太阳》中的歌词，它是意大利作曲家卡普阿 (1864~1917) 于 1898 年创作的一首声乐曲。由于这首歌具有浓郁的民族风格和优美的曲调，因此，在 1898 年举行的那波里音乐节上由意大利著名歌唱家斯泰方诺、帕瓦罗蒂和卡鲁索演唱后，一炮打响，成为 20 世纪后半叶风靡世界的民歌。在我国，《我的太阳》也是当时最流行的外国民歌之一。

　　关于这首歌，还有一则有趣的故事：1952 年，在芬兰的赫尔辛基举行的奥运会开幕式上，各国的运动员都陆续入场了，就在意大利运动员入场时，现场突然响起了《我的太阳》。不是应该奏意大利国歌吗？现场的 7 万多名观众先是一惊，然后哄堂大笑，随即又激情饱满地伴着节奏一边鼓掌，一边齐声合唱起来。这是怎么回事？原来，当时的意大利驻芬兰大使馆不知因何缘故没有向奥运会组织者提供国歌，而组织者也因为种种原因没有向其索要乐谱。就在意大利运动员入场后，乐队指挥才发现乐谱集上竟没有意大利国歌的乐谱。不过，他急中生智，马上指挥起了歌曲《我的太阳》，因此才出现了这一幕。我们由此故事中也可看出，《我的太阳》当时在世界上影响之大。

虽然这首歌风靡了半个世纪，但是对于"我的太阳"所指究竟是什么，由于卡阿普自己没有透露，所以至今都没有人知道这个问题的答案，人们只能猜测了。

一说，《我的太阳》是一首情歌。"我的太阳"指的就是卡阿普心目中的情人。此说认为，作者在这首歌中热情洋溢地倾诉了自己对心目中的太阳，也就是热恋中的情人的赞美和爱慕之情。

二说，"我的太阳"喻指情人的笑容。此说的依据是《罗密欧与朱丽叶》中的两行诗："是什么光从那边窗户透射进来？那是东方，朱丽叶就是太阳。"因此，有学者认为，卡普阿是将情人美丽多情的笑容比喻成了"太阳"，表示忠贞不渝的爱情。

三说，"我的太阳"是弟弟对哥哥的比喻。这首歌表达的是两兄弟之间的深厚感情。此说法源于一则故事：有一个家庭，只有哥哥和弟弟两个人。由于父母早亡，兄弟俩亲密无间，相依为命。为了照顾好弟弟，让弟弟吃饱穿暖，哥哥便决定外出打工挣钱。当哥哥出门远行时，弟弟来为哥哥送行。为了表达对哥哥的感激之情，弟弟便唱了这首歌，将哥哥比作自己心目中的太阳。

还有一种说法也与兄弟感情有关。此说也源于一个传说：相亲相爱的两兄弟长大后，同时爱上了一位美丽温柔的姑娘。不过，这兄弟俩并没有像其他人一样，为了争夺美人而斗得头破血流，甚至都没有为此而争风吃醋，因为哥哥做出了让步和牺牲，他决定出门远行，将心目中的太阳，也就是自己的爱人留给弟弟。弟弟在为哥哥送行时，含泪唱了这首歌，把亲爱的哥哥和钟爱的情人比作自己心目中的太阳。

由于卡普阿生前没有给后世留下任何有关《我的太阳》的创作背景与其他文字解释，所以，"我的太阳"到底指的是什么，我们就不得而知，只能任由人们去想象了。

残缺的完美
"维纳斯"断臂之谜

1820年4月的一天，在希腊爱琴海一个名叫米洛斯的小岛上面，一位名叫伊奥尔科斯的农民带着他的儿子一起在田中耕作。当他们耕种到一处灌木丛的时候，忽然发现了一个很大的洞穴。两人对这个洞穴非常好奇，就决定进去一探究竟。他们小心翼翼地走进了洞穴，发现映在眼前的是一尊异常优美的半裸女子的大理石雕像。这座雕像高2米，是由半透明的白云石雕刻而成。不仅如此，这座雕像雕刻的技艺非常精湛，造型也非常典雅，整个人物的姿态美轮美奂，可以说是形神具备。

根据有关专家们的鉴定，这座雕像是公元前4世纪古希腊大雕刻家的作品，可以说是当今世界艺术宝库中不可多得的稀世珍品。世人皆知，爱神维纳斯的雕像是断臂的。那么，爱神维纳斯断臂的原因究竟是什么呢？后世的学者对此一直是众说纷纭，莫衷一是。但是经过分析总结大致可分为以下几种说法。

第一种说法：根据19世纪法国舰长杜蒙·居维尔回忆录中的记载，爱神维纳斯是希腊米洛斯的农民伊奥尔科斯在1820年春天在进行耕地的时候获得的。维纳斯最初被发现的时候，右臂是下垂状态，左上臂高举过头，并托着一只苹果。当时法国驻米洛斯领事刘易斯·布勒斯特知道了这件事情之后，急忙赶往了伊奥尔科斯的住处，表示自己愿意用高价收购这座雕像，并得到了伊奥尔科斯的同意。可是由于手上一时没有足够的现金，只好派居维尔连夜赶往君士坦丁堡向法国大使报告。法国大使在听完汇报以后，赶紧命令秘书携带大量金钱跟随居维尔连夜前往米洛斯购买维纳斯女神像。但是，出乎意料的是，农民伊奥尔科斯这个时候却把维纳斯女神像卖给了一位希腊的商人，并且已经装进了船中准备运走。居维尔听说以后，准备动用武力去抢夺维纳斯女神像。紧接着，英国政府听说了这件事，也打算派舰艇去争夺，双方因此展开了一场非常激烈的战斗，在交战中爱神维纳斯像的双臂不慎被砸断。从这以后，维纳斯就成了一座半裸断臂的女神像。

第二种说法：爱神维纳斯的雕像在被雕刻完成以后，雕塑家曾请来了很多位名人对这座雕像进行评论。众人在看完以后都连连称赞完美无瑕，并且一致认为最美的地方就是维纳斯的左臂。当众人纷纷把目光都集中在维纳斯的左臂上的时候，雕塑家当场就将维纳斯的左臂给敲断了。众人惊诧之余连忙询问原因，雕塑家回答说不能让局部的美破坏了雕像整体所呈现的美，如果是这样的话，宁愿它最终展现给大家的是一种残缺的美。

一直以来，古今中外众多学者都对爱神维纳斯雕像的断臂姿态进行了种种猜测和争议，但是时至今日也依然没有人能够将这座维纳斯雕像进行复原。

根据德国考古学家福尔托温古拉的猜测，这座维纳斯女神像在被断臂之前应该是左手往前伸，并且小臂是搁在一根柱子上面，同时手里还握着一个金苹果，而下垂的右手正好按住落在腹部位置的裙角。

英国医生克罗蒂阿斯·达拉尔的看法和考古学家福尔托温古拉的猜测几乎相同，都认为维纳斯女神像的左手上臂是向前平伸，可是小臂却是向上弯曲，手掌上面握着一只金苹果，右手下垂并紧紧按住了衣服的裙角位置。但是也有部分学者认为，维纳斯女神像的左手是握着一面盾牌，向前伸展，而右手则是略微向前下垂，并没有拿任何物品。

尽管如此，人们还是时常按照自己的审美标准和艺术想象去给女神维纳斯雕像进行双臂复原，可是不管做出何种姿态，都无法和断臂的维纳斯自然地融合在一起。时至今日，爱神维纳斯像断臂的原因也仍旧是一个尚待解开的千古之谜。

永恒的微笑

蒙娜丽莎的微笑为什么神秘？

《蒙娜丽莎》是意大利文艺复兴时期著名画家达·芬奇的一幅肖像画作品，现今珍藏于法国巴黎的卢浮宫博物馆，是博物馆的镇馆之宝。《蒙娜丽莎》的诱人之处，全在于她那神秘的微笑，故此画又被称作"微笑"。画中，蒙娜丽莎的嘴角轻微上扬，浮现出一种迷人的、永恒的微笑，表现出一种不朽的艺术魅力。

当我们在欣赏蒙娜丽莎的微笑时，有时候会觉得她笑得舒畅温柔，有时又仿佛略含哀愁，有时显得异常严肃，有时又略呈讥讽、揶揄之状。这笑神秘莫测，令人捉摸不定。500多年来，人们对于她的微笑众说纷纭、莫衷一是。为什么蒙娜丽莎的微笑会如此神秘呢？这究竟是怎么回事？

在探讨这个问题之前，我们先来了解一下《蒙娜丽莎》这幅画的主人公，即蒙娜丽莎。

据说，蒙娜丽莎是佛罗伦萨一位富有的贵妇人。达·芬奇为她画像时，她还只是个二十四五岁的年轻母亲。不过，这时的她是不幸的，因为她心爱的女儿刚刚去世不久。也正因如此，她整天愁眉苦脸，郁郁寡欢。达·芬奇在为她画像时，为了唤起她发自内心的微笑，还请人在她身边奏乐，这才引出这位美人那稍纵即逝的微笑。而达·芬奇却抓住了这刹那间的微笑，将之显现于画作上。如果仔细观察，你会发现，画中的蒙娜丽莎嘴角微扬，眉宇舒展，脸部的微笑像是从脸上一掠而过似的，其内心的激动与安详的表情都显露无遗，令人不禁会想：此时此刻，她的心里究竟在想些什么呢？

有的学者从美学角度来看，认为蒙娜丽莎的神秘微笑是达·芬奇为了创造出他理想化的美的典型，力图要使这一闪即逝的微笑成为一种永恒的喜悦的象征，这显然是矛盾的，但是正是这种矛盾的结合才产生了这种神奇的效果。

有的研究者从医学角度出发，竟研究出了蒙娜丽莎的"生理状况"：她患有内斜视，其右下脸上还有一霰粒肿。法国脑外科专家让·雅克·孔代特博士则认为，由于蒙娜丽莎半个脸的肌肉是松弛的，脸是歪着的，所以才显现出微笑的模样，其实，她是刚得过一场中风。而同样从医学角度出发的英国医生肯尼思·基友博士则说蒙娜丽莎怀孕了，因为她皮肤鲜嫩，脸上流露出满意的表情，双手还交叉于腹部。

现代派画家迪费则坚持认为蒙娜丽莎应该长有胡须。然后，他大笔一挥，硬是给这个神秘美女添上了两撇八字翘须。

美国的约瑟夫·鲍考夫斯基博士则认为，蒙娜丽莎根本就没有笑，她是为了掩饰自己没有长门牙才做出了这种面部表情。

著名的精神分析学说的创始者弗洛伊德也发表了一种前所未有的观点，他认为蒙娜丽莎的微笑与达·芬奇的母亲有关。他结合达·芬奇的成长经历，认为画家由于长期离别生母，思母之情日渐加重，在见到蒙娜丽莎时，他在她的脸上和嘴唇间发现了母亲那样的微笑。于是，他便凭借他高超的画艺将他对母亲的情感都倾注到蒙娜丽莎那迷人的脸部，并将这一切全部表现在了画布上，使这种微笑也有了感情，以至于这微笑具有了迷人的魅力。

更有甚者，将身为贵妇人的蒙娜丽莎贬为妓女，说蒙娜丽莎并不是良家女子，而是那不勒斯的一名高级妓女，故而微笑中带着讥嘲和揶揄。

人们凭借自己的生活经验，能从作品中不断发现其新的含义。蒙娜丽莎究竟因何而微笑？看来，这个问题的答案或许只有蒙娜丽莎和大画家达·芬奇最为清楚了。

卢浮宫里的赝品

真正的《蒙娜丽莎》究竟藏身何处？

除了达·芬奇笔下的蒙娜丽莎的微笑神秘莫测之外，该画真品的藏"身"之处也是一个难解的问题，成为众多学者讨论的焦点。

也许有人会问："达·芬奇的《蒙娜丽莎》原画不就藏在巴黎卢浮宫吗？"按照以往的说法，这个问题的答案是肯定的。但是由于《蒙娜丽莎》的真品曾在1911年失窃，两年后失而复得，而几百年来，有不少收藏家都自称他们手中的藏品真版的《蒙娜丽莎》，数量竟达60幅之多。这样一来，失而复得的、现收藏于卢浮宫的《蒙娜丽莎》究竟是不是真品就成了一道难解之题。

如果不是，真正的《蒙娜丽莎》又藏身于何处呢？

在收藏界，有一种说法称真正的《蒙娜丽莎》没有在法国，而是保存在伦敦一所公寓的墙上。据这个公寓与这幅作品的保管者普利策博士说，当时，达·芬奇在画完《蒙娜丽莎》后，此画就留在了丽莎·德·佐贡多家中。后来，一个贵族又请达·芬奇为他的情人，一个被称为"拉乔康达"（意为"微笑的人儿"）的女子画了一幅肖像画。由于拉乔康达与蒙娜丽莎长得非常像，达·芬奇便偷了一个懒，直接将《蒙娜丽莎》的脸部换成拉乔康达，应付了差事。但是没想到的是，画作完成后，那个贵族抛弃了拉乔康达，因此，他就没有买这幅画。再后来，达·芬奇受弗朗西斯邀请，便去了法国，并带走了此画。普利策称，现挂于巴黎卢浮宫的画正是拉乔康达的肖像画，而真正的《蒙娜丽莎》后来流落到了英国，几经波折后被瑞士一财团收购，而他就是财团中的一员。

由于现在全世界已有200多幅形形色色的《蒙娜丽莎》赝品，就连英国前首相撒切尔夫人都收藏有4幅，所以很多人认为，普利策所言只是为了给伦敦公寓的那幅赝品找托辞。但是普利策又给出了这幅画是真品的理由。第一，他对伦敦这幅画和达·芬奇的其他画作分别做了显微摄影术检测，发现这幅画上的指纹与达·芬奇其他作品上的指纹相同。第二，根据记载，蒙娜丽莎比乔拉康达年轻19岁，而且达·芬奇为蒙娜丽莎画肖像画时，她披着一条悼念女儿的面纱，而卢浮宫收藏画像中的女人是中年妇女，且没有披面纱，但伦敦那幅画中就是一个披着面纱的年轻女人。第三，在达·芬奇给蒙娜丽莎画像时，拉斐尔曾对此画作过速写，速写中的蒙娜丽莎背后有两根圆柱，伦敦这幅画中就有这两根圆柱，而卢浮宫的画中蒙娜丽莎背后只有山崖、小路、石桥、流水和树林。

除了"伦敦说"之外，还有学者从1911年发生的《蒙娜丽莎》盗窃案入手，以此认定卢浮宫的《蒙娜丽莎》是赝品。在《蒙娜丽莎》被窃两年后，它现身于意大利，不过，这幅画作已不是原作，因为画面上蒙娜丽莎身后的廊柱已被切掉了。几年后，《蒙娜丽莎》重新回到了卢浮宫。持此观点者认为，《蒙娜丽莎》归还卢浮宫只是一颗释放给外界的烟雾弹，事实上，《蒙娜丽莎》真品已经被一位富有的收藏家花重金收购，为了蒙混众人，卢浮宫便挂上了一件赝品。

关于达·芬奇的《蒙娜丽莎》，还发生了一件更有趣的事情。1984 年，美国东部缅因州波特兰美术馆收到了一幅《蒙娜丽莎》，而这幅《蒙娜丽莎》中的人物除了不微笑之外，其他各处都酷似蒙娜丽莎本人。馆内研究人员通过对此画进行现代科学技术测定，发现此画确实是达·芬奇的真迹。后来，画家们经过商定，将此画定名为《不微笑的蒙娜丽莎》，并推测此画作应是达·芬奇在当年画《蒙娜丽莎》时画的一幅底稿。

由此来看，《蒙娜丽莎》真伪之谜也与蒙娜丽莎的微笑一样神秘莫测，令人百思不得其解。

真假难辨的名画

《拉福尔纳里娜》是真迹还是赝品？

　　拉斐尔是意大利杰出的画家，与达·芬奇、米开朗基罗并称"文艺复兴三杰"。拉斐尔性情平和、文雅，他所作的画也与他本人一样，以"秀美"著称，博采众家之长，形成了自己独特的艺术风格，他也因此成为后世古典主义画派不可企及的典范。但是可惜的是，这位画坛巨匠却英年早逝，年仅37岁。不过由于他勤勉的创作，给后世留下的珍贵艺术作品多达300多幅。其代表作有油画《西斯廷圣母》、壁画《雅典学院》等。

　　据说，拉斐尔不仅有着迷人的外表，而且为人谦逊，待人诚恳，再加上他超凡的艺术才能和温柔的谈吐，使他成了一个十分讨人喜欢的人物，身边的红颜知己自然也为数不少了。而在这众多的女人中，他却唯独对一位面包师的女儿情有独钟，生前曾对她倾吐了无限爱意。而且，还专为她画了一幅肖像画，这就是世界名画《拉福尔纳里娜》。

　　《拉福尔纳里娜》现世是在拉斐尔离世75年后。几百年来，没有人对这幅画的真伪提出过怀疑，人人都认为这幅画出自于画圣拉斐尔之手。但是近年来，却有人提出这幅画并不是拉斐尔的手笔，而是一件与拉斐尔毫无关系的、十足的赝品。

这究竟是怎么回事呢？难道流传了几百年的世界名画《拉福尔纳里娜》真的是赝品吗？

切利尼教授是意大利著名的修复文艺复兴时期绘画作品的专家，以及名作鉴别专家，也是最早提出《拉福尔纳里娜》是赝品的人。他认为，这幅画不仅不是拉斐尔的真作，甚至都不是源自拉斐尔的未完成之作或他的草图，是件纯粹的赝品。另外，他还指出，此画很可能是他人在拉斐尔死后20至30年间所仿冒的。

切利尼教授的观点提出后，有关学者也加入了辨别《拉福尔纳里娜》真伪的行列。1985年，佛罗伦萨埃迪德什美术作品研究所在著名专家毛里齐奥的主持下，对这幅作品进行了鉴定。而鉴定结果与切利尼教授的观点相符，所发现的疑点有以下几处：

第一，《拉福尔纳里娜》画像中的女子左臂所戴的镯子上有"拉斐尔·乌尔比努斯"的字样，乌尔比努斯是乌尔比诺的意思，指的是拉斐尔的家乡。根据拉斐尔敏感多虑的性格来看，他不太可能在自己的作品中画出一个女子戴着这种带着他名字标记的饰品。因此，这很可能是伪造者为了达到以假乱真的效果，故意将拉斐尔的名字拼写在上面。

第二，据说，之前的《拉福尔纳里娜》画像中，女子所戴手镯上的字样是"拉斐尔·乌尔伯斯"，而现在却成了"拉斐尔·乌尔比努斯"。这说明，该画极有可能是分两次完成的。

第三，画中女子的眼神放荡，一点也不端庄，根本算不上美，更不像是窈窕淑女。另外，她的唇部不甚丰满，左臂较右臂而言，也显得有些瘦。从拉斐尔其他画作可以看出，他是不会犯这种低级错误的。而拿这幅画与第一次初稿相比较，初稿上的面庞看上去则更为自然些。

第四，通过对该肖像画的背景进行 X 光摄像片子分析，这里并不像是佛罗伦萨，倒更像是意大利的北部。

除此之外，佛罗伦萨美术作品研究所还表示，在这幅肖像画上共留有至少 8 个指纹，他们用各种射线对拉斐尔的那幅著名的圣母玛利亚坐在椅子上的肖像进行了研究对比，并说已经在这幅画作上找到了拉斐尔的指纹，如果这两幅画上的指纹相同，那么《拉福尔纳里娜》就是出自拉菲尔之手；否则的话，就说明它是一件赝品。

不过，坚持认为《拉福尔纳里娜》是拉斐尔真迹的学者也不在少数。他们认为，切利尼和佛罗伦萨美术作品研究所等人所述只是一种没有可靠证据的猜测而已，不能从根本上证实这幅作品是赝品。

由此看来，《拉福尔纳里娜》的真伪问题还有待进一步考证。

天价艺术之作

梵·高画过多少幅《向日葵》？

　　文森特·威廉·梵高（1853~1890）是荷兰后印象派代表画家，他的名字可谓是家喻户晓，是荷兰人最为骄傲的文化资本，他的代表作品有《星夜》、《向日葵》、《有乌鸦的麦田》等，这些作品虽然在梵高生前并没有得到社会的认可，但是在其离世后逐步被社会名流所追捧，现已跻身于全球最广为人知、最昂贵的艺术作品的行列。

　　在梵高的众多艺术作品中，其代表作《向日葵》是最为世人熟悉的。在梵高的书信中，曾提到有6幅《向日葵》。梵高早期画过4幅《向日葵》，这4幅《向日葵》上的向日葵数目各不相同，分别有3朵、5朵、12朵和14朵。其中，画有14朵向日葵的那幅画是梵高在1888年所作。这幅画在1987年的一次拍卖会上，以当时世界第一高价3950万美元被日本安田保险公司拍走，此事震惊了整个画坛。当时，这幅画的收藏者是切斯特·贝蒂家族。

　　然而，十年后，英国人诺曼通过调查研究，指出被日本安田公司拍得的《向日葵》并不是梵高的真迹，而是三流画家许费纳克临摹的赝品。诺曼还指出，许费纳克是因自己的作品无人赏识，为了证明自己的价值和创作水平，便经常模仿名师的画作。不承想，他模仿的名画还特别像，完全可以达到以假乱真的效果，甚至能逃过绘画鉴赏家的法眼，以至于在 1911 年，即梵高离世 11 年后，许费纳克临摹的油画《向日葵》在署名为梵高后，展览于法国巴黎的一个画展，竟没有一个人怀疑这幅作品是伪作。

不过，令人奇怪的是，虽然诺曼的怀疑声被传得沸沸扬扬，但是日本安田保险公司却对此没有做出任何回应。为什么他们会无动于衷呢？原来，不仅安田保险公司对此说持有怀疑，就连一般学者也认为此说证据不够充分。这些人的理由是：诺曼所说仅限于推测而已，证据不充分，另外，一个三流画家真的能临摹出大师手迹？这一点值得怀疑。再有，凭什么说日本安田保险公司所拍得的《向日葵》油画就是 1911 年许费纳克在巴黎展出的那幅画呢？假如是的话，那许费纳克与切斯特·贝蒂家族又有什么关系？

除了这个谜团外，梵高一生究竟共画有几幅《向日葵》也是一个未解之谜。虽然梵高曾提到过 6 幅《向日葵》，而且据说，梵高的好友高更（享誉法国画坛的法国印象派画家）曾向梵高索画，梵高便将画有 12 朵和 14 朵向日葵的画送给了高更。高更得到这两幅画后，甚是喜欢，简直爱不释手。梵高见高更对自己的《向日葵》如此喜欢，便又画了两幅《向日葵》送给高更。也就是说，当年高更手中也正好有梵高所画的 4 幅《向日葵》油画。

可是近年来，却有人说梵高一生共画有 11 幅《向日葵》，只是现在除了那幅在梵高美术馆展出的《向日葵》之外，其他的都不知流落于何处了；还有人说共有 10 幅梵高的《向日葵》真迹。

究竟孰是孰非？梵高在英年早逝后，还为后世留下了一个《向日葵》之谜。谜底的真相如何，还有待于后人来揭开。

第五章　考古怪象

被淹没的文明

传说中的大西洲是否存在？

在古希腊著名哲学家、数学家柏拉图笔下，曾经记述过一块神奇的大陆，这块大陆就是传说中美丽富饶的大西洲。据柏拉图在他的著作中记述：大西洲，当时被称为"亚特兰蒂斯城"，是一座美丽富饶的人间天堂。它的面积大约拥有207.2万平方公里，是一个四面环海的岛国，具体的位置位于今日的直布罗陀海峡，被称为"赫拉克勒斯之柱"以外的西海。

不过这块大西洲被海水淹没了，它给学者们留下了很多个谜团，让我们一起走进传说中的大西洲，去了解那些不为人知的秘密。

第一，大西洲的富饶之谜。

"大西洲"属于北温带气候区，它拥有得天独厚的地理、自然条件，那里气候温暖，降水丰富，十分适合人类居住、繁衍。岛上森林茂密，拥有十分丰富的金、银、铜矿等资源。此外，花草丛生，各种各样的珍奇动物、植物，在岛上随处可见，自然景色十分美丽。柏拉图笔下的大西洲周围分布着12个主要岛屿，岛上的居民分别建立了12个国家，并推选出各自国家的国王。他们信仰的海神被当作是岛国无上的主宰。岛国上交通发达，运河水道四通八达，成为岛屿经济向前发展的血液。岛屿最为繁荣富裕的地方是岛国的都城，那里的皇宫富丽堂皇，宫殿、庙宇几乎是用黄金、象牙等奇珍异宝堆建起来的。但是，财富和富足的生活使得大西洲的人们逐步腐化、堕落，大西洲人的美好品德逐渐被人类的各种恶劣品质所代替。愤怒的海神便制造海浪将大西洲毁灭，几乎是在一夜之间，整个大西洲便沉入了海底。

柏拉图讲述的这个故事，听起来似乎很玄妙，并且像极了神话传说。如果大西洲真的像柏拉图描述的那样广袤，那么什么样的大海啸能让这样的大陆一夜之间沉没海底？这一点柏拉图并没有描述。

第二：大西洲是否存在之谜。

柏拉图坚持认定，他所描述的大西洲是真正的史实，绝非自己凭空杜撰。为了验证有关大西洲传说的真实性，柏拉图还亲自前往埃及向当地有名的僧侣请教这件事情。柏拉图描述的大西洲大陆成为人类心目中向往的天道乐土，一批批的考古学家投入对这片沉没的大陆的考古研究当中，英国学者史考特艾利欧德就认为大西洲和亚特兰蒂斯城确实存在过，并且它们的文明在当时已经到达巅峰期。

19 世纪中期，有"科学性的亚特兰蒂斯学之父"之称的美国考古学家德奈利出版了他的研究成果，并在书中提出了关于亚特兰蒂斯大陆的 13 个观点：

远古的大西洋，的确存在过这样的大型岛屿；

柏拉图关于亚特兰蒂斯的记述是真实的；

大西洲是人类文明形成之地；

因为人口增多，于是那里的人们向四处迁徙；

《圣经》中所谓的"伊甸园"就在亚特兰蒂斯；

古埃及是亚特兰蒂斯人最早的殖民地；

古希腊和北欧的神是人类将亚特兰蒂斯国王神化而形成的；

埃及和秘鲁的神话传说中，均有亚特兰蒂斯崇拜太阳神的痕迹；

欧洲的青铜器起源于亚特兰蒂斯；

字母的原形源自亚特兰蒂斯；

亚特兰蒂斯人是欧洲、印度人的祖先；

因为特大灾难，亚特兰蒂斯沉入海底。

少数居民乘船逃离，留下了上古关于大洪水的传说。

1870 年，德国著名的考古学家在希腊伯罗奔尼撒发掘出大量迈锡尼文明的遗址。1900 年，英国考古学家在克里特岛上发现了更早的米诺斯文明遗址。特里克岛屿是爱琴海中面积最大的岛屿，它有 8331 平方千米，位于爱琴海的南端。从遗址中出土的文物来看，当时的克里特岛十分繁荣，而处在鼎盛期的米诺斯文明却在公元前 15 世纪突然失踪。而米诺斯城市消失的时间和大西洲消失的时间，竟是出奇地一致。难道米诺斯文明便是亚特兰蒂斯的文明？这两起曾经让整个世界震惊的考古发现，让人不约而同地将其与大西洲联系到了一块，同时也从侧面证明了大西洲的存在。

第三：大西洲文明中断之谜。

火山喷发是人类首先想到的解释。如果说大西洲和米诺斯文明相关，那么从米诺斯文明的突然中断这一切入点出发，是否能发现大西洲消失的原因呢？

人类也确实在岛上找到了火山喷发的证据，而且初步估计火山喷发的时间是在公元前 15 世纪。火山猛烈爆发同时引发了海啸。但是在时间上，这次火山的喷发同大西洲沉没时间相差了近 8000~9000 年，火山喷发而造成的岩浆覆盖面积和沉没的大西洲面积，更是相差了 200 万平方公里。如此看来，要在两者之间画上一个等号，最大的问题便在时间和面积上。不过，这一种设想又一次改变了大西洲存在的时间和面积，也就是说大西洲存在的时间应该在公元前 15 世纪，这正是桑托林火山爆发的年代，面积则为 20.72 万平方千米，这又正好与当时桑托林、克里特所在的地中海东部诸岛的面积相似。有些考古学家认为，这种差距很有可能是因为柏拉图的疏忽大意造成的，将一百误认为是一千，也就使得关于大西洲面积的数据扩大了十倍。所谓的"赫拉克勒斯之柱"应该在克里特岛和希腊海岸线沿岸。至于所谓的西海应该是地中海。

其次，伯尼巴福德的海床说。英国一个叫作伯尼巴福德的航空工程师，他在通过"谷歌海洋"查询三维海床地图时，偶然发现了重大秘密，再一次让人们联想到大西洲。他发现在大西洋海底靠近西非海岸 620 英里处，有一个巨大的矩形几何图案，按照比例来算，这一图案的实际面积竟然几乎和英国的威尔士面积一样大。而且这个图案上有清晰的十字交叉线，看起来像极了一处古城的遗址。而这一遗址位置在西班牙加纳利群岛西北，正是柏拉图著作中声称大西洲沉没的地方。于是，他声称找到了大西洲。这一发现立即轰动了整个世界，很多学者对他的发现很感兴趣，并且表示图案的所在地最有可能是大西洲的遗址之一。

时至今日，关于大西洲的一切依旧和历史上的很多难解之谜一样，都是基于合理的推想、假说，并没有直接令人信服的证据可以有力地证明大西洲的存在。科学家们还在孜孜不倦地努力探索中，我们相信，大西洲神秘的面纱终有揭开之日。

神奇的预言

水晶头骨的神奇传说

玛雅文明是人类文明史上的一个奇迹，在这些文明中，最神秘的便属玛雅人对世界末日的预言。也许人们不知道，这些预言来自印第安人的水晶头骨传说。水晶头骨真的有预知未来的能力吗？这些水晶头骨到底存不存在？

在美洲土著居民印第安人之中，流传着关于水晶头骨的传说。相传，在很古老的时候，美洲大陆上有 13 个水晶头骨，它们能歌能舞，它们还掌握着人类生命起源和死亡的秘密资料，能够帮助人类解开宇宙、生命等谜团。根据印第安人的传说，公元 2012 年 12 月 21 日是世界的末日。人类要想免于灭亡，就必须在这一天将 13 个水晶头骨按照正确的位置，在一排摆放整齐，只有这样做才能靠头骨的超自然神奇力量拯救地球。否则，地球便将飞离轴心，人类也会就此灭亡。

这个传说肯定是 20 世纪某些唯恐天下不乱的多事者蓄意编造的。也许，在博大精深的玛雅文明中，确实存在过这 13 颗水晶头骨的故事。但是，不管怎样，关于水晶头骨的传说一直以来都是神秘莫测。19 世纪的探险家们尽管从未找到过一颗水晶头骨，但是却对有关水晶头骨的故事深信不疑，由此，人们掀起了一场关于水晶头骨的科学探险，很多人想要寻找到传说中的水晶头骨。

1927年，一个名叫安娜的英国小姑娘发现了一颗和真人头骨差不多大小的水晶头骨。安娜是英国著名探险家米歇尔·黑吉斯抚养长大的，受养父的影响，安娜自小便痴迷于玛雅文明，甚至到了狂热的地步。1924年，米歇尔决定前往美洲探险，他组织了一支探险队，从英国利物浦出发，沿大西洋海面前往中美洲，安娜也跟着养父一同前往。在当地玛雅人的帮助下，探险队发现了一处古代玛雅人的城市遗址。17岁的少女安娜亲眼见证了玛雅文明后，目瞪口呆，她小心翼翼地登上了城市建筑的最高点，整个热带丛林的绚丽风光尽收眼底。突然，细心敏锐的安娜发现不远处似乎有东西金光闪闪，安娜立刻将这一发现告诉了养父。米歇尔当即带领探险队的全体成员来到了发光点，他们刨开了一个小小的口子，口子太小，探险队的队员们很难钻进去。于是身材娇小的安娜，从洞口爬进了窟窿的底部，终于找到了宝物，那是半块通体晶莹剔透的水晶头骨。

这一发现让米歇尔十分震惊，他兴奋无比，当即命令全体探险队员在附近继续挖掘。三个月后，他们在25英尺外的地方又找到了水晶头骨的另一半，两块头骨合在一起，正好与真人头骨大小差不多。按照当地人的惯例，米歇尔很客气地将水晶头骨送给了当地居民的首领。在他和探险队即将返回英国时，玛雅人为了感谢米歇尔探险队为他们提供药品和食物，又将这颗水晶头骨赠送给了米歇尔。因为这颗水晶头骨是米歇尔和他的养女安娜发现的，后来人们就把这颗头骨称作"米歇尔·黑吉斯水晶头骨"。

回到英国后，米歇尔在他的探险论文《水晶头骨之谜》中，极为详细地描述了水晶头骨发现的全过程："从窟窿中爬出，阳光还很明媚。安娜将她找到的宝物上面的灰尘掸掉，惊奇地端详着它。竟是一块用水晶做成的头骨，和真人头骨大小相同的头骨！将它拿到灯下，头骨反射的灯光扑朔迷离，十分地明亮，表明它是由纯度极高的水晶打造。最让人惊奇的是，埋藏了这么久，它还是这般光彩夺目！看着水晶头骨反射的炫目光束，队员们好似被催眠了一样，盯着水晶头骨目瞪口呆。安娜将头骨高高举起，让众人观看，每个人都为这伟大的物品狂喜不已。玛雅人看了以后有哭有笑，安娜回忆说，那时候每个人都好像着了魔一般看着水晶头骨。安娜觉得那是她一生最漫长、最伟大的时刻了。"

米歇尔找到的这颗水晶头骨，真的是印第安人传说中的十三颗头骨之一吗？

经鉴定，这颗水晶头骨距今有 1600 余年的历史了。一次研究中的意外发现让人类无意之中解开了水晶头骨的一个秘密。研究过程中，工作人员将激光照进头骨鼻孔的位置，头骨上显示出难以计数的奇怪图案。而更奇怪的是，这个头骨在黑暗中被激光照射后会发出神秘的紫色光芒。如果有人注视光芒半分钟到一分钟，那么大部分的人都会进入被催眠的状态。宗教界人士认为，这是祭祀者利用催眠术，在催眠的作用下用它同亡灵进行沟通。

德国心理学家爱立克利西泰则认为水晶头骨的制造者是古代玛雅人，他们利用催眠术为患者治病，因为他发现利用水晶头骨给患者催眠之后，做手术没有任何的痛苦。除此之外，水晶是世界上硬度最大的物质之一，任何工具都无法对水晶进行加工，生活在千年之前的玛雅人，是怎样将水晶制成头骨的呢？水晶硬度虽高，但质地松脆易碎，要想将水晶头骨制作出来，必须用极细的砂轮和大块水晶细细地打磨，可这种打磨方式，即使昼夜不停的加工，也要三百年才能做出水晶头骨。

就在所有考古学家为水晶头骨的谜团而不停地研究时，有两名兼职考古学家曾经缜密地调查了水晶头骨两年，他们发表了令人哭笑不得的爆料。他们表示：安娜找到的那颗水晶头骨，最早的文献记载出自 19 世纪 30 年代，在英国一本名为《人》的人类学图书中可以找到水晶头骨的雏形。它最初的发现者并不是考古学家、探险家米歇尔，而是另一个神秘的人物。大英帝国博物馆曾经出价 360 英镑购买，那神秘人物觉得价格低，转手以 400 英镑的价格卖给了米歇尔的父亲。如今在大英博物馆中，还可见到关于当年那场拍卖会的文献记载，由此可证明，米歇尔手中的水晶头骨根本就不是玛雅人的水晶头骨。

不论玛雅人水晶头骨的传说是否真实，单是米歇尔找到的这颗水晶头骨就迷雾重重。世界末日的预言早已成为过去，当然我们从来也没相信它是真的。

遗失的文明

摩亨佐·达罗城为何神秘消失？

公元前 2500 年，在肥沃的印度河流域，古老的巴基斯坦文明那时已经成形。当时在这片土地上出现了繁华的城市，其中城市总体规划最为科学、最为繁荣美丽的便是摩亨佐·达罗。这座城市负有盛名，在当时的土木工程建筑当中，绝对是一座技术水平极高的城市，很多人将这座城市称为"铜器时代的曼哈顿"。在当地的方言中，"摩亨佐·达罗"真正的含义是"死亡之丘"。那么繁华的摩亨佐·达罗城为什么会成为一座死亡之丘了呢？这座有着"死亡之丘"之称的城市，为何会在一夕之间消失无踪呢？是什么原因造成了城市的突然灭亡？

摩亨佐·达罗城古城忽然神秘地消失无踪了，没能留下任何痕迹，这一直是个难以解开的谜团。学者们预估消失的时间在公元前2000年左右，关于城市消亡的原因，史学界一直众说纷纭。

古印度的长篇叙事史诗《摩诃婆罗多》曾经提到这座城市毁灭一事，史诗中生动地描述了当时的情景："天雷""无烟的大火""惊天动地的爆炸"，以及高温使河水沸腾、游鱼煮熟等悲惨景象。有些人认为城市消亡和城内的剧烈变革有关，几方势力互相争斗，这才造成了城市毁灭。但是这一说法，完全没有令人信服的有力证据，很快被人推翻。对此，史学界又提出了另外几种观点。

第一种看法是：雅利安人的入侵是造成城市消亡的根本原因。人们在城市周围找到了邻近伊朗的诸部落、与印度河流域文明相邻的周边各部落都有抵抗外敌的痕迹，在考古资料中也证实了他们的确入侵过摩亨佐·达罗城。

第二种看法是：一场空前的大爆炸和大火使得城市变为废墟。据推测，那场史前的大爆炸使城市半径一千米内所有的建筑物被摧毁，所有外出的或者待在室内的人们，他们都遭遇了这场突如其来的灾难。据考证，这次大爆炸来源于大气摩擦，活跃在空气中的化学微粒造成气溶胶的产生，并占据了广阔的空间，形成了大小不等的球状物体，这种具有物理性质的化学球体被称为"冷球"。

除了这处城市文明消失外，小岛屿弥诺斯文明也神秘地消失了，这个过程和摩亨佐·达罗城消失的过程十分相似。

位于希腊爱琴海海面的桑托林岛，面积仅为 78 平方千米，岛上有一座海拔为 584 米的桑托林火山。公元前 17 世纪，这个面积狭小的岛屿上出现过极为辉煌的弥诺斯文明，这为后来的古希腊文明发展奠定了基础。弥诺斯文明的神秘消失，成为世界文化史上的一大憾事。究竟是什么原因造成了文明的失落呢？

第一种原因：饥荒。

部分学者认为，由于贸易的失败，造成了当时克诺索斯王国周围城镇粮食饥荒，最终使文明中断。据了解，克诺索斯王国位于桑托林火山南部130千米的地方，他们的居民食用的麦米，主要来自黑海沿岸的农场。根据研究，古代因为不懂贸易而崩溃的王朝不在少数，因为他们缺乏估价手段，食品和粮食通常未被重视，奢侈品则过高估价，结果导致饥荒加重和人口锐减。同时，在人类逐渐掌握铁器制造技术，然后慢慢地取代铜器，以铜器贸易为主的弥诺斯商人不能与时俱进，这使得他们的经济渐渐衰落了。于是，在饥荒无法解决的情况下，最终出现了文明中断的惨况。

第二个原因：火山爆发。

除此之外，还有观点认为是火山的喷发造成文明消失。火山喷发使弥诺斯航海能力受到重创，他们的贸易主要依靠海运。那场火山喷发被考古工作者定级很高，如此强大的能量引发了海啸，吞噬了周围一切的港口和船只，将他们的经济贸易全部损毁了。还有人提出，火山喷发造成了火山灰遮蔽了太阳，导致岛上数年饥荒，外族人趁机登岛，征服了岛上的居民。

到目前为止，人们对弥诺斯文明和摩亨佐·达罗城文明的突然消失，仍然难以说清，它们仍然是人类文明史上难以解开的谜团。不过，两处文明让我们见识到古代人高超的智慧，从心底对消失了的文明感到惋惜和遗憾。

奇怪的石头

英格兰巨石阵中的重重谜团

在人类历史进入 17 世纪时，著名的考古学家约翰·奥布里，在英格兰南部平原发现了一处独特的巨石建筑。它们规模宏伟，巍然屹立在平原之上。由于约翰·奥布里是它的首位发现者，因此这些石阵被命名为"奥布里群坑"。

这些怪异的石头阵留下了很多历史谜团。对此，学者们列出几点令人疑惑的地方。

第一，巨石阵的结构。

英格兰巨石阵内圈竖着两排蓝砂岩石柱，它最壮观的部分是石阵中心的砂岩圈，由 30 根石柱架着两架弧形横梁组成，横梁间彼此用榫头、榫眼相连接，构成一个封闭的圆圈。这些石柱高 4 米、宽 2 米、厚 1 米，重达 25 吨。砂岩圈的内部是 5 组石拱门，石拱门由三块大石组成马蹄形，两根竖着的巨大石柱，每根约重 50 吨，和一根约 10 吨重的横梁嵌合在石柱顶上。这个由巨石排列成的石拱门坐落于整个巨石阵的中心线上，马蹄形的开口正对着仲夏日出的方向。在巨石圈东北侧的一条通道上，其中轴线上矗立着一块完整的砂岩巨石，高 4.9 米，重约 35 吨，被称为"种石"。

石阵使人最神秘莫测的地方便是这些"种石"。每年的冬至和夏至，如果人们从巨石阵的中心处远眺种石，就会发现太阳隐没在了种石的背后，为石阵平添了几分诡异和神秘莫测的氛围。

第二，巨石阵的建造时间。

据科学家实地考察后推测，这些巨石阵的建造时期应该在新石器时代的后期，建造石阵先后大约花费了近 1300 多年的时间。石阵的建造大致可分为三个阶段。

第一阶段的建造时间大约在公元前 2800 年左右，那时，这些石阵已经初具规模——圆沟、土岗、巨大的种石和"奥布里坑群"。大约在公元前 2000 年，石阵建筑进入第二阶段，在此期间，整个石阵已经基本竣工，这个阶段的主要建筑任务是建造蓝砂岩石柱群和长长的通道。约在公元前 1500 年，是巨石阵建造的第三阶段，这个阶段最为重要。在这一阶段中，建成了砂岩圈和石拱门，巨型石阵至此完全竣工。

第三，巨石阵的搬运方法。

1932 年，地理学家托马斯探寻到了建筑石阵所使用的原料——蓝砂岩，这些蓝砂岩中的三种岩石种类与在史前巨石柱附近发现的任何岩石都不同，它是一种彩色的岩石。托马斯发现，同样类型的三种石头存在于威尔士的卡梅宁山和富尔特里冈之间的山峰上，这些岩石在露出地表的自然岩石中都能够找到。

据推算，建造这个无比庞大的工程需动用 150 万余人工。更让人惊讶的是，这个规模恢弘的建筑完全没有使用任何轮载工具和牲畜类工具。这个规模庞大的工程完全是由人力完成，没有借用半点外力！为此，有人提出了疑问，生活在英格兰南部平原上的人们，他们是如何把这些建造石阵所用的蓝砂岩从威尔士运到英格兰的呢？学者们给出了几种说法。

首先是英国的一些民间传说。这些巨石有可能是通过爱尔兰海运送到修建巨石阵的工地上。对于这种说法，杰弗里也有过类似的记述。可是，既然在英格兰南部的索尔兹伯里平原附近有大量其他种类的石头，为什么那些建造史前巨型石阵的人们会舍近求远？他们为何千里迢迢地去威尔士选取石料呢？

其次是专家分析的冰川携带论。一些地理学家对此种情况进行了仔细的研究和分析，其中著名的凯拉韦教授认为，这些蓝砂石是通过冰川运动被运送到修建工地的。但是，研究石阵的大部分专家一致反对凯拉韦的这种观点，因为很难想象冰川可以一直顺利地将其运送到普里斯里山或者索尔兹伯里的平原上，这些冰川不会融化或者受到撞击吗？有专家指出：冰川运动把威尔士一小块地区的蓝砂石收集起来，然后通过沉积作用再把它们置于英格兰的另一片地区，而并非把它们散置于各地。对于自然规律来说，这种现象是不可能出现的。但是布里斯托尔海峡的南部或东部没有任何其他散落的蓝砂石，这一事实从另一方面彻底否认了冰川携带说。

再者是独木舟捆绑论。最普遍的解释是索尔兹伯里平原的人们把蓝砂石和一些独木舟捆绑在一起，然后通过爱尔兰海运输这些蓝砂石。但是这种推论很难证实，当时生活在索尔兹伯里平原的人们真的已经掌握了这些令人叹服的高技术手段了吗？学者们还在进一步的探索之中。

第四，巨石阵的建造者。

当时，生活在英国南部索尔兹伯里平原上的原始居民们，他们的文明程度仅仅处在能够维持生存的基础上。这也就注定了他们根本没有能力建造这些难度巨大的巨石阵。那么，除了平原上的原著居民，建造石阵的是否另有其人呢？对此，人们有着这样几种解释。

首先是男巫建造论。

12世纪时，牧师杰弗里认为真正的建造师应该是亚瑟国王的宫廷男巫默林。根据牧师杰弗里所著《不列颠国王的历史》记载，他认为这些巨型石阵是当地居民用来纪念反侵略战争的胜利而建立的，是受到亚瑟国王的叔叔的委托才建造的。

其次是罗马人建造论。

17世纪时，当时的英帝国国王詹姆斯一世对这些巨型石阵颇有兴趣，他便派人对这些石阵进行研究调查。调查者认为，如此精巧的石阵构造，平原上的原著居民是无力建造的，应当出自罗马人之手。

第三，是地中海建筑师建造论。

到了20世纪，人们用当时科学家发明的放射性元素做测定，结果显示，这些石阵的建造年代可能在公元前1500年，而建造石阵的人，生活的年代肯定比这一年代还要久远。1953年，一位名叫阿特金森的考古学家在一次偶然的机会中有了意外的收获。他在石阵一旁发现了一柄匕首，并从中得到了关于石阵很多的隐秘信息。他认为，他发现的那柄匕首很有可能是来自当时希腊迈锡尼城堡的皇家坟墓，而那柄匕首的制造年代大约在公元前1500年。这与用放射性元素测出来的石阵建造的年代大体相当。根据这些发现，阿特金森教授认为，这石阵是出自地中海地区的建筑师之手。

最后是原始居民建造论。

20世纪20年代，欧洲的科学家又发明了新型的放射性碳元素，该元素测定的结果显示石阵的建造年代比以前几次测定的年代要古老得多，甚至要比迈锡尼文明古老很多。新测定出来的石阵建造年代彻底打乱了之前的研究成果和思想体系。石阵的建筑年代如此久远，这自然就不可能是欧洲文明所建造。所以，研究石阵的大多数学者不得不接受一个难以相信的事实：这些石阵只能是附近的原始居民建造，他们在没有任何外界力量的帮助之下独立完成的。

第五，巨石阵的作用。

关于石阵的作用有着太多的猜测，流传最为广泛的有三种说法。

第一种猜测：祭祀说。除了英伦诸岛之外，在欧洲大陆、爱尔兰、法国、西班牙等地区也有类似的石阵遗址存在。这些巨石结构的文化，被统一称为巨石文化。有人认为，巨石结构之所以遍布在欧洲大陆的广大地区，极有可能同当地的宗教信仰有关，还有人认为石阵是用来埋葬死者的墓地。研究这些巨石建筑的科研专家们还发现，斯通亨治石圈的建造者是利用了绳索、杠杆、滚木、土坡等相结合的方法，从遥远的地方将巨石运到索尔兹伯里平原上，来修建这些巨石阵。由于石圈非常庞大，巨石原料又不是在近处就能找到，所以如果没有统一的安排，没有集合很多人的力量和才智，这项长期的工程是很难完成的。这就从侧面印证了宗教用途的说法：因为在生产力极为低下的条件下，如果不是关系到人类生死存亡、安乐福祉，当地的原始人类是不会付出如此巨大的精力去建筑这样一处巨石阵的。

第二种猜测：天文说。根据石阵中的各种迹象，这些巨石阵神秘莫测，确实与天文学有着紧密联系。200 年前，就有天文学者注意到巨石阵的主轴线，这轴线指向夏至时日出的方位，而冬至的落日又在东西拱门的连线上。1965 年，波士顿大学的天文学家霍金斯利用计算机进行测定，他发现这些巨型石阵的排列方式可能和太阳、月亮在天空中的运行方位有很大的关系。而巨型石阵中分布的 56 个奥布里坑群，则能有效地向当时的人类预报可能发生的日食、月食。霍金斯还发现，巨石柱上 165 个主要点之间的定位与太阳和月亮的升落有着极其密切的联系。因此，霍金斯称史前巨石柱为"新石器时代的计时器"。

第三种猜测：狩猎说。除了用于观测天文之外，还存在巨石阵是用来打猎的这种说法。因为巨石阵建造于新石器时代，因此，一些专家认为，巨石阵是用来猎取大型野兽的狩猎装置。持此观点的专家认为，由于当时用来狩猎的工具还很落后，为了猎取猛虎、熊、河马、犀牛等体型更大的猎物，而又不至于被野兽所伤，所以当时的原始人类便想到建造这种规模庞大的石阵。

持这种观点的专家们还指出，今天人类见到的只是当时完整石阵的一部分。有人推测，如果将石阵复原，其结构可能是这个样子的：巨石阵围成一个院落，两根石柱之间是进出口，大小正好可以通过比较大的猛兽，在洞口正上方，有用木棍撑起的大石块，这些石块叫"警戒石"。野兽进入石阵后便会触碰到木棍，那么石头便落下来砸在野兽身上。这就相当于将门开一个缝隙，之后在门上放上一些"暗器"，有人推门而入的时候，门上的物体就会掉落，杀伤力可以根据门上的物体来变化。

这规模巨大的石阵有着太多的谜团，这一切在今日仍然难以解开。但是，不论这些石阵真正的作用是怎样的，这都无法否定巨石阵的价值和远古人类的智慧，它留给人类的不仅仅是壮观。

神秘的正三角

金字塔究竟是做什么用的？

金字塔是古埃及人文明的代表，是人类文明史上一大奇迹，它给人类留下了太多的谜团。关于金字塔的作用，普遍观点认为是法老们的坟墓，不过却没有得到考古学界的认可。金字塔至今仍是学者们激烈争议的话题。关于金字塔的作用，学者们给出了以下几种说法：

第一种观点认为金字塔是储粮仓库。

中世纪的埃及盛产粮食，为了便于粮食的存储，古埃及人便修建了金字塔，金字塔是用来储藏粮食的大仓库。

第二种说法是外星人登陆地球的起降点。

这种说法同外星人有关，有些人认为金字塔是外星人在地球上的登陆基地。近些年来，金字塔和日晷仪、日历、天文观测台、测量工具甚至神秘的外星生命扯上关系，使得金字塔是外星飞船的起降点的说法很有市场。

第三种说法是法老墓地。

金字塔是法老们的坟墓，这是一个被广泛接受的观点。很多埃及学者都赞同这一观点，大多数普通人群也接受这一种说法。金字塔散布于尼罗河的西岸，在古埃及神话传说中，金字塔是与来世相通的通道。考古学家们还在金字塔附近发现了很多葬礼仪式中所用的小船。据说，这些小船是法老们驶向来世的工具。而且，金字塔中有很多石棺、木棺。19世纪之前，在法老的石棺或在石棺附近，人们发现了神秘图画，这些神秘的图画是一些咒语，目的是帮助法老们从一个世界通往另一个世界。稍感不足的是，坚持这一个观点的学者们，他们在金字塔中没有找到法老们的木乃伊，因此仍无法十分肯定金字塔是法老们的坟墓。

第四种说法是天文台。

有学者表示，金字塔是古埃及人的天文台，祭司和占星家们可以利用金字塔来观测星辰运行，然后进行占卜。塔内上、下坡甬道的交接处形成一个 26.17 度的夹角，这个夹角可以用来储水。借助下坡道的水面可以映出北极星的亮光，光芒通过上面狭窄的缝隙照射下来，因此，观测者可以在走廊中跟踪子午线以及缝隙交叉时的垂直轨道。

第五种说法是，金字塔是纪念碑。

既然金字塔内没有法老们的尸体，于是学者们便认为金字塔是纪念碑，是为了纪念死去的法老们。金字塔之中虽然没有木乃伊，不过却有大量的棺木和祭奠品。这些金字塔内的东西为这个观点提供了有力的证据。

金字塔究竟是用来做什么的呢？学者们虽然给出了很多说法，并且都有一定的理由，不过这些还不能让大家完全信服。到今日为止，金字塔之谜还尚未解开，但历史是永无止境的，人类社会总是在不停向前发展，相信总有一日，金字塔的种种谜团最终会揭开它所有的面纱，将它的神秘面貌原原本本地展现在人类面前。

威武的捍卫者
狮身人面像身上的谜团

古埃及、中国、古印度、古巴比伦，共同被称为人类历史上的四大文明古国，古埃及留给人类最大的艺术文化就是举世闻名的金字塔，金字塔被列为世界七大奇迹之一。在这些恢弘壮观的金字塔建筑群中，胡夫金字塔旁边的神秘狮身人面像更加引起学者们的关注。

胡夫金字塔旁边的狮身人面像是在岩床上雕刻出来的，雕像的主体仍与岩床相连。雕像十分雄伟，它长 73 米，肩部宽 11.58 米，高 20 米，虽然经过数千年的风雨侵蚀，雕像仍然保持着往昔的壮观。石像面朝东方，视线与 30 度线正好吻合，面部表情阴沉。这座狮身人面像同人类很多历史遗迹一样，也给人类留下了无数的谜团。

第一个疑惑：狮身人面像的原型是谁？

学者们给出了法老卡夫拉的辩论说。有资料记载，狮身人面像叫作斯芬克斯，它是古希腊神话中狮身人面的巨型怪物。据描述，它用女神缪斯所传授的谜语为难人们，谁猜不中它的谜语就要被它活生生吃掉。斯芬克斯被人们当作先知，时至今日，斯芬克斯也仍然被人类当作智慧的化身。传统的史学家根据这段资料认为，狮身人面像是当时第四王朝法老卡夫拉依照自己的脸型雕刻成的，目的就是体现自己的智慧和无与伦比的地位。

1992 年，《剑桥考古》杂志刊出了芝加哥东方学院马克·莱纳教授的研究成果，他利用"摄影光学数据和电脑图像"证明了狮身人面像就是法老卡夫拉面孔的临摹。莱纳教授在他的研究论文中写道："用电脑将测绘出来的结果编程后，屏幕上就出现了 3D 立体模型，再由 260 个平面点为骨架添上肌肤，便可以得出狮身人面像数千年前的模样。"

而纽约警察局法医弗兰克却提出一个截然相反的观点。近 20 年的时间，他一直在研制犯人肖像的"鉴别器"，对各种各样的人脸面孔进行了研究。当然，狮身人面像同卡夫拉面孔之间的差异也是他重点研究的目标。他在自己的工作室中仔细研究了雕像和法老卡夫拉的上千张肖像，得出结论：这是完全不同的两张脸。然后，他公布了他的研究结果："狮身人面像的五官，不论从何种角度来看，都与卡夫拉完全不同。"

第二个疑惑：为什么人们认定雕塑和卡夫拉法老有关系？

为什么所有研究雕像的史学家，他们都毫不犹豫地将狮身人面像同卡夫拉法老联系在一起呢？有资料记载，1817年，一位探险家发掘出来一块石碑，石碑上刻着"khaf"，这个音节让他确信，狮身人面像是根据卡夫拉的容貌雕刻的。但是，有人提出了反对观点，反对者认为，单凭一个单词就认定雕像是以卡夫拉法老为原型，这过于草率和武断，有可能是因为卡夫拉长老功绩大，所以才被刻在石碑上呢！

古代刻碑纪功，留名千古，这种事并不少见，就像中国的秦始皇巡游天下之时，便令官员李斯登上泰山刻石颂扬他的功绩。东汉也有窦大将军为了让自己的功德流传，也刻下了碑石。而且，在卡夫拉之后的许多法老都修复过狮身人面像，卡夫拉有可能是修复者之一，他将自己的名字刻在石碑上，这样的解释也不是没有道理。

第三个疑惑：狮身人面像水渍之谜。

美国学者约翰·韦斯特发现，狮身人面像头部以下的地方都有被水浸透的痕迹。于是他将人们带入了另一个谜团中，狮身人面像上的水渍由何而来？

首先是洪水说。约翰·韦斯特认为，这种浸透是由于洪水造成的。不过有学者推翻了他的论断，学者们根据狮身人面像的水渍高度测定，那场洪水至少要有18米深，那就表示已经淹没到金字塔的底座，但是在狮身人面像堤道的另一端，石灰岩心构造的建筑物并没有被淹没的痕迹。

其次是雨水侵蚀说。为了解开这个谜团，约翰·韦斯特向波士顿大学地质专家斯利克教授求教。斯利克本来就怀疑狮身人面像雕刻于第四王朝以前。但当他首次实地考察了狮身人面像之后，他改变了自己的看法。斯利克教授从气候学的角度出发，他认为，造成狮身人面像的侵蚀并非尼罗河流域的特大洪水，而是由于当时埃及充足的降水，是雨水造成了雕像的侵蚀。针对教授的研究，地质学专家提出了一种非常保守的估计，他们认为狮身人面像雕刻的时间可能在公元前7000年至公元前5000年之间，这个时间比史学家们普遍认同的狮身人面像雕刻时间至少提前了数千年。按照史学家的观点，那时候引起狮身人面像特殊侵蚀模式的大雨已经停止了。

第四个疑惑：狮身人面像雕刻之谜。

据埃及科学家推论，在公元前7000年至公元前5000年，尼罗河流域还处在新石器时代，原始部落都是以狩猎为生存方式。当时，古埃及人类的文明还十分落后，所使用的工具也仅仅限于磨制火石和木头所制成的工具等等。而建造金字塔的石块，每一块都重达200余吨。在建造设施落后的情况下，狮身人面像和它周围的金字塔又是怎样建成的呢？

狮身人面像至今屹立在埃及广袤无垠的沙漠中，它给人类留下了无数个扑朔迷离的谜团，这些谜团仍在困扰着人类。但不论怎样，狮身人面像都是古埃及人留给人类的艺术文化瑰宝，当旅游者骑乘着大马，或开着高马力的车辆驰骋在埃及的蓝天下，绕着金字塔飞速行驶时见到屹立不倒的狮身人面像，都不禁要对古埃及人的文明肃然起敬。

古巴比伦的奇迹

通天塔是否真的存在

　　古巴比伦的"空中花园"与中国的万里长城、埃及的金字塔等，一起被誉为人类史上的"七大奇迹"之一，空中花园是巴比伦王国最为伟大的建筑。在修建空中花园的同一时期，有传言说，巴比伦王国同时也修建了一座通天塔。不过，这座传说中的通天塔是否真的存在呢？

　　据了解，巴比伦是两河流域最繁华的古代都城。史学界曾经极力地想恢复巴比伦古城的旧貌。有野史记载，巴比伦古城有两座建筑非常宏伟，一个是空中花园，还有一个就是传说中那座让上帝都感到又惊又怒的通天塔。对于通天塔是否真实存在，学者们给出了多种看法。

　　第一，《圣经》中描述的通天塔真实存在。

　　最早提到通天塔的是《圣经》。在《圣经》中，它对"通天塔"的外貌有这样一段描述：人类一直以来都是用一种语言进行交流沟通，直到有一天，诺亚方舟建造者的后人想要建造一座巴比伦通天塔，然而上天的主宰神耶和华得知这个消息后，他害怕人类这种团结的力量会威胁到他主宰神的地位。

为了不伤害人类，又能阻止人类继续修建通天塔，他使用魔法打乱了人们的语言，这样人们之间无法正常沟通，而通天塔的建造也就成了难题，于是便会终止建造通天塔。后来有人把这座大塔称作"巴别"，"巴别"在希伯来文中是"变乱"的意思。其实"巴别"原是来自巴比伦文，意为"神之门"。

第二，通天塔其实就是巴比伦的马都克神庙大寺塔。

对于《圣经》中关于通天塔的描述，很多历史学家提出了反对意见。学者们认为，《圣经》所说的通天塔其实是另有所指，它指的是古代两河流域时期位于巴比伦城市中心马都克神庙的神秘大寺塔，这座大寺塔被诗人称作"埃特曼安基"（意为天地之基本住所）。这座大寺塔是由新巴比伦国王那波帕拉拉沙尔提议修建的，可惜还未来得及竣工，那波帕拉沙尔就因病离开人世了。他的儿子尼布甲尼撒坚持继续完成父亲遗留下来的工程，终于将这座大寺塔建成。修建这座塔时，尼布甲尼撒为了使塔有着与天比高的豪迈气魄，他要求将塔尖增高。最后，按照他的要求，大寺塔一共建造了7个楼层，塔高约295英尺。

据公元前229年史料的详细记载，大寺塔的地基约95英尺，这一点同《圣经》中的记述是完全相同的。而且考古学家在考古中发现，用来建造大寺塔的材料同《圣经》当中的记述也是一样的。并且，古巴比伦城是一个多民族聚居的大城市，众多民族的聚居使城市中的居民语言情况极其复杂。这一种情况在《圣经》里面也提到过，耶和华为了阻止人类修建"通天塔"，他打乱当时城内所有人的语言，这一情形与《圣经》中所记述的情形也是完全相同的。

经过后世考古学家的研究，他们发现早在苏美尔的远古时代，这种多楼层结构的方形塔寺已经出现。建造这种塔的人认为，上帝会从天上利用行星飞进塔里，同一些尊崇神明的人交流。因此，当时这些塔是用来祭神、思索宇宙以及观察天象的地方，这与基督教徒对神灵的崇拜是符合的。

除了以上说法，公元前 5 世纪，古希腊著名的历史学家希罗多德所著的经典史书《历史》中，也有对这座大塔的记述："在这个圣域的中央，有一个造得非常坚固的塔，塔上又有第二个塔，第二个塔上又有第三个塔，一直到第八个塔。人们必须螺旋而上，通过塔层的扶梯，最后才能到达塔顶。在最后一重塔上，有一座巨大的圣堂。"这段记述与《圣经》中记述的不同，希罗多德的记述中这座大寺塔的塔身共有八层，但是《圣经》记载只有七层，两者略有出入。史学家对此的解释是，当时希罗多德很有可能将最底层的塔基高台也算作了一层，那么就比《圣经》的记载多出一层。

第三，通天塔是人类臆想出来的。

很多历史学者对《圣经》中提到的通天塔提出了否定意见，他们也不认为通天塔就是巴比伦王国时代的马都克神庙大寺塔。他们猜测，通天塔有可能是当时的人们臆想出来的，臆想的来源是巴比伦以前的时代建造出来的萨哥埃尔神庙和米堤犹拉哥神庙。

第四，通天塔其实是乌尔大寺塔。

另外也有一些历史学者认为，通天塔实际上是位于巴比伦城东南的乌尔大寺塔。当地有传说称，这座乌尔大寺塔是当年闪族人从乌尔迁到迦南时建造的。这些学者认定，在新巴比伦王国时代，修建的所有寺塔中，乌尔大寺塔的规模最大、修建的时间最早。在地理上，这里位于巴比伦城东南 135 英尺处，这里是两河冲积地，上游带来的泥沙提供了取之不尽的建筑原料，解决了修建高塔的材料问题。如果像《圣经》中说的那样，闪族人也的确曾有过从东方到西方的大迁徙，那可能就是指族长率领部落从乌尔迁到迦南。以上种种理由，似乎都可以证明，乌尔大寺塔便是传说中的通天塔。

时至今日，关于通天塔的说法，仍然是一个众说纷纭的历史谜题。所谓让上帝又惊又怒的通天塔，是否是真实的呢？如果通天塔确实存在过，那又有谁亲眼见识过这座塔的真容呢？它真的如传言中那样恢弘巨大吗？对于通天塔的修建，目前还没有人可以提供出更加可靠的史料来说明。通天塔之谜，留给人类的将会是无限的遐想。

多功能的大门

太阳门何以神秘

南美大陆的蒂亚瓦纳科文化出现在公元 5 世纪到 10 世纪，这种文化以精美壮观的石建筑为代表，而石建筑最伟大、最神秘的当属太阳门，太阳门是该文化的代表。太阳门被发现后，很多学者投入心思去研究它的神秘之处，不过，太阳门何以神秘呢？

据了解，太阳门是用重达 100 吨以上的整块巨型石雕刻而成，它的外表造型庄严肃穆，各方面比例恰到好处。太阳门高 3.048 米，宽度为 3.962 米，由一块完整的巨型石雕凿成，中间凿有一个门洞。上面是一幅浅浅的浮雕神像，在浮雕两侧均匀排列着 3 排 48 个较小的、形象生动的浮雕，其中上下两排是带有翅膀的勇士，中间一排是人格化的飞禽，像是在并列守卫着太阳门。关于太阳门，有这样的一个说法，据说每年的 9 月 21 日，当天的第一缕光线总会射在太阳门上，因此石门才有了"太阳门"的称号。太阳门的发现，曾经引起了极大的轰动，在给人类留下一处极为辉煌的文化遗址的同时，也给人类留下了无数的谜团。

第一个谜团：它的建筑之谜。

要知道，蒂亚瓦纳科文化遗址在高耸入云、峭拔陡立的安第斯高原上，这种文化堪称奇迹。须知，这处建筑出现的时间是在印加人创造蒂亚瓦纳科文化的年代，是落后的原始社会，当时社会的运输工具极为落后，甚至连有轮子的载重工具也见不到。那么，当时的印第安人是怎样将沉重的石块运到高原上的呢？

第二个谜团：是谁创建了这处文明奇迹？

16世纪中叶，登上美洲大陆的西班牙殖民者，他们见到这处庄严的古建筑遗迹时，不禁大为惊讶。当时的西班牙人认为，这是美洲的土著居民印第安人或者是艾马拉人建造的。但是，艾马拉人坚持认为是太阳神建造了太阳门和蒂亚瓦纳科文化。在他们看来。古老的太阳门，是只有高高在上的太阳神才能够建造的。有书中记载了两个美洲当地的传说：一个说，太阳门是由一双看不见的神秘之手一夜之间在不为人知的情况下造出的；另一种说法认为，那些雕像原本是当地居民，后来被一个外来朝圣者变成了石头。

第三个谜团，太阳门的作用是什么？

首先是天文说。奥地利考古学家阿瑟·波斯南斯基认为，太阳门是用来探测天文的。在20世纪上半期，他曾经提出这样一个假说，他认为，这一处建筑可以往上追溯到13000多年之前。从"太阳门"秋分时节射入第一道太阳光这一点看，太阳门上的那些奇怪字符是用来表达历法的。其次是宗教说。美国考古学家温特尔·贝内特，他曾经用层积发掘法检测出，这处建筑应该是在公元1000年建成的。他认为，这里本来是宗教圣地，很多虔诚的宗教分子每年跋山涉水地赶到这里来，举行朝拜仪式，并建造了这些气势宏伟的建筑群，为人类留下了一处辉煌的文化遗址。他的这一观点得到了苏联历史学家叶菲莫夫、托卡列夫的极力认可。但是，这一观点也遭到了很多学者的反对，并提出了充分的反对理由。首先，建造太阳门的安山岩，采自喀喀湖上一个名叫科帕卡班纳的半岛上，以当时的运输条件，是没有办法将石块运到高原上的。玻利维亚的科学家指出，如果由水上运输，那么，所能搬运的石块只能是小块的，对建筑群的建造来说，可谓是杯水车薪，因为建造太阳门所用的石块，均是百余吨以上的巨石。如果从陆路运输这样一块石块，即使是半吨重的石头，也要六名身强力壮的士兵才能拖动。根据当时社会低下的生产力水平，要想将重达百吨的巨石从五千米以外的采石场搬运到建筑群的所在地，就需要每吨巨石配置65人和数千米长的羊驼皮绳。以当时美洲大陆的情形，这种条件是根本达不到的。此外，要想将这么庞大沉重的巨石竖立起来，并建成门，没有大型的起重机也不行。可是，当时的印第安人，甚至连木制的车辆都没有，这样巨大的石门是怎样建造起来的呢？

著名的考古学家卡洛斯·庞塞·桑西内斯和伊瓦拉·格拉索，他们提出了与阿瑟·波斯南斯基、温特尔·贝内特完全不同的看法。用放射性碳元素鉴定的结果表明，蒂亚瓦纳科建筑群从公元前300年开始修建，到公元8世纪才完成，虽然建造时间上，他和温特尔·贝内特的观点不同，但他们都认为建筑群的作用是宗教的圣坛。不过，温特尔·贝内特认为建筑群是举行宗教仪式的中心场所，太阳门起到大门的作用，那些浮雕反映的是当时信徒朝圣的情况。伊瓦拉·格拉索认为，太阳门可能是阿加巴那金字塔顶尖的庙宇。

还有一种说法，认为这些建筑群是贸易中心。美国的历史学家艾·巴·托马斯则否认遗址是宗教活动的场所，他认为遗址是一个大的商业和文化活动的中心。

不论太阳门有怎样的神秘之处，不论它存在着多少困扰人类的未解之谜，总之，太阳门是人类建筑史上的一个伟大奇迹。它是南美大陆文化的象征，是南美洲最负盛名的文化奇迹。不论是什么人，当见到太阳门的雄伟壮观，都不禁要为它而惊叹。

被沙尘掩盖的文明
特洛伊城遗址的发现之旅

在荷马史诗中，曾详细记述了古希腊人依靠木马计，成功地夺取了特洛伊城，这场战争是为了争夺当时世界上最美丽的女人海伦而发动的，古希腊人获得了最终的胜利。但是，严谨的史学家认为，特洛伊战争仍有很多的疑团。历史上真的发生过这一场战争吗？特洛伊这座城市，又是否真的存在于现实当中呢？

关于特洛伊战争最早的记载，出现在《伊利亚特》和《奥德赛》两部经典史诗中。这两部作品既是不可多得的文学名著，也是研究古希腊历史的珍贵史料。这两部作品是古希腊盲人学者荷马遗留给后世的瑰宝。

据这两部史诗记载，达尼尔海峡将希腊和土耳其两个地区分隔开。在距该地几英里处，靠近亚洲的一面耸立着一座小山，它被世人称为希沙立克。

根据希罗多德、色诺芬、普卢塔克以及希腊和罗马的其他一些古典作家的说法，闻名于世的特洛伊城就坐落于此。但是这些古典作家却不能肯定，学者荷马是否真的到过这座城市。但是他记述的特洛伊战争的经过，希腊人十分坚信它的真实性，而且毫不怀疑地认定这场战争就发生在希沙立克附近。

荷马史诗中的描述是："那是一个与人类很像的神灵，而神灵身上又表现了太多的人性，特洛伊城就是人和神之间最伟大的交流场所。这座城市目睹了太多的变故。帕里斯是特洛伊国王普里阿摩斯之子，他绑架了世界上最美的女人海伦，并从希腊将她带回了特洛伊城。希腊为了夺回海伦，国王阿伽门农率领他的军队来到特洛伊。就是在这里，希腊最勇敢伟大的战士阿喀琉斯杀死了帕里斯的哥哥赫克托耳。"

在《伊利亚特》的最后一幕，普里阿摩斯会见了阿喀琉斯，谈判的结果是归还他儿子赫克托耳的尸体，并达成了希腊人和特洛伊人之间的停战协议。但是，熟知《奥德赛》史诗的读者很清楚，有关特洛伊城的故事并没有就此结束。帕里斯为了给哥哥报仇，他给了阿喀琉斯致命的一击。而希腊人则借助一匹巨大的木马，他们潜入特洛伊城内，并且最终摧毁了特洛伊城。自此，特洛伊和古希腊发展的黄金时代也终结了。特洛伊城因为这场战争被希腊人毁灭，特洛伊文明也就此终结。

对于荷马的记述，从18世纪起，很多历史学家、著名学者开始对特洛伊是否发生过战争产生了怀疑，荷马史诗中所叙述的特洛伊战争更是被怀疑是编造的。一些人甚至对荷马本人也产生了疑惑，荷马这个人是否真的出现过？

很多学者注意到，荷马和希罗多德之间相隔了数百年，而荷马又和所谓的古希腊黄金时期，也就是特洛伊战争的时代相隔了几百年。几百年之后的人类叙述，又有多少的真实性呢？

有很多学者赞同特洛伊真实存在这一个观点，其中包括弗兰克·卡尔弗特，他是美国驻当地的领事、业余考古学家。1868年，卡尔弗特邀请一位来访的德国百万富翁共进晚餐，富翁叫作海因里希·谢里曼，这位富翁对荷马十分着迷。在交谈中，谢里曼被卡尔弗特说服，开始相信希沙立克就是特洛伊城。谢里曼足够富有，他可以支持卡尔弗特展开考古调查。

1873 年 5 月，谢里曼在古希腊发现了珍宝，它们全是做工精湛的金银器物，这些物品中有：两顶用成千上万条纤细的金线织成的金冠、60 对金耳环和 8750 只金戒指。谢里曼认为，这些珠宝肯定是属于特洛伊国王普里阿摩斯的，海伦的珠宝也含杂在内。他推论，这些财宝是在希腊人洗劫特洛伊时打算劫走的。他还表示，当希腊人洗劫特洛伊时，一名王室成员捡到了一只珠宝箱。后来箱子和特洛伊人都被埋在废墟之中。因此，谢里曼猜测，珠宝附近一定会发现一把可以开启珠宝箱的钥匙。最具讽刺性的是，后来的考古学家们研究发现，荷马书中关于特洛伊城的记载时间比谢里曼发现的城市建造的时间要晚几个世纪。因此可以断定，这些珠宝绝不可能是特洛伊人的。更糟的是，谢里曼因为急于到达小山底部，他将荷马笔下的特洛伊城挖通了，他将特洛伊城市的遗址破坏了。

谢里曼死后，学者威廉·德普费尔德继承了他的事业，威廉·德普费尔德曾经是谢里曼生前的助手。他沿着原来的城市遗址不断向西、向南挖掘。相比谢里曼，德普费尔德无疑比他成功多了。在 1893 年和 1894 年，他在遗址中发现了更多的房屋和瞭望塔，以及一段三百余米长的城墙，甚至还有迈锡尼时代的很多陶器。德普费尔德发现的建筑物比谢里曼发现的任何建筑都更符合荷马史诗的描绘，所以他认为，这才是荷马描述的特洛伊城。此外，德普费尔德还仔细分析了希沙立克之下的沉积物，他认为谢里曼发现的特洛伊城不过是希沙立克的第二座建筑，建筑建于公元前 2500 年。而他本人发现的特洛伊则是第六座城市，建于更早的 1000 年前到 1500 年前。虽然这种推断并不是十分准确，但十分接近于特洛伊战争的发生时间——约公元前 1200 年。

直到 40 多年后，德普费尔德的观点才被一支美国探险队推翻。探险队在学者卡尔·布利根的带领下，来到希沙立克进行发掘。布利根认为，古希腊人的入侵并不是造成第六座特洛伊城毁灭的原因。城墙的一部分地基发生了偏移，其他部分也彻底坍塌了。布利根认为这种破坏不可能是人为的。他将这种情况归结于一场地震。他认为，希沙立克出现的第七座城市才是荷马史诗笔下的特洛伊城。

　　谢里曼、德普费尔德、布利根，这三位考古学家都坚信自己在希沙立克发现的城市才是荷马史诗中的特洛伊。为了证实三人的观点，20 世纪 90 年代中期，德国考古学家曼弗雷德·科夫曼也来到了希沙立克。他运用了遥感等现代化科技，测定出德普费尔德、布利根发现的城墙修建时期，他们先前确认的时间远远早于实际时间。科夫曼的分析还表明，在公元前 8 世纪，特洛伊城还存在，荷马很有可能在这段时间居住在特洛伊城。

　　有学者坚持特洛伊城的确存在，自然也有学者反对。今天的大部分学者强调，对于在希沙立克发现的赫梯的楔形文字泥板，可以有各种各样的解释。这些泥板显然不足以证明历史上有普里阿摩斯或帕里斯这样的人物，更何况是美女海伦以及勇士阿喀琉斯或阿伽门农的存在！特洛伊战争到底有没有发生过呢？很多学者认为这已经很难考证了。有人认为，《伊利亚特》和《奥德赛》只是诗人对已经过去的黄金时代的想象，并不能作为真实的史实。

　　特洛伊或许如楼兰古国和亚特兰斯帝国一样，它们一同消失在了历史的尘沙中。对于消失了上千年的文明，沉淀出来的将会是更大的吸引力。

罗马艺术的结晶

庞贝古城是怎样消失的？

庞贝古城是古罗马帝国文明史的辉煌成就，是古罗马人艺术的结晶，然而，庞贝古城在 2000 多年以前却神秘地消失了。是什么原因导致人口众多的古城在一夜之间消失不见了呢？

从还原的古城面貌中，人们可以了解到一些信息。庞贝古城位于维苏威火山西南脚下，距离罗马城约 200 千米，位于那不勒斯城附近。庞贝古城是一座背山面海、繁荣昌盛、清凉避暑的繁华城市。它建在面积约 0.63 平方千米的五边形台地上，周围城墙长 3 千米，共有 7 个城门和 14 座城塔，城内街道纵横，以"井"字形排列，将全城分为 9 个城区。全城的街道都是由青石板铺就，大街十字路口处建有带有雕像的石制水槽，水槽和城市中的水塔相通，遍布全城，供给城内居民饮用。街道两侧，商铺林立，包括竞技场、体育场、酒店、赌场、妓院、公共浴室等娱乐、商业设施，可以想象，当时的庞贝古城已经繁华到了极点，

那么，到底是什么原因让这座古城埋藏在废墟中 1600 多年的呢？

庞贝古城的遗址是意外被发现的。1748 年，为了方便引水灌溉农田，那不勒斯国王命令御前工程师阿勒比尔去勘测一条 150 年前开凿的引水隧道，他从那不勒斯西北部 20 千米的地方开始挖掘，挖了 6 米多的时候，发现了一具手中握有金币的木乃伊和一些色彩艳丽的绘画。当时的考古学家经过认真分析，认定阿勒比尔开挖的地方正是消失了 1600 余年的庞贝古城。为了寻找更多的金银财宝和珍贵艺术品，人们开始对庞贝古城进行疯狂地挖掘，他们挖掘的目的只限于寻找财富。

从 1860 年开始，经过了一个世纪有系统、有条件的大规模发掘，埋藏在废墟中 16 个世纪的庞贝古城终于重新出现在世人的眼前。德国考古学家约翰根据杂乱的古城遗迹和自己掌握的历史知识大致描绘出古城的原样。重现的古城中，餐桌上还放着没有吃完的熟鸡蛋和烤好的鱼，面包炉里面还有刚刚烤好的面包，商店前台仍放着找零的硬币，瓶罐中盛放着栗子、橄榄、葡萄、小麦和水果。这些早已成为化石，学者们用他们生前的动作、表情，向世界生动地展示了当时灾难来临时庞贝古城的情景。庞贝古城的灾难来得很迅速，有人蹲在地面上，他们双手捂住面孔；有的趴在地上挣扎不止；有的头顶枕头、被褥，仓皇逃出住房；小女孩抱着母亲的双膝大哭；看家的家犬前腿跃起，像是要逃命……所有的一切都定格在那一瞬间，庞贝古城中的生活情景好似突然中断。

据考证，庞贝古城当时应当有 3 万余人口，至今发掘出 2000 余具尸骨。这些尸骨被周围火山喷发的石灰岩浆包裹得严严实实，形成了硬壳。到后来，遗骸腐朽化为乌有，尸体原型的空壳却保留了下来。为了纪念古城的辉煌，同时让人类牢记灾难带给人类的创伤，考古学家们就地取材，他们往遇难者死尸上灌筑石膏，好让他们仍然保持原状。

到此，又一个疑问出现了，当时古城中的大部分人都跑到哪里去了？坚持留在庞贝古城的人为何都死得这么惨?

大部分考古学家认为,庞贝古城毁于维苏威火山的大喷发。公元79年8月24日的中午时分,城内正常生活的居民听到了维苏威火山发出了巨吼。一瞬之间,炽热的岩浆喷薄而出,浓浓黑烟,遮天蔽日,空气中处处弥漫着令人窒息的硫磺味,火山灰砂毫不留情地扑向庞贝古城。仅仅数小时,14米厚的火山岩浆便将建筑恢宏的古城埋没在火山灰之中。

庞贝古城毁于火山的喷发,这已经成为考古学界的共识,只是让人产生争议的是,古城真的毁于一瞬间吗?

对此,很多学者提出了异议,他们认为火山喷发会有一个较为漫长的过程,前后经历了八天八夜,生活在古城的居民应该有足够的时间从容逃生。为此,有人认为,火山开始喷发时,岩浆、碎石、烟灰、水蒸汽一起喷上天空,半个小时之后,空气中的粉尘、硫磺味道令人窒息。4小时之后,飘落到屋顶的火山灰太重,建筑物开始纷纷崩塌,直到这时,城内居民才意识到灾难的来临,惊慌失措的人们逃出了城市。等到48小时之后,火山喷发物逐渐减少,逃生的人们以为灾难已经过去,纷纷回到城市。但这时,灾难才真正开始降临,火山开始了第二次大喷发,灼热的岩浆将城市毁于一旦,今日所见的尸骨残骸多是由于这一次灾难造成的。在第一次的袭击中,城内的居民死亡人数很少,第二次是造成人们死亡的最终原因。

文明辉煌的庞贝古城,它是如何在火山大喷发之中变成了"化石城"的呢?

考古学家们认为,当时火山喷发之后,足足下了八天八夜的大雨,雨点落到灼热的岩浆层上化为蒸汽,蒸汽再一遇冷凝成了水滴,聚合当时空气中飘荡的灰尘和落下的瓢泼大雨,山顶的灰渣最终形成了滔滔不绝的泥浆流。泥浆流便如水泥一样,它流过的地方,干燥后就像岩石一样坚硬,积灰的城市便盖上了一层硬壳,这就是地质学上所谓的"水熔岩"。

此外，既然火山将庞贝古城毁灭，为何邻近的那不勒斯城未曾受到火山的威胁和覆灭？

众所周知，意大利第四大城市那不勒斯拥有 140 万的人口，占了那不勒斯湾一带人口的 2/3。从地图上看，那不勒斯比庞贝古城更接近维苏威火山，但从地理上看，那不勒斯的地势高于庞贝古城。而且，维苏威火山喷发时，风向是西北风，火山缺口在东北方向，所以那不勒斯幸免于难。

这一切都成为了人类文明史上的难解之谜。但是，不论这些难解之谜最终会有何解释，又或者能不能揭开，都无碍于庞贝古城的辉煌，因为它给世人展现了它文明灿烂的一面。

沙漠中的绿洲
"精绝国"缘何人间蒸发？

"黄沙百战穿金甲，不破楼兰终不还。"这句诗中提到的楼兰古国是西域的一个重要国度，它被称作"精绝国"。不过，这座精绝国莫名其妙地从历史的舞台上蒸发了。它是如何消失的呢？曾经的精绝国又有着怎样的辉煌呢？

精绝国在历史上属于大汉王朝的统辖区域。据《汉书·西域传》记载，公元前 140 年，雄才伟略的汉武大帝为了联合西域诸国北击匈奴，派遣张骞两次出使西域，最终将西域纳入大汉王朝的统治之下。西域广袤的领土被囊括到汉朝的版图之中，并建立了一条极为重要的商路——丝绸之路。精绝古国也受到汉朝西域都护府的管辖，在国王之下设有将军、都尉、驿长等官职。精绝国虽是小国，但是位于丝绸之路上的咽喉要地，地理位置十分重要。精绝国受丝绸之路的影响，其经济、文化迅速发展。

这样一个国度在公元 3 世纪莫名其妙地从人间蒸发，精绝国文明古城被埋藏在风沙中已上千年。直到 19 世纪末的时候，它才被闯入中国西部探险的英籍匈牙利人斯坦因发现。

19 世纪末 20 世纪初，大批西方学者掀起了进入中国西北部探险、考古的热潮。1900 年 1 月，尼雅绿洲迎来了一支由英国探险家斯坦因率领的探险分队，当时他们来了很多人，他们聚集的沙漠绿洲城市叫作尼雅巴扎。在这里，斯坦因从一个名叫伊普拉欣的当地人手中见到了被认为消失已久的佉卢文，这些刻有佉卢文的木板是他从沙漠北方带回来的。佉卢文是印度孔雀王朝的文字，全称为"佉卢虱底文"，这种文字在今天的巴基斯坦和印度西北部还在使用。在公元 1~2 世纪时才传入中亚地区。公元 4 世纪中叶，随着贵霜王朝的灭亡，佉卢文也跟着在中亚国度消失不见。在 18 世纪末期，已经没人能够看得懂这些怪异的文字了。

斯坦因凭借着考古探险家的敏锐直觉，他认定佉卢文在这一片沙漠中出现绝非偶然事件，它的出现预示着沙漠中可能隐藏着消失了的文明，也有可能存在着一个不为人知晓的王国。于是，次年 1 月，在当地人的引导下，考察队顺利地找到伊普拉欣发现文物的地方。

第一天，斯坦因便发现了几百片木板文书。这些发现让斯坦因兴奋不已，这进一步证实了他的推断。随后，靠着这些线索，斯坦因终于找到了埋藏在尘沙中近两千年的精绝国遗址。眼前的一切令他无比震惊：遗址内都是欧洲人从未见过的木盾、捕鼠夹、弓箭、靴熨斗、红柳木笔、六弦琴、餐具等，还有金耳饰、银器、铜印、铜镜、铜镞、铜戒指、带扣、贝器、水晶珠饰、玻璃、漆器残片、木器、铁器和各类织物，更有用梵文书写的佛经、汉文木简，以及各种历史遗迹，如墓葬群、果园、蓄水池、古桥、炼丹炉、桑树林等等，它们都完好无损地展现在考古分队面前，让见到的人无不目瞪口呆。

在尼雅遗址的一所房子的废墟中，考古学家发现了一条狗的遗骸。这条狗的脖子上拴着绳子，绳子的另一端拴在柱子上。很显然，这条狗是因为长时间未曾进食而被活活饿死的。它的主人在离开前忘记了给它解开绳子，由此可见，精绝人在离开时行踪匆忙。那么，精绝人为何突然消失了呢？精绝人抛弃了自己的家园，他们又迁往什么地方去了呢？

第一种说法：避乱说。

从遗址出土的木简中，我们了解到，性情悍勇的苏毗人经常侵略精绝国，威胁着精绝国的安全。由此可以推想，这一片绿洲中曾经战乱不断，为了躲避战乱，精绝人放弃了这片世代居住的绿洲，然后迁往其他的地方居住。这种想法很合情理，但是仔细分析，这种情况似乎也存在着很多难以解释的漏洞。首先，如果是有组织的撤退，为什么撤退的人们没有带走重要的官方文书呢？而且在遗址现场，根本就没有发现战乱后的白骨，也没有战争遗留下来的断戟残剑。这里出土的死尸，他们的表情都是安详平静的，还有很多陪葬物品。城市房屋遗址也是完整的，排列整齐，完全没有被战乱破坏的痕迹。总之，现场的一切完好，证实了造成精绝古国消失的原因并非是由于战乱。

第二种说法：环境恶化说。

相当一部分史学家从环境的角度分析精绝国的毁灭，西域干旱的气候以及土地的沙漠化，经常造成河流的改道，甚至消失。如果人类要想生存繁衍下去，水资源是必不可缺的生命根源。那么是否可以这样猜想：如果养育精绝人的尼雅河水量减少，或者改变了流向；再有风沙干扰了精绝人的生活，从而最终迫使精绝人离开了家园呢？

《汉书·西域传》曾经这样描述精绝人居住的地方："泽地湿热，难以履涉，芦苇茂密，无复途径。"尼雅河是当地沙漠地区唯一的一条中型河流，精绝国遗址则在河流的北边，这条河是从昆仑山上流淌下来的，它孕育了古精绝国的辉煌。若是这条河流消失或者改道的话，对精绝人会造成致命的打击。如果真是这样，当时的精绝国确实无法生存。在出土的佉卢文木简中，人们甚至可以看到精绝人的"环保措施"。"砍伐活树，罚马一匹；砍伐树杈，罚牛一头。"精绝国开始用法律手段保护树木，可以想象到，在当时，精绝人便已经意识到树木、水源对人类生存的重要性。

从这里也可以感受到精绝人生存的环境在逐步恶化，但是有学者提出，导致精绝人消失的不是环境恶化。因为影响水资源的因素主要有两个：第一是河流的改道；第二是河的上游出现了大规模的人群聚居，从而造成了河水的消耗。可至今为止，人类尚未在河的周围发现其他民族聚集的痕迹，以及河流改道的痕迹。

精绝国文明的消失，不是因为战乱，也不是因为环境的恶化，那么精绝人为何会从他们世代居住的地方迁徙走呢？是什么原因造成了精绝古国一夜之间从人间蒸发呢？

精绝国是西汉"丝绸之路"上的重地，它的辉煌是古代西域史上的一朵奇葩，然而这朵奇葩却在一夜之间凋谢。直到今天，精绝国从人间蒸发之谜依然是历史上难解的谜团。但正是它曾经的辉煌吸引着一代又一代的考古学家，让他们能够满怀热情地投入到精绝古国的研究探索之中。

玫瑰红的城市

人们为什么要放弃佩特拉城？

举世闻名的佩特拉城是一座在岩石上雕凿出来的城市，因为其城市的色彩而被称为"玫瑰红的城市"。据了解，佩特拉古城处于与世隔绝的深山峡谷中，位于海拔1000米以上的高山上，城市中的设施几乎全部是在岩石上雕凿出来的，周遭处处都是悬崖绝壁，其中有一座能容纳2000多人的罗马式露天剧场，它的舞台和观众席都是在岩石上雕凿出来，巨岩山石浑然连成一体。这样一座无比辉煌的城市被古罗马人入主后，没过多久却又被抛弃。那么，古罗马人为什么会将这样一座城市白白地抛弃了呢？

据了解，佩特拉城遗址以岩石的色彩举世闻名。这里的岩石不只呈红色，还有淡蓝、橘红、黄色、紫色和绿色等各种颜色。"佩特拉"在古希腊语里是"岩石"的意思，佩特拉城就是岩石之城。这个新的解释取代了《圣经》中的"塞拉"一词。

公元106年，古罗马人接管了佩特拉城，这座与世隔绝的城市依然保持着它的繁华，但后来因为贸易路线的变化，佩特拉古城也就不再像以前那样受人们重视了。最终，城市被它的新主人古罗马人彻底地遗弃了。曾经的古城被遗忘在深山丛林之中，直到 1812 年，岩石中的古城才重新被人们发现。进入 20 世纪，这座被遗忘的古城成为了旅游胜地，新兴的旅游业为当地的经济发展带来了极大的利益。同时，古城也迎来了一支支的考古队。

经过对佩特拉的石雕墓地和神庙认真地勘察之后，研究者们作出推测，他们认为佩特拉古城的建造融入了埃及、叙利亚、美索不达米亚、古希腊、古罗马等国家的建筑风格，造就了这样一座别具一格的城市。这座古城的文化包容性极强。佩特拉城内有很多的墓地，考古学家进入这座古城后，他们的注意力都被那些墓地吸引了，于是很多学者便将佩特拉城当作了一个巨大的坟场。在古代，统治者经常为自己修建豪华的墓地，这种记载并不少见。学者们猜测佩特拉城是君主为自己在深山中修建的一个墓城，这座城市可以在自己死后，供自己的灵魂享乐。

但是，这种观点很快被人推翻。研究这座城市的考古学家们，他们将注意力放到了佩特拉人的生活方式上。考古学家们极力地寻找古罗马人开凿的商道痕迹，他们挖掘出城市的三个大市场，并借此想象当时城市的盛景：店铺林立，商队赶着骆驼，或者骑马从城市中经过，一派车水马龙。他们也研究城市当中的蓄水设施。这些设施是由纳巴泰人开凿建造的，里面有一个大蓄水池和一条水渠，水池收集雨水和泉水，然后通过水渠输送到城市的中心。纳巴泰人还在城市中安装了很多的陶制输水管，将收集到的水输送到城市的各个角落。罗马帝国将佩特拉城吞并以后，他们进一步改进了纳巴泰人的供水设施。

据学者们的估计，在佩特拉古城的全盛时期，全城人口高达 3 万。在当时，佩特拉城的城市规模已经远远胜过了当时欧洲各国的城市。而城市中大多数的建筑物都是用岩石雕凿出来的，随着古罗马人将城市遗弃和时间的推移，佩特拉逐渐成为历史的废墟，被深山的千年风沙所淹没。

这样一座古城，为什么会被人遗弃了呢？即使失去了对商道的控制权，可是，它的繁华也并没有因此受到很大的影响，而且，即使它已经不再繁华，也仍然可以当作城市继续存在下去，古罗马人为什么要放弃这座城市？对此，学者们给出了几个原因。

第一个原因：多次地震导致佩特拉城不安全，人们不得不离开。

经过研究，考古学家们提出了各种的假想。导致城市衰亡，并使人类放弃城市的原因是天灾。公元363年，一场地震降临在佩特拉城。地震后，曾经美丽的城市，大多数建筑沦为废墟。参加过发掘的拜占廷学者比纽菲玛说道："沿着柱廊街道，看看那些倒塌的商店你就明白了。怕麻烦的店主们宁可在倒塌的房屋前重建房屋，也不愿意清理废石，这是城市秩序、财富衰退的体现。"这次地震后，城市主人并没有放弃，到了公元551年，佩特拉城第二次遭到地震的威胁，全城遭到了毁灭性的破坏，再也无法重建。

第二个原因：土地沙漠化，风沙席卷了佩特拉城。

1991年，一群亚利桑那的科学家们在《贝冢》一书中提出了佩特拉城市被遗弃的理由。他们研究过那些鼠、兔和啮齿类动物的贝冢或者说巢穴。这一类动物都有收集棍子、植物、骨头以及粪便的生活习性。动物们的巢穴被尿水浸湿，尿液中的化学物质硬化后，可形成一种令穴中东西腐烂的胶状物质，这种物质被称为"贝冢"。据研究发现，有些贝冢存在了近4万年之久，里面盛满了贝冢形成时期的植物、花粉等标本，每一个贝冢都可以作为揭示历史的时间证据。从佩特拉城的贝冢中，他们发现，在纳巴泰人时代，橡胶树遍布四周山野，然而到了罗马时代，为了建房和获取燃料，他们砍伐了大量的树木，致使大面积的灌木林草坡带变成了荒漠，很多森林因为过度砍伐而消失了。公元900年，畜牧业急速发展起来，导致生态恶化，灌木丛和草地大面积消失，沙漠化逐渐严重起来。科学家们认为环境恶化是导致佩特拉城衰亡的重要因素，当环境无法提供足够的食物和燃料时，为了生存下去，城市中的居民只好迁徙到别处去了。

学者们还留意到了一根拔地而起的花岗岩石柱，拜占廷学者比纽菲玛说："约旦国内并没有花岗石，这些石块来自埃及。看着那根花岗岩石柱，我常常在想，地下面究竟埋藏着什么。一座皇宫？一座教堂？无论你走到佩特拉城的何处，你都会面对这样一些谜题。"

到目前为止，佩特拉城还未被人类全部发掘，在这座岩石雕凿的城市之下，是否会有更多的惊喜、更多的谜团等待着人类去探索呢？佩特拉城的雕凿技术十分发达，让现代人吃惊之余也在惊叹古代人的智慧。

古代智慧的结晶

神奇的独石教堂

埃塞俄比亚是非洲重要的国家，它拥有着悠久的文化和历史，这个古老的国度留给人类最大的文化成就是神奇的独石教堂。独石教堂位于埃塞俄比亚首都亚的斯亚贝巴以北50千米的拉利贝拉城，这座教堂建在海拔2500米的高山上，神奇的独石教堂引起了学者们的兴趣，这座独石教堂有着怎样独特的地方呢？

首先，独石教堂的作用。

人类是伟大的，人类创下了一个又一个辉煌的文明。远古时期的人类，在生产力低下的情况下，凭着勤奋的劳动和出众的智慧，创造了无数个奇迹。这些奇迹，在今天看来，仍然让人惊叹。

独石教堂就是一座让人震惊的建筑，它长期以来被隐藏在群山之间。从地面看去，很难发现山坡中隐藏的建筑物。只有走进大山，才可以发现沉没于地下的 11 座石头构架的教堂。独石教堂在 1974 年被考古学家偶然发现，距今荒废近 600 余年。据考证，此地原名罗哈，从 11 世纪到 14 世纪，罗哈是扎格王朝的首都，后来以国王的姓氏将城市改名为"拉利贝拉"。

拉利贝拉是扎格王朝的国王，他在位期间，征调了 5000 名工匠，花费了 30 多年的时间，凿成了现在的独石教堂。扎格王朝花费这么久的时间和巨大的人力、物力来雕凿这座独石教堂，对此，专家主要有两种说法。第一种说法认为，出于安全、隐蔽上的考虑，建造这样一座独立的石教堂是为了避免外族的入侵，起到一种防护的作用。另一种说法认为，出于宗教上的考虑，教堂必须同大地连成一体，建筑根植于大地，上连天体，使人间和天堂上下连为一体，以便获得上帝的庇佑。

其次，独石教堂的建造法。

独石教堂的建造方法，也是困扰人类的一大谜团。独石教堂是纯粹的宗教建筑群，周围没有民用建筑和市镇，那教徒们是靠什么供养自己，他们是在怎样的情况下完成了这一宏伟建筑呢？

工匠建造教堂，首先选择的应该是完整没有裂缝的巨岩，除去表层的浮土和软岩，还要往四周挖 12~15 米深的深沟，然后在巨岩内除留下窗体、大门等必要部位，接着将余下部分凿通，精雕细刻，最后成为一座建筑恢宏的教堂。

从地形上看，独石教堂的修建地处于火山凝灰岩地带，这里群山屏蔽，岩石色彩艳丽。在独石教堂内，考古学家发现了许多石碑式的雕刻品，这些应该属于纪念碑一类的石碑，高度达到了数十米，重达数百吨，这些石碑成为埃塞俄比亚古代文明的标志性建筑物。一些考古学家认为，当时的埃塞俄比亚人，他们已经掌握了垒砌法以及一些比较先进的建筑技术，到了如今这个时代，技术已经失传了。拉利贝拉采用原始的凿岩造屋方法，经过几十年的时间，最后才造出了这一辉煌的独石教堂。

第三，谁是独石教堂的建造者呢？

有学者推断，应该是黑色犹太人建造了这样一个独特的教堂。所谓黑色犹太人，指的是犹太人和埃塞俄比亚人的混血人种，他们自认为是公元前10世纪犹太国王所罗门和埃塞俄比亚女王示巴的私生子的后裔。但是，史学家们对他们的说法并不认可。史学家经过研究后认为，所谓的黑色犹太人，应是公元前8世纪，亚述国在同以色列王国交战后，俘获的大量犹太战俘流落到埃塞俄比亚，他们与当地土著居民的混血后裔。

这支混血队伍，随着时间的推移，已经繁衍到上百万人的规模，后来这些人大部分皈依基督教，当时的国王宣布他们属于"所罗门血统"。而仍然坚持信仰犹太教的混血人则遭到大规模的屠杀沦为贵族的奴隶，残余部分则逃到北部的锡缅山隐居下来。

扎格王朝是当地土著人建立的王朝，他们与黑色犹太人有着不可调和的敌视立场，因此，扎格王朝对黑色犹太人是从来不会手软的。在当时埃塞俄比亚极度缺乏劳动力的情形下，他们大规模地使用犹太奴隶。独石教堂就出自这些黑色犹太人之手，他们被困在山林中，没日没夜地开凿岩石，有些受不了苦役的黑色犹太人想逃走，不过山林下有军队驻扎，逃下山的黑色犹太人都被无情地处死，这些黑色犹太人在军队的淫威下，只得继续建造独石教堂，这一建造就花了几十年的时间，后来独石教堂竣工了，拥有"所罗门血统"的绍阿王朝取代了扎格王朝。绍阿王朝对待那些仍然坚持信仰犹太教的黑色犹太人，采取了更为严厉的制裁，他们称呼黑色犹太人为"法拉沙人"(意为"外来户"或者"逃亡者")，这些"顽固不化"的黑色犹太人只剩下了五万多人，他们被控制着，过着与世隔绝的原始生活。一直到20世纪的70年代，一位领头人回到耶路撒冷，在他的号召下，黑色犹太人才开始了大规模的"大逃亡"，他们不畏万难，向北方的苏丹国迁徙。

那么，究竟是不是黑色犹太人建造了独石教堂呢？到现在为止，这一疑团仍然未解开。不论独石教堂是什么人所建造，这都不能淹没这一建筑的辉煌，以及否认独石教堂在人类文明史上的地位。

多元化的产物
泰姬陵艺术流派的大争论

在印度北方邦西南部的亚格拉市郊区，据首都新德里195千米处，有一座举世闻名、辉煌无比的雄伟建筑，它就是印度文化的代表、世界七大建筑奇迹之一的泰姬陵。不过历史上没有记录泰姬陵的建造者是谁，于是学者们展开了激烈的讨论。

据了解，泰姬陵是沙·杰罕王和其王妃的陵墓。泰姬陵占地面积为 17 万平方米，陵墓四周砌有长为 576 米、宽为 293 米的红砂石围墙，陵园结构为椭圆形。陵园大门前是一处水渠，两侧种植着象征生命和死亡的果树，周边还种植着高大的柏树。在陵园的中心处，有一个"十"字形的中心水池。皇陵上下左右都是按照对称轴均匀对称的格局建造的，中央圆顶高 62 米，令人忍不住赞叹。陵墓的四周建有四座高约 41 米的尖塔，塔与塔之间耸立着不同的墓碑，上面镶满 35 种不同类型的宝石。从泰姬陵的大门到陵墓，有一条红石铺成的通道，大门也是红岩所建，高有 2 米，分为 2 层，门的两侧各有 11 个典型的白色圆锥形小塔。从大门顺着通道可直达沙·杰罕王和其王妃的墓室，墓室里放置着他们的石棺。

泰姬陵给人类留下很多未解之谜，学者们对泰姬陵的争议颇多，主要是关于这座陵墓的设计者和艺术风格流派的争执，为此产生了三种不同意见：

第一种意见认为，陵墓的建造者是波斯人。《大英百科全书》的作者认为，沙·杰罕国王是泰姬陵的建造者，设计这座皇陵的是波斯人乌斯泰德·伊萨，并表示印度人根本没有参与陵墓的建造和设计。

第二种说法认为，泰姬陵是"欧亚文化的结合"，是东西文化交流的产物。英国牛津学派的印度史学家史密斯坚持这一观点，他认为泰姬陵是"欧洲和亚洲天才结合的产物"。欧洲文化复兴时期的一些建筑大师，如意大利的吉埃洛米莫·维洛内奥、法国的奥斯汀·德·博尔，他们都曾参与了陵墓的设计和建造，建筑风格上也因此受到西方文化的影响。

第三种说法则坚持，"主体艺术印度说"。极力维护这一观点的是印度著名史学家马宗达。他认为，从建筑风格上看，泰姬陵的建筑显然受到了古印度苏尔王朝舍尔沙陵墓的影响，以及莫卧儿胡马雍陵墓的影响。从建筑材料上看，陵墓用的是纯白大理石，这一材料和它的使用方法在西印度的拉杰普特艺术中就开始使用。此外，在莫卧儿时代，印度就已经对外开放，东西文化的交流日渐深入，泰姬陵受到了西方文化的影响，这也不足以为奇。总而言之，他认为，研究泰姬陵不可忽略印度自身的因素。

持这三种观点的学者们针锋相对，互不相让，但不论它出自谁的设计，我们都不可否认泰姬陵的价值。泰姬陵是建筑史上的一个奇迹，是一座伟大辉煌的建筑。

别样的皇陵
克里特岛山上的迷宫

在古代，人类科学并不发达，人类很长时间都相信鬼神的说法和生命轮回。甚至很多人认为，人死之后是以另一种方式存在，为此，很多有权有势的人和一些雄才伟略的君王，他们在生前就利用自己手中掌握的权势，耗费无数的人力、物力，为自己修建豪华奢侈的陵寝。中国古代，人们将死亡称为"逆旅"，认为肉体只是灵魂在人世的一个载体。如果真的是这样，那么生和死，住房和陵寝就不存在差别吗？

众所周知，中国、古印度、古巴比伦、古埃及是人类文明史上的四大文明古国。4000 年前，地中海克里特岛上居住的米诺斯人，已经建立了比古巴比伦人还要古老的物质文明，他们积极发展航海贸易，创立了无比辉煌的文明。但是，人类对米诺斯文明的了解甚少，只停留在那个流传了很久的神话当中。比如，克里特岛国王米诺斯及半人半牛的故事，还有藏身于黑暗地下迷宫的怪物弥诺陶洛斯的传说。

20 世纪初，考古学家将米诺斯首都诺瑟斯的遗址发掘出来时，整个世界为之震惊，特别是其中一座规模庞大的建筑物。据考古学家们估计，诺瑟斯城极为巨大，加上岛城所属港口，全城居民大约在 10 万左右，这个数字对当时的欧洲城市来说，可以说是惊人的。这座建筑属多层的建筑结构，好几层建筑在地表以下。城市构造惊奇，所珍藏的物品更令世人惊叹。建筑物中有以海洋生物、雄壮公牛、舞蹈女郎和杂技演员为题材的艳丽壁画。另外，还有许多石地窖，里面存放着斧头的残片、铜斧乐器，以及一个以小片釉陶和象牙包金加镶水晶制作的近 1 米见方的棋盘。一个疑似国王宝座的座位，被放置在国王接待室的铺路石板上，显出典型的米诺斯风格。

城市的发现者是艾文斯爵士，他同大多数考古学家们达成了一致的看法，他认为这座辉煌无比的建筑物是当时米诺斯人的王宫。虽然这个观点已经成为主流看法，但还是有人提出了异议，德国学者沃德利克在 1972 年出版的书中说："诺瑟斯这座宏伟建筑不是国王生时居所，而是贵族的坟墓或者王陵。"

如果他的说法属实，那么那些用来储存食用油、粮食、美酒的大陶瓮，就应该是用来盛放尸体的。加入蜜糖是为了防止尸体腐烂，地窖的作用则是用来长久性地存放死尸的，壁画则刻画了人们想象中死后的幽冥世界。至于那些精密复杂的管道，沃德利克认为这些并不是给活人设置的，而是为了防腐。为了证实自己的说法，沃德利克还提出几点有力的论证：首先，建筑物的位置绝不适合王宫的建造，因为建筑物所处的位置四周宽敞，不利于抵御外敌的进攻。同时该处没有泉水，靠水管引来的泉水不足以供全城人饮用。那些无窗、潮湿的地下房舍，更是不适合活人居住。

到底是王宫还是陵寝，人们至今还没有统一的说法，还有待可靠的证据去证实，但不论研究结果如何，这座建筑都足以作为古米诺斯人文明成就的代表作。

第六章 奇闻轶事

不容于世的哲学家

苏格拉底被判死刑之谜

　　苏格拉底（前 469~前 399）是古希腊最有影响的哲学家、思想家和教育家，他对欧洲的影响几乎和孔子对中国历史的影响一样深。他用言传身教的方式，积极宣扬他的学说，被后人认为是西方哲学的奠基人，他和他的学生柏拉图，以及柏拉图的学生亚里士多德被并称为"古希腊三贤"。

　　公元前 399 年，有三位雅典公民美利图斯、阿尼图斯和莱孔对苏格拉底提出公诉，他们指控苏格拉底不敬畏神灵和毒害青少年。审判到最后，在场的陪审团对苏格拉底是否有罪进行了投票表决，陪审团由 501 名雅典公民组成，结果以 281 票赞成控诉，220 票反对，而判处苏格拉底有罪，并处以死刑。他饮下毒酒自杀而死，终年 70 岁。

　　苏格拉底之死不仅在当时的希腊引起轰动，同时也震撼着后人的心灵。也许你会纳闷，苏格拉底为什么会被人控以不敬畏神灵和毒害青少年之罪呢？他这个大哲学家果真犯有此罪吗？即使苏格拉底有罪，可在标榜民主的希腊雅典城，仅凭这两条罪状就可以判处他死刑吗？其背后又隐藏着怎样不为人知的秘密呢？

有人认为，苏格拉底之死是因为他得罪了雅典的社会名流们，引起很多人的忌恨，最后招来杀身之祸。在柏拉图的《申辩篇》里，详细描述了苏格拉底为了证实阿波罗神谕"苏格拉底是最有智慧的人"而大力抨击雅典各界的名流，让他们颜面尽失，最终遭到忌恨。

还有人认为，苏格拉底之死是出于政治报复。

民主政治在公元前 5 世纪末之前，就已在雅典实行了一个世纪，且深入人心。但在公元前 411 年，雅典远征军在西西里远征中大败，受此次战争失败的影响，雅典民主政治被推翻，由"四百人会议"组成的寡头政府取而代之。不久之后，"四百人会议"政府垮台，民主政治又重新在雅典盛行。公元前 404 年，雅典在长达几十年的伯罗奔尼撒战争中被斯巴达打败。斯巴达组织的一个由 30 人执政的"僭主政府"操纵了雅典政府，雅典的民主政治再次被颠覆。

这两次民主政治被颠覆，让雅典公民深受打击。而在这两次颠覆活动中，一些反对民主政治的雅典贵族们都充当了急先锋，其中就有苏格拉底的得意门生阿尔西比阿底斯。他曾任雅典远征军的将军，他在西西里远征战争中背叛了雅典而投靠了斯巴达，也是他直接导致了西西里远征的失败，从而间接导致了雅典民主政治的第一次颠覆；除阿尔西比阿底斯之外，公元前 404 年，斯巴达"僭主政府"的领袖之一克里提阿斯，也是苏格拉底的学生。

事实上，苏格拉底的一些贵族弟子确实都反对雅典的民主政治，柏拉图也是其中之一。所以，公元前 401 年，雅典民主政治再度恢复后，雅典政府对苏格拉底恨之入骨，将其视为民主政治被颠覆的罪魁祸首。

不过，美国《苏格拉底的审判》一书的作者却不赞成苏格拉底之死与民主政治被颠覆有关，他认为，苏格拉底的思想从根本上就与民主政治的原则相悖。

苏格拉底认识到雅典民主制的局限——由于人们的决策往往建立在个人

的感觉和情绪之上，所以人民的决定不一定都合乎理性，他们很可能会意气用事，这样就不能产生真正的正义和民主。因此，他反对雅典的"无限民主"和"直接民主"，坚持主张"精英民主"。他认为，一个国家应该由那些"有智慧和学识的人"来管理。他的这种思想虽然违背当时雅典的民主政治，但并未因此受到责难，因为当时的雅典人人都有思想和言论的自由。然而，到了公元前5世纪末，雅典民主政治遭到两次颠覆，雅典民主派人士对反民主思想越来越恐惧，两次挫折也打击了他们与反民主思想抗衡的信心。最后干脆用最极端的方式来消灭对手，继而上演了苏格拉底被毒死这一幕惨剧。

尽管这些都是后人的分析，但也不无道理，毕竟苏格拉底的思想确实与当时雅典的民主政治相违背，他的民主思想已经远远超越了古希腊的民主思想的理论。因此，当时的绝大多数人还无法理解他的思想，至少陪审团里的那281人是无法理解的，他们认为苏格拉底的思想就是对神的不敬，就是在毒害青少年。还有，古希腊戏剧大师阿里斯托芬在著名剧作《云》中，就把苏格拉底描述成一个蛊惑青少年的能手，这对苏格拉底之死也许起到了推波助澜的作用。

值得一提的是，苏格拉底其实也许有避免被判死刑的机会。当时，雅典民众法庭的审判程序是：原告和被告先各自陈述自己的理由，陪审团听取双方的陈述后，投票表决被告是否有罪。如果表决有罪，再由原告和被告各自提出处罚被告的刑罚，最后再由陪审团投票选择适合被告罪过的刑罚。

苏格拉底被判有罪后，他本可以自己提出愿意接受比较重的惩罚，比如流放，以此来博得陪审团的同情，这样也许还可以免于死罪。但是，他提出的惩罚却是"政府把他作为有益者供养起来"，还要给他提供免费的餐饮，同时提出的罚款数目也很少，只有3000德拉克马（古希腊货币单位）。苏格拉底的弟子和朋友都劝过他，要他提出一个重的惩罚和高额的罚款，他们会为他出钱，但苏格拉底却拒绝了。他提出的惩罚无疑激怒了陪审团，陪审团自然不会对他手下留情了。

在判决以后，苏格拉底也是有机会逃走的，他的弟子和朋友也都为他的逃跑做好了安排，但却再次遭到他的拒绝。他宁愿选择死。但这又是为什么呢？有人说，这是因为苏格拉底忠诚于自己的思想，他不会为了活命向他的反对者屈服的，因为他认为自己无罪，要他认罪或逃跑，无疑是对他人格的侮辱。当然，这也是人们的猜想，并无实证可查。

关于苏格拉底的生平和学说，自古以来就有许多不同版本的记载和说法，我们很难断定哪一个才是事情的真相。所以，他的死至今仍是学术界讨论最多的问题之一。

游历三大洲
马可·波罗真的来过中国吗？

马可·波罗（Marco Polo，1254~1324），意大利威尼斯人，是世界著名旅行家和商人，当时，阿拉伯商人的足迹遍布亚、非、欧三大洲，17岁的马可·波罗曾经跟着父亲和叔叔游历了很多国家，回到威尼斯后，他写下了著名的游记小说《马可·波罗游记》，书中记述了他在东方最富有的国家——中国的见闻。这本书的问世，引起了欧洲人对东方的向往，促进了东西方的联系与交流。但是，有人对马可·波罗的行程产生了怀疑，当时许多阿拉伯商人都称到过中国，但其实对中国并不了解，马可·波罗是不是真的到过中国呢？

根据资料证实，《马可·波罗游记》是马可·波罗在监狱中完成的。1275年到1291年，马可·波罗一直以客卿的身份在元朝供职。回到威尼斯后，他因参与本邦威尼斯对热那亚人的战争而被俘，在狱中由他口述、由同狱的比萨小说家鲁思梯切诺笔录，把马可·波罗在中国17年的见闻整理成书，这就是《马可·波罗游记》，也有人称为《东方见闻录》。到现在为止，这本书已经被翻译成五六十种语言的版本，在世界各地流传，当时的人们称它为"世界一大奇书"。这本书记录了中亚、西亚、东南亚等地的情况，特别是第二卷对中国的描述最为详细，像元朝初年中国的政治、战争、宫殿及礼仪，甚至中国很多城市繁华的景象都一一详尽记述，引人入胜。

马可·波罗在书中记录了很多奇异的知识，为欧洲人打开了一扇了解东方的窗。比如，游记中有一种能燃烧的"黑色石块"（煤炭），使西方人大为惊奇。与此同时，他把这种从中国汉代就开始使用的燃料带到了西方。有人说马可·波罗创造了欧洲人心目中的亚洲。但因为书中有太多奇异的描写，有很多人提出了质疑，就连马可·波罗的朋友也劝他为了灵魂的安宁，应该删掉一些离奇的描写，即使它们是事实。

1829年，德国学者徐尔曼指出《马可·波罗游记》是一本冒充的游记，事实上它是一本虚构的传奇故事，而且他还对马可·波罗究竟到没到过中国产生了怀疑。徐尔曼觉得马可·波罗最远不过到达过大布哈里亚境内（意大利人常到的游历之地）。最后，他对《马可·波罗游记》的真实性也产生了怀疑。他觉得，这本书是编者借马可·波罗的名字写的，编者说马可·波罗侍奉元朝皇帝忽必烈 17 年之久，简直就是荒唐的谎言。

他的观点一提出，引发了很多学者的思考，大家投入到马可·波罗到没到过中国的深入研究中，大部分人认为马可·波罗确实到过中国，只是书中的确存在着一些问题。

还有很少一部分学者认为，马可·波罗只到过中都（北京），书中对中国各地的描述都是他在中都听到的。

1965 年，德国史学家福赫伯宣称，马可·波罗是否到过中国，这是一个还没有解决的问题。1982 年 4 月 14 日，英国人克雷格·克鲁纳斯明确地指出：马可·波罗只到过中亚国家，他在那里和从中国回来的波斯商人或土耳其商人一起聊过中国。他很有可能依据某些已经失传的"导游手册"，添上一些口述的传奇故事，写成了《马可·波罗游记》。在阐述观点的同时，克雷格也为这些观点提供了证据：第一，中国所有的史书资料中，没有关于马可·波罗所说的他在中国任职 17 年的资料；第二，书中竟然没有关于中国最具特色的茶文化和汉字的记述；第三，书中的很多统计资料很可疑，中国原本丰富多彩的景象在书中却很朦胧，而且连最基本的蒙古皇帝的家谱也混淆了。最后一条，也是最重要的一个证据，书中出现的中国地名大部分都用的是波斯人的叫法。

这些证据让人们不得不相信马可·波罗没有到过中国，但我国学者杨志玖教授对此提出了反对意见。我国的《永乐大典》中对当时事件的记载与《马可·波罗游记》中的记载完全吻合，而且还可以从《永乐大典》中确认马可·波罗一行人是在 1291 年离开中国的。杨志玖教授的这一研究成果，得到了中外学者的推崇和高度评价，被认为是判定马可·波罗来过中国的一个"极可靠的证据"。杨志玖教授还针对克雷格·克鲁纳斯文章中提出的四个"论据"逐一分析，作出了极有力的反驳。不过，杨志玖教授提出了《马可·波罗游记》中记述的一些错误和夸张之处，马可·波罗并不是专职作家，也没有接受过高深的教育，况且这本书是他在监狱中口述完成的，难免会有失误和夸张之处。

看来，马可·波罗来没来过中国之所以会成为学术界争论的焦点，是因为他在书中关于中国的错误及夸大描述所造成的，他究竟来没来过中国并不是重点，重点是他的确留下了一部让世界认识、了解东方的"奇书"。

塞万提斯和他的悲情骑士

塞万提斯生平解读

塞万提斯·萨阿维德拉出生于 1547 年，是西班牙伟大的小说家、剧作家和诗人。在诸多西班牙作家中，他的国际声望最高、影响最大。西班牙文化部还设立了"塞万提斯奖"，以此每年表彰一批杰出的西班牙语作家。

他的作品《堂·吉诃德》的艺术魅力，已经超越了时代和民族的界限。书中刻画了一名叫作堂·吉诃德的骑士和仆人桑丘令人"哭笑不得"的游侠生活。英国浪漫主义诗人拜伦认为，《堂·吉诃德》是"一切故事里最伤心的故事"；而 19 世纪作家托马斯·卡莱尔把这本书称为"最逗笑的书"；特别是俄国著名文艺批评家别林斯基，对《堂·吉诃德》高度评价，称"每个民族、每个世纪的人民都一定要读"。三百多年来，它一直都是各国文学评论家研究的对象。1605 年 1 月，《堂·吉诃德》在马德里正式出版，成为当时最流行的小说。直到现在，它被翻译成 100 多种语言流传到世界各地，译本的种类仅次于《圣经》。

尽管塞万提斯的作品广为流传，但有关作家塞万提斯本人的传记资料，却极其稀少。直到 19 世纪，许多学者查阅了无数档案，甚至去塞万提斯生前工作过的地方寻找他做征粮员、收税员时的收支账目，结合他当时入狱时的记载和史料，经过多方努力，才勉强搜集到了一些能说明问题的材料，让我们对这位伟大作家的生平有了一个大概的了解。即使我们了解到了他生活的年代（1547~1616），以及他一生中几个重要阶段，但是塞万提斯的一生仍然像谜一样难以解开。

第一，塞万提斯的生平人们了解得并不详细。他的出生日期、地点以及他有怎样的童年生活，人们没有找到确切的资料。塞万提斯的一生做过征粮员、收税员。1569 年 12 月，塞万提斯突然出国到了文艺复兴的发源地——意大利，这期间他做过红衣主教胡利奥·阿括维瓦的随从，但是他离开西班牙的原因，一直到现在都无从查证。

第二，根据资料显示，塞万提斯在 1592~1605 年间，曾经几次入狱。1592 年塞万提斯由于"擅自征粮"入狱；1602 年在塞维利亚因"账目不清"的罪名被监禁；1605 年，一个放荡的贵族青年在塞万提斯的住所附近被杀，塞万提斯的全家遭到怀疑，入狱候审。不过，这几次入狱的原因、时间与地点是经后人推测得知的，具体真实的情况不详。

第四，著名的《堂·吉诃德》究竟是在怎样的情况下构思的呢？有人说，它是塞万提斯在塞维利亚监狱里开始构思的，也有人认为它的构思出自阿加马西亚小镇一间黑暗的地窖。

1613 年，《堂·吉诃德》第二部创作过程中，书稿完成将近一半时，一个自称是托尔台西利亚斯地方的人使用化名阿维利亚维达发表了一篇《堂·吉诃德》的续篇，严重歪曲了堂·吉诃德和桑丘的形象，而且对塞万提斯进行了恶意的人身攻击。塞万提斯见到文章后特别气愤，因此加紧了创作，经过两年的时间，《堂·吉诃德》第二部问世了。但是，这个阿维利亚维达究竟是什么人，为什么要发表那样的文章成了至今难以解开的谜。

第五，69 岁的塞万提斯因为一生坎坷的经历和几次入狱的折磨，影响了他的身体健康，以致最终拖垮了他的身体。1616 年 4 月 23 日，他因为严重水肿在马德里的住所里去世。但是，至今后人并没有找到塞万提斯的墓葬，他究竟被埋葬在了什么地方呢？

有人认为，塞万提斯的一生都处于贫困之中，逝世前不久，他的保护人托雷多大主教赠送给他一笔钱，于是，他死后才得以被安葬在一个修道院的墓地里。除他的女儿一家人外，没有一个人参加他的葬礼，墓地也没有树立石碑。1635 年，修道院迁移到另一条街区，墓地中所有的尸骨集中在一起进行了火葬，骨灰混合在一起埋葬，至于埋葬在什么地方也就无从知晓了。

还有一些人认为，塞万提斯死后的第二天，就被人埋葬在坐落于甘太伦那司街"三德派"的一个教堂的墓园中。1633 年，塞万提斯被改葬于米拉特罗街，但改葬这种说法并没得到人们的认可。

有些人根据当时的社会环境，得出了结论。因为塞万提斯的作品受到当时教会的反对，教会的人们对他已经恨之入骨，所以怎么可能安葬他呢？他们只是把他草草地埋了，甚至连一块墓碑也没有为他立，所以今天我们根本找不到他的墓葬。直到 1835 年，西班牙人民在马德里为他树立了一块纪念碑，以此纪念这位伟大的作家。

《堂·吉诃德》流传于世，那个骑着瘦马的"骑士"为每个人所熟知，他的"父亲"塞万提斯的一生却是一个谜团。

天才与疯子

格列柯作品解读

埃尔·格列柯（1541~1614），16~17世纪著名的画家。他的作品像一块多棱镜，曲折地反映了当时西班牙的社会现状和没落的贵族生活，著名的代表作有《脱掉基督的外衣》、《奥尔加斯伯爵的葬礼》、《托莱多风景》等。对此，有人这样评价说："格列柯做出的好的东西，没有人能做得更好；他做出的坏的东西，也没有人能做得更坏。"长久以来，西方的绘画界除了对他的作品评价不一，格列柯的生平和性格也是人们猜测和争议的话题。格列柯一直以一种极神秘的形象存在于人们心中，他到底是一个怎样的人，他的作品又为什么引起那么多人褒贬不一的评价呢？

格列柯留下的资料中，并没有具体说明出生年月，他大约于1541~1548年间出生于神秘的希腊克里特岛的伊拉克得翁，原名为特奥托科波洛斯。因为出生于希腊，所以之后被人称为格列柯，是希腊人的意思。

至于格列柯的童年是如何在克里特岛度过的，我们并没有找到可靠资料。之后，他来到意大利，进入著名画师提香的工作室中，受到了大师级画家托莱、米开朗基罗等的影响。一段时间后，他离开了意大利，迁居西班牙。有人说他在意大利待不下去了，想到西班牙去碰运气；也有人说他当时打算自荐去修改米开朗基罗的祭坛画《最后的审判》，由于他狂妄地说可以铲掉原画重新创作，遭到众人愤怒的指责，所以被迫离开了意大利。

格列柯1577年到了西班牙之后，他先去了马德里，之后定居于一个叫托莱多的小城。为什么他会选择这样的小城安顿下来呢？我们找不到确切的资料。从现有的资料上来看，格列柯一到西班牙就成了一位有争议的公众人物。托莱多教堂委托他画一幅圣画，他便创作了《艾斯波利奥》，这幅作品一问世，便像落入水中的石子一样激起一层层波澜，人们对此议论纷纷。有人认为，这幅画是格列柯随手涂抹的，一文不值；当然也有人认为这幅画价值连城，根本无法用金钱来衡量他的艺术价值，而且还专门成立了评审委员会来鉴定画作的价值。

当然，除了这幅画外，他的作品仿佛只要一问世就会引起一番争论，使本来就神秘的格列柯的形象更加莫测。他的绘画风格与当时崇尚的现实主义风格大相径庭，他善于运用光线和色彩来表达主题，他笔下的所有人物都充满着一种敏感、激动的气质，甚至有些不安，震荡、摇曳的光与色布满了整个画面，使人觉得神秘而玄妙。而且，格列柯作品内容也是一个令人难以理解的谜，很多人甚至不知道他到底画的是什么。如《托莱多风景》，看题目像是在画风景，但他并没有客观地画托莱多的景色，而是带上自己的主观感情画他眼中的托莱多。整幅画他运用了暗绿色的调子给人一种沉重的感觉，电闪雷鸣的天空乌云翻滚，天地接合让人眩晕。还有他的作品《使徒彼得和使徒保罗》中，彼得和保罗的眼睛大而忧郁，他们摆出一副疑问的姿态，像是在思索着什么、询问着什么。这幅画作的主题也像这两个迷茫的人一样成了一个永远的谜。

格列柯画中的人物有一点让人很难理解，他喜欢把人物画成细长的身材，小小的脑袋，修长得像踩高跷似的腿，也就是说除了手符合正常解剖学的比例外，其他的任何部位都比例失调。于是，他的这种画风引起了许多专业及非专业人士的争议，如果整理一下的话，大致可以分为三类。

第一类，支持格列柯画风的人，他们给格列柯的作品以高度评价。如西班牙的历史学家塞古埃斯曾经说，在格列柯的画中，不仅有艺术，还有智慧。我国的青年艺术史家吕澎先生在《现代绘画：新的形象语言》中也对格列柯给予了充分的肯定，他认为："格列柯的艺术在今天之所以能赢得广泛的赞叹，受到现代画家的青睐，就在于他的艺术是展示艺术家心灵的痉挛、忧愁、痛苦、迷惘的艺术，与其说他经常画基督，不如说他一生都在展示灵魂的悲剧。他的拉长的人体丧失了客体的意义而成了表现内心神秘的符号，狂放导致夸张，怪僻产生变形，所画人物的特征是次要的，触目惊心的是艺术家完全在表现自己的内心。格列柯的艺术之可贵，正在于它是一种用绘画的语言表达心灵的表现性艺术。"如今，很多人把格列柯称为"西班牙的心灵"，人们认为他是近代印象派等现代画派的始祖，只是当时的人们无法理解这种画风，所以才出现那么多的争议。

第二类，对格列柯的画风极力贬低，他们说格列柯的艺术实质上是精神病的产物。持这种观点的人不在少数，如17世纪一位著名批评家胡塞·马尔金尼认为，格列柯的性格"超出事物的常规"，完全是一个狂躁的画家。法国的戈蒂埃则明确地说"格列柯就是一个天才的疯子"。

很多人觉得，格列柯晚年时，患上了神经病和乱视症，他眼中所见之物没有一个正常的，都是变形走样的，所以他的画作也是乱涂乱抹，完全是一个神经质典型的病症。18世纪，史学家安东尼奥·巴洛米奥在他的一本传记里也对格列柯晚期绘画进行了否定，他觉得格列柯早期的作品很成功，因为那时他在仿提香作品。但是之后，格列柯背离了提香，自己创作了一种当时人们无法理解的风格。他为什么要改变自己已经成功的风格呢？有人认为格列柯怕被人说他和提香的作品雷同，所以故意变化了风格。巴洛米奥认为，格列柯的这一选择是完全失败的，他对自己的作品进行了可笑的歪曲、大胆的渲染，显得无趣而荒唐。

第三类说法认为看待格列柯要一分为二来判断。格列柯绘画既有好的一方面，也有相对的局限性。他的技法、画风等方面扭曲得让人觉得荒唐，但是他的作品却真实地反映了当时西班牙的社会现实。格列柯生活在西班牙阶级斗争和民族斗争十分激烈的年代，他亲眼目睹了帝国的衰落和崩溃，所以他没有像马德里宫廷画师那样去粉饰现实，遮遮掩掩，他真实地把叹息、不安的感情融于自己的画作中，这是他最值得敬佩的地方。

格列柯究竟是一位天才还是一个疯子，他的作品究竟是无价之宝还是一文不值，读完这篇文章以后，相信每个人的心中都会有一个自己独特的评价吧！

喜剧大师的悲剧

莫里哀死亡原因解读

莫里哀（1622~1673）是 17 世纪法国最伟大的剧作家，18 世纪之后，他的名字已超越了法国的国界，成为继莎士比亚之后欧洲戏剧史上成就最大、影响最深的戏剧家。

1622 年 1 月 15 日，巴黎富商让·波克兰喜得贵子，并给儿子起名为让·巴蒂斯特·波克兰，这便是莫里哀的原名。莫里哀这个艺名是他在 1644 年 6 月 28 日首次使用的，谁也没想到这个名字后来竟成了一座不朽的丰碑。

至今，我们已经整理出莫里哀 30 部戏剧及几首诗歌，甚至还有他照顾年老贫困的法国古典主义戏剧的奠基人高乃依时，与其一起创作的作品。莫里哀不仅是编剧、导演和演员，还是剧团的负责人。

莫里哀从 20 岁时就开始了戏剧的创作。他一直十分勤奋刻苦，不断地努力着，提升自己的艺术水平。生活的不如意、数不清的磨难甚至艰苦复杂的斗争，虽然让他的意志得到了磨练，却也严重影响了他的身体健康。51 岁那年，莫里哀就过早地离开了人世。在他去世后，人们对他的死因产生了怀疑，究竟是什么原因导致了这位伟大的戏剧作家过早地离开人世的呢？许多学者对此进行了研究，并作出了不同的解释。

1673年2月17日，莫里哀著名的喜剧《无病呻吟》在路易十四时代法国巴黎的王宫剧院里上演。整个剧院灯火辉煌，座无虚席，乱哄哄的一片。当天是这部作品的第四次公演，莫里哀亲自扮演了剧中的主角"心病者"——阿尔冈。

舞台的灯光被调到了最亮，照得莫里哀的脸更加惨白。这天，莫里哀是抱病上台，他忍着病痛，以高超的演技演绎着他的作品，台下不时传来一阵阵喝彩声。莫里哀一边表演一边不住地咳嗽，他难受得锁紧了双眉，观众们以为那是他精湛的演技，赞扬声、欢呼声响成一片。

当表演到最后一幕时，莫里哀显然已经十分吃力，他一个没有忍住打了个颤，有心的观众似乎已经发现他的病情，很吃惊地睁大了眼睛。莫里哀不想因为这个小小的一个痉挛打断演出，他积攒了下力气，用尽全力地大笑一声遮掩了过去。

演出结束后，莫里哀仍然没有立刻休息，而是走出后台做完观众反馈调查后才回家。到家后，他不住地咳嗽，然后咯血不止，两个修女想把他扶上坐椅，但还没来得及松开手臂，莫里哀便离开了人世。当时是夜里10点多，距离他离开舞台还不到3个小时。

这个突如其来的噩耗，让人们难以接受。虽然《不列颠百科全书》对莫里哀的死有过一段记述："1673年2月17日，莫里哀演出第九场《无病呻吟》时，在舞台上昏倒，被人抬到家中即与世长辞。"但是在这里，对莫里哀的死因却未加说明，看来是有意回避了。因此，很多人对这位喜剧大师的死因十分关注，并进行了许多探讨。可惜，长久以来，人们还是没有办法确定莫里哀的直接死因到底是什么。

一部分人从莫里哀去世时的状态来判断，他应该得了一种病，究竟是什么病，现在已经无法查证。

还有些人觉得，莫里哀的症状与肺病很相似，而且他晚年的种种不幸足以让他患上肺病。冬季是肺病的高发期，1671 年的冬季，莫里哀因为长年工作的压力，积劳成疾，感染肺病，后来因为医治不得当，病情不但没有缓解反而加重，使他一连病倒了好几个月。

1672 年 2 月，莫里哀的病情刚刚得到缓解，身体状况也逐渐好转。正在此时，莫里哀戏剧事业上的合作伙伴兼老朋友玛德隆·贝扎尔去世，随后，他的儿子也不幸死去。这一连串的打击使他无法承受，悲痛不已，刚见好转的身体又垮了下来，他的病情越来越重。在这样的情况下，他不但没有休息，反而更加努力地创作，坚持演出，直到最终去世。

当然，还有一种观点，他们觉得当时莫里哀的身体，绝对不止肺病一种。因为长期的创作、紧张的排练以及疲劳的巡回演出已经大大透支了他的体能，再加上激烈的竞争、复杂的政治角逐、晚年尝尽丧友丧子之痛，种种不幸环绕着他的晚年生活。

值得一提的是，1672 年冬，莫里哀与他的老朋友音乐家吕理发生争执，吕理当时很受国王路易十四宠信，因此莫里哀被免去了文艺总管的职务，使他不幸的晚年生活陷入更加艰辛的境地，多种疾病交织在一起，最终导致了他的死亡。

一直到今天，人们仍然对莫里哀的死因解释不清。身为一位喜剧作家，他的作品是法兰西喜剧院创办 300 年来上演最多的，但他却死因不明；死后没有一份手稿留传于世，却被人们称为"法语创作中最全面而最完满的诗歌天才"。在法兰西学院中，有一座莫里哀的半身石像，碑文上刻着："他的荣誉什么也不缺少，而我们的荣誉却缺少了他！"

音乐大师

莫扎特为何会英年早逝？

沃尔夫冈·阿玛多伊斯·莫扎特，1756 年 1 月 27 日出生于神圣罗马帝国时期的萨尔兹堡，是欧洲最伟大的古典主义音乐作曲家之一。他是一位天赋极高的艺术家，谱写出了交响曲、奏鸣曲、协奏曲、小夜曲、嬉游曲等等，这些形式的曲子成为后来古典音乐的主要形式。除此之外，莫扎特在歌剧方面的成就也让世人赞叹。

令人遗憾的是，1791 年 12 月 5 日，年仅 35 岁的莫扎特英年早逝了。难道真的是天妒英才吗？他年纪轻轻为什么会突然间就与世长辞了呢？

传说，这天门外飞舞着雪花（资料中并没有暴风雪或雨雪的记载），莫扎特挣扎着，想起身写点什么，但是身体却不听使唤，他没能支撑起自己沉重的身体，便停止了呼吸。更令人不可思议的是，为莫扎特送葬的只有三五个人，他的妻子因为卧病在床不能送葬，所以送葬的人也应付了事，把那薄皮棺材抬到墓坑边上就匆匆离开了。也就是说，莫扎特入葬时，只有上帝和一个掘墓坑的老头送行，那个老头觉得莫扎特也就是一个普通百姓，于是胡乱地将他与不久前死于瘟疫的许多维也纳人合葬在了一起。

莫扎特的妻子恢复健康后，与一位瑞典的外交官相识，并嫁了过去。直到 16 年后的一天，她突然发现，原来前夫与闻名天下的著名作曲家莫扎特是一个人。于是，她良心发现，赶忙回来寻找维也纳郊区的圣马克公墓，她想给亡夫烧些纸钱，祭奠一下。但是，她到达后却怎么也找不到亡夫的坟墓。

纵观世界音乐史，哪位作曲家会有一个如此让人心痛的葬礼呢？这位音乐天才死后葬礼那么悲惨，而他的一生更是穷困潦倒，不过更令人惋惜的是，他整个的人生只有短短的 35 年。

莫扎特的死亡原因引起了许多人的关注，那是因为：第一，在世界音乐史上这种早亡实属罕见；第二，莫扎特在音乐史上的地位非常高，创作出了无数令人叫绝的古典音乐，但却那么凄凉地过早离开人世，让人心痛与不解；第三，从一些资料上来看，关于莫扎特死亡原因的说法很多，它像谜一样激发着人们的研究兴趣。

研究莫扎特死亡的人，不仅有音乐工作者、医学家、历史学家，甚至连文学家、传记作家以及其他领域的专家学者都陷入了这个谜团中。从研究方向及结论看来，莫扎特的死亡大概有两个原因：一、内在原因，他患有某些先天性疾病或者感染了某些疾病。二、外在原因，社会、生活等给他精神上造成压力，令他无法承受。当然，除此之外，也有一些其他的说法。

一些有着丰富幻想的浪漫作家觉得，莫扎特的死因是因为那个向他索要《安魂曲》的神秘黑衣人。法国作家司汤达认为，自从那个高大阴沉的"阴间索魂者"出现后，莫扎特陷入了恐慌中，开始心神不宁，疑神疑鬼，因此他的精神受了极大刺激，最后因无法休息劳累过度死去。

但是这种说法并不成立，一些资料表明，那个被人们称为"阴间索魂者"的神秘黑衣人，其实是一位附庸风雅的斯图尔巴赫伯爵派去的。为了纪念亡妻，他想让莫扎特写一部追悼其亡妻的安魂曲，与此同时，他又企图把这个曲子据为己有。于是，他便密谋遣使，匿名的订单和黑衣使者令莫扎特不寒而栗。随后，莫扎特全身心地投入到了创作中，他曾对妻子说："这首安魂曲是为我自己而写的。"

1791年秋天，莫扎特在给朋友的信中写道："你知道，创作对我来说至少不比休息更累，况且我也不能无所事事。我预料有些事情将在我身上应验。钟声响了，我只能用标点符号向你表示……"但是，直到去世，莫扎特也没能完成这部富于人道主义色彩的作品，这果然成了他为自己作的安魂曲。现在我们听到的莫扎特的《安魂曲》，是由他的学生苏斯迈尔根据他留下的手稿续写完成的。

有些小说或传记认为，莫扎特是被宫廷作曲家萨里埃利下毒所害。名为《Amadeus》（《莫扎特传》）的电影曾获奥斯卡八项大奖，电影中的莫扎特就是因为这个原因终结了年轻的生命。不过，这种说法只能令一些普通的电影观众信服，因为它没有充分的根据。电影一般都是源于生活却高于生活的，艺术虚构往往超越真实。

真实的历史资料表明：莫扎特并非为萨里埃利所害，更没有被毒死之说。几年前，德国麻醉学教授尤根·瓦维尔的研究结果表明，莫扎特不是中毒死亡。更何况，后世研究者证明，萨里埃利还是为莫扎特送葬的几个人之一呢！所以他的说法有一定的可信性。

除了以上说法外，还有更加离奇的说法。美国历史学家布里埃尔·杰克逊的研究表明，莫扎特是遭受政治迫害而死的。布里埃尔·杰克逊认为，莫扎特是位反法西斯主义者、国际主义者和反军国主义者，资料中有他因为支持共济会这种反政府的左翼组织而遭到政府迫害的记载。不过，这种说法似乎没有得到大多数人的认同，甚至有些人认为，莫扎特就是被共济会的人害死的。

莫扎特在他创作的歌剧《魔笛》中曾经泄露了这个扶贫济困的民间秘密

组织的秘密，因此共济会的人很恼火，而且还曾经派人偷偷给莫扎特下毒。像这种因为社会政治斗争的原因致死的说法越来越多。还有文章中写道："实际上，莫扎特是被到处充斥着弄虚作假和冷漠者的那个时代杀害的。"

有人提出了似乎更为合理的观点，如果说要探究一个人的死因，最有说服力的观点还是来自医学专家的研究。如果从莫扎特最后死亡的记载来看，致使他死亡的原因应该来源于他的自身，也就是说他应该死于某种疾病。那么他到底死于什么疾病呢？

权威的《新格罗夫音乐与音乐家辞典》认为，两个维也纳名医克劳塞特和萨拉巴为莫扎特诊断的结果表明，他患有严重的粟粒疹热，后期发展到严重的痛风，这些疾病的症状与一些传记作家们对莫扎特病情的描述很相似。比如，美国的传记作家玛丽亚·达文波特所著的《莫扎特》中对莫扎特的死前描述写道："莫扎特胳膊、大腿都呈粗肿状。"这个症状就是典型的严重痛风的症状。

此外，该文还记载莫扎特在 1791 年 11 月 18 日参加共济会会议时感染上了链球菌，这个病菌感染人的支气管、肾脏等。莫扎特在逝世两个小时前，他开始全身颤抖不止，之后便昏谜不醒，脸变得越来越肿，这是支气管炎的症状。严重支气管炎患者往往是尿毒症患者。

这种说法比较令人信服，因为各种权威资料的记载都有这样一个共同点：莫扎特嗜好抽烟喝酒，患有支气管炎，也有尿毒症。《莫扎特死因有新说》一文中认为，莫扎特可能死于为控制严重风湿病而施行的放血疗法。他们认为莫扎特死于下列病症：由链球菌感染造成的肾脏衰竭，医生切开他的静脉准备放血缓解压力，不料大脑开始出血，血止住后仍难以缓解他的晚期支气管炎，最后造成了死亡。

由此看来，莫扎特死于疾病的说法有很多，至于他究竟死于粟粒疹热、神经衰弱、肺病，还是死于放血和灌肠及其他错误的治疗方法，我们至今没找到一个确切的说法。但是，我们可以断定，莫扎特看来绝不只是患了一种疾病，这和他没有规律的生活的影响是分不开的，因此我们只能痛心地看到这位伟大的作曲家英年早逝。

莫扎特并不长的一生中作品竟高达近 600 部，这是非常令人感动的。他的音乐会永远传唱下去，而关于他死亡之因的争论也可能会永远地进行下去。

孤单的歌曲之王
舒伯特为什么终生不娶？

他是 19 世纪著名作曲家中唯一的一位维也纳人，出生于一个小学校长之家，有十几个兄弟姐妹，但这些孩子中，算他在内只有四个人活了下来。他的音乐天赋极高，4 岁时便跟着父亲和哥哥分别学习小提琴和钢琴，而且很快超过了父兄，人们称他为"音乐神童"。他就是弗朗兹·舒伯特（1797~1828），在他短短的 31 年的生命中创作出 1500 多部伟大的音乐作品。

舒伯特热衷音乐。当时，从事这一职业的人，不仅收入不高，也没有地位。因此，父亲曾经强烈要求他告别音乐，否则就与他脱离父子关系，但他依然坚持。正是这种执着和坚定，才让今天的我们听到很多优美的乐曲，如

《魔王》、《菩提树》、《鳟鱼》、《死神与少女》、《流浪者》等，还有他的九部交响曲中的《C大调交响曲》《未完成交响曲》，它们创造了19世纪著名抒情交响曲的新典范，仅仅这两部交响曲便足以奠定他一流作曲家的地位。

舒伯特被后世赞誉为"歌曲之王"。可令人不解的是，如此优秀的一个音乐天才，却一直过着单身的生活，一辈子都没有结过婚。照理说，舒伯特这样一位具有诗人的性格、羞怯而热情的人，他的联想力很丰富，作品中常常充满了浪漫的气息，他对爱情应该更为敏感，可为什么在他短暂的一生中，却没有得到属于自己的那份爱情呢？

根据资料发现，舒伯特是有过爱情的，他的作品《少年时期的梦》就是献给一位叫泰营莎·格罗普的女子的。但是，这个女子没有理睬舒伯特，而是嫁给了一位面包师，因为面包师的收入可以确保她衣食无忧。舒伯特还与一位歌手交往过，但最后也没有走入婚姻的殿堂。

为什么这些爱情没有结果呢？有些人把原因归结于舒伯特的相貌。

的确，舒伯特长得不讨人喜欢。传记作家们在对他的外貌描写中这样写道："他个子比一般人矮，手臂满是肌肉，手指粗而短，脸部圆得像月亮，前额狭小，脑门很大，嘴唇很厚，眉毛像两堆杂草，鼻子塌陷，没有鼻梁，鼻头上翘着，只有眼睛好看，但却被厚厚的眼镜遮住，即使躺在床上时，也常戴着眼镜。"所以，人们觉得，这样长相的男人怎么能赢得女人的芳心呢？

还有一些人把舒伯特没有结婚的原因归于他经济状况的窘迫和性格因素。

音乐在当时并不能给他带来很好的收入，他一生穷困潦倒，从未过上几天富裕的日子，他的一生甚至比莫扎特还要悲惨很多。他是一个专门作曲的人，并不能给人演奏，所以没有办法找到一份正式的工作来维持生计。虽然他出售了成千上万份作品，但那通常只能换来一顿饭钱。大家一定知道那首《摇篮曲》吧，这首世界名曲当时只为他换来了一份烤土豆。所以他的生活只能靠一些朋友的接济，过得朝不保夕。在这样窘迫的生活境遇下，他当然没办法考虑结婚。

再来说说舒伯特的性格。从他的画像上来看，他的表情告诉我们，他的性格很内向，胆怯并且优柔寡断，他虽然喜欢和朋友聚会，但只限于一帮志同道合的音乐朋友之间。对于爱情，他表现得很谨慎，比如，他曾经暗暗喜欢上了他的学生卡罗琳·埃斯特哈赛，她是一个匈牙利贵族家庭的女儿，舒伯特考虑到自己的性格和处境，并没有向姑娘表白。舒伯特在日记中写道："当我想歌唱爱情的时候，它就会转向悲伤。""只要想到结婚，就会恐惧。""不论给予我的是爱情还是友情，全都是一种痛苦。"由此看来，他从来没有为自己的爱情打算过，也没有奢望得到别人的爱。

除了长相、性格与拮据的生活处境外，还有些人觉得舒伯特没有结婚还有可能是受贝多芬的影响。

贝多芬是舒伯特的偶像，舒伯特把他当作神一样崇拜着，舒伯特曾经说："有时候我也做过梦，但是在贝多芬之后，谁还能做什么事情呢？"可见，贝多芬在他心目中非常神圣。

舒伯特曾经怀着诚惶诚恐的心情去拜见贝多芬，可是却没有见到，直到贝多芬去世的前一星期，他才得以见了一面。在贝多芬的葬礼上，舒伯特是举着火炬送葬的少数人之一。舒伯特临死之前唯一的要求，便是想与贝多芬葬在一起，他的这个愿望直到1888年才得以实现。

大家知道吗？贝多芬也是未婚的，他在舒伯特那崇拜的心境中，有着一种神秘主义色彩。舒伯特的心目中也许只想效仿他心中的偶像，满足于现在的生活，一心创作属于他心灵寄托的音乐，不愿去想结婚的问题。

一位浪漫主义作曲家，创作了无数经典，却没有享受过爱情的甜蜜。这里面真正的原因，或许只有他自己最清楚吧！

诗人的难言之隐

拜伦漂泊国外之谜

　　他不仅是一位伟大的诗人，而且还是一个为理想战斗一生的勇士，他积极而勇敢地投身革命，曾经参加希腊民族解放运动，并且还成为了领导人之一，他就是著名长诗《唐璜》的作者——拜伦。

　　乔治·戈登·拜伦（1788~1824），是 19 世纪上半叶英国伟大的浪漫主义诗人，在他的诗歌里曾经塑造了一批"拜伦式英雄"。他那些热情洋溢、雄浑壮阔的诗篇不仅揭露批判了资本主义社会的种种弊端，而且给法国大革命后席卷全欧洲的民族民主革命运动提供了无限的力量和精神源泉。但是，这位英雄式的人物竟然在 1816 年 4 月离开了故乡，而且到死也没有再回去。拜伦为什么要"背井离乡"呢？世界各国的文史专家对此一直争论不休，至今没得出一个统一的结论。

　　有人认为，拜伦离开英国的原因是因为他婚姻的变故。英国的亨利·托马斯和美国的黛娜·莉·托马斯合著的《英美著名诗人传》一书中对这种观点进行了阐述。他们认为，拜伦的妻子密尔·班克是英国社会中见识平庸的女人，她常常幻想着把拜伦改造成自己想要的丈夫形象，而拜伦又属于那种不太顾家的人，他不喜欢被约束，因此，密尔·班克的做法让拜伦不能忍受。密尔·班克在无法改变拜伦的情况下，又找来医生为拜伦做检查，她坚持表示拜伦曾经承认自己有精神病。不过，即使这样，拜伦也不见什么改变，万般无奈之下，密尔·班克就于1816年提出了离婚，她带着小女儿离开了拜伦，而且还多次对拜伦的名誉进行诋毁。于是，拜伦婚姻生活破裂了，他的声誉也因此一落千丈。拜伦的心灵也因此遭受了巨大的打击，只能被迫流浪异乡。他想到国外去缓解压力，过自由轻松的生活。

但是，有些人认为，拜伦因婚姻变故而离开祖国的论据太过于简单。拜伦离开祖国的真正原因是英国上流社会让他陷入极度失望，因此他才选择了出走。英国著名的史学家麦考莱提出了这种观点，他觉得英国上流社会对拜伦时而支持时而反对的态度是导致拜伦出走的根本原因。我国学者范忠存先生在他所写的《英国文学史提纲》中也提出了这种观点。当拜伦的作品《恰尔德·哈罗德游记》前两章以及其他诗篇发表的时候，他尝到了一夜成名的滋味。在此后的几年中，拜伦一直享有很高的地位和非凡的声誉。但是，他与妻子离婚的消息传出以后，社会舆论界响起了一片反对拜伦的声音，让这位高傲的诗人从高处一下跌落至谷底，他饱尝了世态的炎凉和人情的冷暖。他觉得自己已经被社会遗弃了，于是决定离开祖国，而且再也不回到这个令他伤心的地方。

除以上观点外，苏联学者叶利斯特拉托娃在她所著的《拜伦》中提出了另一种观点，拜伦是由于其政治信仰与英国统治阶级不同而离开英国的。拜伦从1809年进入英国上议院后就表示了他对封建专制主义的反感，他一直希望英国能建立起像美国一样的资产阶级共和国，他常常在上议院中大胆地提出与众不同的见解，同时也经常为工人造反、破坏机器活动辩护。他常常把一些社会上层人物置于难堪的境地，很快他便成了英国统治阶级想要斩除的眼中钉、肉中刺。

此时，有人私下与拜伦交谈，想要劝阻他改变自己的政治主张，而且还威胁说如果不改变的话就要对他进行政治迫害。但是拜伦对此毫不妥协，他表示决不让步，而且说："他们的迫害大不了使我离开这个社会。对这个社会我也从来没有满意过！"因此，在无力改变现实的情况下，拜伦只能忍受着内心的痛苦离开了祖国。

1824 年 4 月，拜伦在希腊迈索隆古翁因病离世。现在想来，促使拜伦决定离开英国流落异乡的因素也许不止一个，而他永远离开不再回国也许并不是他的本意。

平民还是王子

童话大师安徒生的身世悬案

每个人的童年中，总少不了童话故事，如《海的女儿》、《丑小鸭》、《卖火柴的小女孩》、《拇指姑娘》，等等，这些故事伴着我们成长。你知道是谁创作了这些经典的童话吗？他就是丹麦举世闻名的童话作家——安徒生。然而，这样一位为孩子带来无数童年乐趣的作家的身世，却一直是一个谜。

汉斯·克里斯蒂安·安徒生出生在丹麦菲英岛的欧登塞市贫民区一间简陋不堪的小房子里，他的父亲是一个为了生计而四处奔波的鞋匠，母亲以为人洗衣为生。安徒生的童年生活很贫穷，他一直梦想着成为一名演员，可以在戏台上演一演王公贵族等有权势的人。但是，演员这条路他走得并不顺利，他遭受到的挫折很多。正在这时，他忍着巨大的伤痛开始了文学创作，以此来抒发心中的悲苦。之后，他创作了《维森堡大盗》、《阿英索尔》等剧本，《阿马格岛漫游记》等浪漫主义幻想游记和《卡尔里克·克里斯蒂安二世》等历史小说。

1835 年，他出版了第一本童话集，为穷苦的孩子们创造了一个美好、幸福的童话世界。从此，他一发不可收，他每年的圣诞节都会创作一本童话当作圣诞礼物送给孩子们，就这样整整写了四十年，一共 160 多篇作品。在人们的心目中，安徒生就是童话的象征，他是丹麦人，尤其是穷苦的丹麦人最引以为傲的人物。

这是世人熟知的关于安徒生的生平简介。然而，近几年，一些权威的传记作家竟然提出了令人震惊的观点。1990 年，几百位丹麦专家学者在欧登塞大学举行了听证会，这里曾经是安徒生的故乡，他们听证的问题正是安徒生的身世问题。其中一位名为延斯·约根森的历史学家在他所著的《安徒生——一个真正的童话》一书中提出：安徒生出身王族，他是丹麦国王克里斯蒂安八世和劳尔维格伯爵夫人的私生子。书中这样描述：当小安徒生出生后，因为是私生子，所以王室打算把他寄养出去，于是就找到了欧登塞市的一位穷苦鞋匠，他便是后来安徒生的父亲。延斯·约根森之所以这样说是有根据的，他觉得安徒生虽然出身低微，但后来却打入了王族的圈子，出入于皇家剧院，甚至还曾在皇家的阿马林堡宫住过一段时间，这些是一个出身于贫苦鞋匠家的穷小子很难做到的事，可见安徒生的背后一定有王室的人支持着。

无独有偶，丹麦作家皮特·赫固也列举出了另一条证据。1848 年，一位海军上将的女儿亨丽艾特·吴尔弗曾经在一封信中提到，安徒生发现自己似乎是王室之后。

当然，也有人拿出了反对的证据。安徒生在《我一生的童话》这本自传中，并没有提到过自己出身为贵族，而且连一点暗示都没有。在安徒生受洗礼的教堂资料中清楚地记载着："1805 年 4 月 2 日星期二，凌晨 1 时，鞋匠汉斯·安徒生与其妻安娜·安德斯达特得一子。"

听证会的讨论仍然继续着，为了弄清这位世界著名作家的身世之谜，丹麦著名历史学家塔格·卡尔斯泰德获得允许，查阅了克里斯蒂安八世的私密档案，其中还包括这位国王的信件和日记。可以了解到国王的确有私生子，并把孩子寄养在别人家里，孩子长大后会给他在王室安排工作。但是档案中并没有找到有关安徒生就是私生子的记载。

所以，安徒生究竟出生于贫苦人家还是王室寄养在外面的贵族，人们对此一直争论不休，始终没有得出统一的结论。

一张通行证

追寻巴枯宁撰写《忏悔书》的原因

米哈伊尔·巴枯宁（1814~1876）出生在俄国贵族地主家庭，是无政府主义的创始人之一，俄国著名的资产阶级民主主义者。他一生经历复杂，曾经参加过德意志革命，被捕后引渡回国，被拘禁在彼得保罗要塞的监狱，后来获减刑流放到西伯利亚。在被拘禁期间，他背叛了革命。流放西伯利亚5年后，他逃亡到了英国，玩弄各种阴谋，篡夺了第一国际的领导权。巴枯宁的一生也充满了争议，其中最有争议的事件就是他的《忏悔书》。1921年，藏有《忏悔书》原稿的沙皇政府宪兵第三厅公布了这本书的内容，引起了许多人的议论。人们都说这是巴枯宁一生在个人气节上的最大污点。他究竟是在什么样的情况下写的《忏悔书》呢？甚至《忏悔书》的真实性也引发了人们的争议。

巴枯宁在少年时代接受的是父亲的自由主义教育，之后，他进入俄国第一学府——莫斯科大学学习。在此期间，他积极参加了思想激进的斯坦凯维奇哲学小组，结识了后来成为著名民主革命家的别林斯基、奥加辽夫、赫尔岑等人。因为向往自由，1840年秋，他离开了充满沉闷气息的俄国，来到了他一直羡慕的有着自由空气和激情生活的德国。当时，德国资产阶级思想活动非常活跃，他的政治思想受其影响也发生了巨大变化。他觉得资产阶级民主主义思想是最合理、最自由的政治理想，于是开始狂热地追求民主主义。

1842 年 10 月，巴枯宁完成了他的第一篇政治论文《论德国的反动》。在这篇文章中，他向专制政治制度发出战书："难道你们不是用革命建立起来的吗？在自由庙宇的山墙上看到自由、平等、博爱这些字眼觉得神秘和可怕吗？难道你们不知道和没有感受到，这些字眼意味着现行政治和社会制度要被彻底消灭吗？"

这篇文章标志着他内心深处已经完全与贵族阶级彻底决裂，无政府主义思想也由此埋下了种子。之后，他放弃了做大学教授的理想，开始了反封建的革命道路。在他的许多著作中，对封建专制制度的黑暗和资产阶级政治制度的虚伪进行了深刻的揭露和尖锐的批判，他揭露当时专制制度统治下的俄国，是一个没有自由、没有人格尊严的国家，斥责沙皇是"盗贼""害人者"，号召俄国人民起来革命，推翻沙皇的残暴统治。当时，俄国政府对巴枯宁可谓恨之入骨，曾经悬赏 1 万卢布（俄国货币单位）来买巴枯宁的人头。

巴枯宁激进的政治主张和言论当时启发了欧洲受压迫工人的斗争意识，在号召和发动群众革命方面起到了一定的积极作用。不过，他的无政府主义理论也给国际工人运动的发展造成极为恶劣的影响。他主张的关键问题是绝对自由观，否定任何权威，他反对党对革命运动的领导，迷信于少数革命家的秘密暴动；他反对有组织的无产阶级革命，主张"自发暴力清算"，也就是自己自由发动革命运动。

最典型的例子就是在 1864~1873 年间，巴枯宁从事了大量反对马克思领导工人运动的活动，用阴谋篡夺了第一国际的领导权，甚至组织无政府主义国际，公开与第一国际分庭抗礼，破坏了各国工人阶级的团结。而且，巴枯宁也是俄帝国及其他帝国主义国家对外扩张政策的支持者。

1848 年欧洲革命爆发后，巴枯宁认为实践其无政府主义思想的时机到来了，他很积极地参加了法国二月起义，领导了德累斯顿起义，他这种积极革命的精神受到了恩格斯的大力赞扬。1849 年 5 月 20 日，巴枯宁被法国当局逮捕入狱，并实行了特别看押。在布拉格监狱的单身禁闭室中，巴枯宁的手脚被锁链牢牢绑缚在墙上，一动不能动，除了吃饭外，其他任何时间都是以这种姿势被束缚着。同时，看守监狱的人也增加到了 24 人，监狱当局轮番对他进行 24 小时不间断地审讯。

之后，巴枯宁被普鲁士和奥地利军事法庭判处死刑，他当时表现得很坚强，激昂慷慨地为自己的革命活动辩护。但是，令人意想不到的是，1851 年，他被引渡回俄国不久，便背叛了革命，用一个多月的时间写了一本近 8 万字的《忏悔书》。

其中，他十分详细地描述了他在被捕之前的思想及活动，同时，详尽地叙述了 1848 年欧洲革命中的一些重要事件和人物，他一反常态地恶毒谩骂马克思和共产主义，并在结尾部分摆出一副奴婢样子，说："如今，我真诚地恳求陛下 (沙皇尼古拉一世)，我向您伏地求饶：陛下，我是个十恶不赦的大罪犯！……如果法律许可的话，如果罪犯的请求能够感动皇帝陛下的心的话，请不要让我受终身监禁之苦……请让我服沉重的苦役来赎罪吧，我将满怀感激之情接受它，把它看作您对我的恩典。"

当时，沙皇尼古拉一世看完后，对他的行为大为赞赏，并进行了批阅，把《忏悔书》给了皇太子亚历山大，建议他也读一读，因为十分有趣。因此，巴枯宁被减刑，他被流放到西伯利亚服苦役，1861 年巴枯宁从流放地逃走，辗转美国，来到英国。

巴枯宁的一生都在完成着自己民主自由的革命理想，但是却给他一直反对的专制沙皇写《忏悔书》，这的确是件令人不可思议的事情。所以，众多研究者一直在讨论《忏悔书》的真实性，如果真的是巴枯宁写的，那么他出于什么原因写下如此卑劣又违心的东西呢？前苏联及我国史学界大多数学者都认为这是巴枯宁革命意志不坚定的表现，是巴枯宁叛变投降、自首变节的罪证。

但是，另一些学者并不这样认为，他们觉得《忏悔书》是巴枯宁不惜任何代价获取自由的手段。前苏联史学家皮鲁莫娃觉得巴枯宁的内心深处并没有叛变，他之所以那样做实际上是一种策略，只有先低头获得自由才有可能继续斗争，所以《忏悔书》只是他渴求获释的一种手段，认为巴枯宁"在内心深处没有叛变，《忏悔书》只是策略，对他来说，释放就等于斗争，他是使用了巧计，并没有叛变"。

现在，我们没有办法给巴枯宁写《忏悔书》的事件下一个定论，也许有那么一天，我们能找到新的资料让这件事大白于天下，但现在我们只能用自己的主观想法来判断这件事的性质了。

悲惨的画家

梵·高自杀事件解读

文森特·威廉·梵高（1853~1890），荷兰后印象派大画家，他创作的《星夜》、《向日葵》与《有乌鸦的麦田》等已经成为全球最著名、最广为人知及最昂贵的艺术品。他以独树一帜的画风、荒诞不羁的行为、惊悚离奇的举止以及热情奔放的艺术追求，成为了世界艺术史上少有的传奇式人物。也许是天妒英才吧，1890 年 7 月 29 日，27 岁的梵高在美丽的法国瓦兹河畔，以自杀的方式结束了他传奇的一生。梵高去世后，人们在为其感到惋惜的同时对梵高的死因也产生了极大的兴趣，总觉得其中似乎有着不为人知的秘密。于是，人们整理出了各种版本的梵高之死的原因。

官方的说法是，梵高死于精神病。许多资料上都说梵高因困扰多年的精神病发作而自杀。1914 年，梵高的弟媳约翰·娜出版的关于梵高给他的弟弟泰奥的部分信件。本书的序言中说，梵高常年受到弟弟体贴入微的关怀，因为他身患严重的精神疾病，他不只是 20 世纪"野兽派"和"表现派"画家导师的艺术家，更是一位痴狂于艺术的殉道者。

慕尼黑著名的艺术史学家阿诺尔德认为，梵高的病根来源于他长期严重的情绪低落、意志消沉，最终因神经承受不住压力而崩溃。梵高长期在恶劣的条件下一刻不停地作画，他的健康受到了极大威胁，甚至常常会大白天出现幻觉，晚上又噩梦纠缠，他的心里总有那么一丝惆怅与郁闷，久而久之，他患上了精神病。

还有一种关于他的精神病来历的说法是，梵高的精神疾病是因为洋地黄中毒导致的。美国著名的眼科医生托马斯·李认为，因为梵高患有癫痫症，他的法国医生加歇就用洋地黄和顶针草来为他治疗。但是过度服用这些药物就会造成洋地黄中毒，中毒的典型症状就是神经系统受损，出现类似疯狂的症状。一个神经系统崩溃的人拿出枪来自杀，这个解释很合理，因此也就成为最官方的一种说法。

但是有些人又提出了另一种见解，他们认为梵高并不是因精神病发作无法控制而自杀的，是因为他承受不住无尽的孤独而选择了结束生命。梵高长相丑陋，从小就有自卑感，性格孤僻，喜怒无常，让人捉摸不透。他的这种性格和脾气使他无法与他人沟通，因此大部分人都对他敬而远之。梵高也很少与人进行交流，因为他觉得周围的人都不理解他，对他充满敌意。再加上他的画当时还不受欢迎，生活上孤独无依，艺术上也处于困境，他不知道该怎样继续活下去，只能以自杀结束这种孤独的境地。因此，可以说，梵高的性格可能是导致他最终自杀的根本问题。

还有一种说法更加直接，他们认为梵高自杀的根本原因在于他经济上的窘迫。梵高一生穷困潦倒，艰辛悲惨，在他最后的几年里，甚至只能依靠弟弟泰奥的接济才能维持生计。他一生所有的精力都用在作画上，哪怕有一点钱也会用于绘画，梵高请不起专业的模特，他便买来一面镜子，自己做模特。他曾经在 4 天之内仅靠喝点咖啡度日，以致体力不支，牙齿断裂，但心志弥坚。令人心酸的是，梵高的生前，他的大部分作品一直无人问津。梵高曾经这样写道："我们生活在一个我们所做的事情没有丝毫成功希望的年代，画卖不掉，即使卖很少的钱都卖不掉。这就是我们成为每一件意外事件的牺牲者的原因，我只是担心，这样的情况在我活着的时候是不会发生改变的。"

不过，也有人认为，梵高是因为感情问题而自杀的。梵高16岁时，曾在海牙的古比尔美术商行做小职员，之后因诚实可靠而晋升为伦敦分行的职员。就在这里，他遇见了一位令他一见倾心的姑娘——房东太太的女儿厄休拉。梵高多次对姑娘示爱，深情款款地表达爱意，但姑娘却对他或不理不睬，或冷言相向，有时甚至还会嘲笑他，这令梵高万分痛苦，他的初恋还没开始就破灭了。

之后，梵高又向好几个人表达过爱意，但不是被人驳回，就是对方家人不同意，他一次次地饱受打击。梵高迁居奥维尔后，他认识了加歇医生的女儿玛格丽特，并爱上了她，但至于是不是两人互相爱慕，这个我们并不确定。玛格丽特的女友利伯杰太太说，他们是互相倾慕，玛格丽特是很爱梵高的。梵高向玛格丽特求婚，但是却遭到加歇医生的强烈反对。

1927年，德国著名画家戈奇找到了加歇医生的儿子小加歇，小加歇很确定地说："梵高是因为失恋才开枪自杀的，我姐姐不但不爱他，而且还公开承认，她害怕这只有一只耳朵的画家。梵高第二次给我姐姐画像时，他向我姐姐求婚，我父亲便与他争执起来，俩人反目成仇。"这样看来，一连串的感情挫折的确让梵高受到了很大刺激，最终使他抑郁、消沉以致自杀。

不过，也有人说梵高的自杀是因为他嗜艾酒成瘾。美国堪萨斯大学教授、澳大利亚籍生物化学家兼艺术鉴赏家维·尼·阿尔诺德说，梵高很喜欢喝艾酒，而艾酒中含有一种叫岩柏酮的有害物质，它是金钟柏树中含有的物质成分，就像我们见过的松节油一样。人们曾经对动物进行过实验，极少量的岩柏酮就可以破坏动物的神经系统，人如果长期摄入就会失去知觉，甚至引起癫痫。再加上梵高吸烟相当厉害，香烟中的尼古丁和岩柏酮混合对人体的损害就更大。我们通过资料可以看到，梵高在他生命的最后 18 个月里，经常胃痛、便秘、精神恍惚、出现幻觉，这些都是饮用艾酒的人常见的症状，那么这种状态下的人自杀也就不是什么奇怪的事儿了。

除上述说法外，还有些其他的论断。如美国的一位医生迈尔博士，根据梵高患有青光眼而猜测，梵高是一名画家，他怕失去最宝贵的视力而患上了抑郁症，压力越来越大，最后以自杀来解脱。再比如说，有人认为梵高是因为过度思念母亲而自杀的。梵高常常受到母亲的格外关怀，当他生病、挨饿或者神经极度衰弱时，母亲便会寄来烟草、奶酪饼等，他很想回到母亲身边，但是现实不允许他实现这个愿望，最终他绝望地对着自己开了枪。

梵高的死因是一个谜，就像他离奇而又矛盾的一生。也许我们永远也无法解开这个谜，但我们可以好好珍视艺术大师留下的作品，这也许才是梵高最想看到的。

病故还是自杀

探寻柴可夫斯基的真正死因

1893 年 11 月 6 日凌晨 3 时，一个作曲家突然离开了人世，这让世界人民悲痛万分。当他死亡的消息传出来时，就连俄国沙皇亚历山大三世都悲痛欲绝地叹息道："我的上帝呀，为什么俄国有这么多人，却偏偏死了柴可夫斯基呀！"

柴可夫斯基（1840~1893）是俄罗斯伟大的作曲家，他的《第六交响曲》和舞曲《天鹅湖》等都成为了不朽的作品。当他去世的消息传遍世界的同时，柴可夫斯基的死因也开始传言四起，有人说是病故，也有人怀疑是自杀，那么，到底是什么原因使他突然离世呢？

圣彼得堡的《新时代》报为了平息谣言，在柴可夫斯基去世的第二天，立即发表了《柴可夫斯基因病逝世》一文。这篇很长的文章由柴可夫斯基的医生列夫·贝尔纳多维奇·贝尔滕松博士署名发表，文中详细讲述了柴可夫斯基的病情，以及他最后死于霍乱的诊断。因此，之后人们再次谈到柴可夫斯基的死因时，都会不约而同地说他死于霍乱。

柴可夫斯基的死因，真的如公开发表的那样吗？很久以来，人们认为官方发表的柴可夫斯基的死因有很多矛盾之处，因此围绕这些问题人们提出了不少疑问。

第一，如果柴可夫斯基感染的是霍乱的话，那么按照一般医疗原则，凡确诊为霍乱病的患者住宅都要进行全面隔离，可在柴可夫斯基去世之前患病期间，前去探望的人络绎不绝。而且据资料记载，在柴可夫斯基去世时，他身旁有四位医生守护着，而且还有一位牧师在为他做祈祷。除此外，其兄弟姐妹、侄子以及护士仆人等共 16 人也在旁边守候着。

第二，在柴可夫斯基去世之后，有关当局也没有采取以前对待霍乱病人常用的隔离措施。之前霍乱病人死后，有关当局一定会立即将其尸体用镀锌的棺材密封起来。但是，柴可夫斯基的尸体一共停放了两天。在这期间对外开放，任何人都可以去凭吊。更让人想不明白的是，前去凭吊的人不仅很多，而且许多人来了之后，有的还会低下头来，亲吻柴可夫斯基的脸庞来表达自己的敬意与不舍之情。

由此判断，官方发表的霍乱说是不可相信的。那究竟是什么原因夺去了作曲家的生命呢？

一位名叫亚历山大·奥尔洛娃的学者从苏联移居美国后，根据她掌握的有关材料认定，柴可夫斯基根本不可能死于霍乱，他的真正死因是自杀。

有位与柴可夫斯基在帝国法律学院同班的同学，他组织了一个半官方法庭——袋鼠法庭，这里没有法律的约束，也不会按正规的法律程序来处理案件，但却有很多民众支持，被人们称为"荣誉法庭"。他们给柴可夫斯基定了一个罪名，而且在 1893 年 10 月 31 日判柴可夫斯基服毒自杀。

当时柴可夫斯基只有 53 岁，正处于创作的高峰时期，这样一个被人们当作偶像崇拜的著名艺术家，为什么会心甘情愿地接受一个半官方法庭的判决呢？根据有关材料显示，柴可夫斯基是一个同性恋者。在他生活的那个社会中，同性恋不仅会受到世人的非议，而且被认为是一种犯罪行为，这样的人会依法坐牢或者被流放西伯利亚。

尼古拉·亚科比是柴可夫斯基在圣彼得堡帝国法律学院的同班同学，他是当时俄国参议院的公诉人，他的遗孀伊丽莎白·卡尔洛夫娜·亚科比也是那次"荣誉法庭"判决的见证人，她向奥尔洛娃提供了一份"荣誉法庭"的有关资料，以此来说明当时的情况。

1893年10月22日，柴可夫斯基到达圣彼得堡，他当时正在指挥演奏他的《第六交响曲》，地位显赫的贵族斯坦博克·图尔莫尔公爵给沙皇亚历山大三世写了一封控告信，信中把柴可夫斯基说得很不堪，说他带坏了他的侄子，引诱他的侄子搞同性恋。公爵把信写完后交给了亚科比，让亚科比把信交给沙皇。

当时，柴可夫斯基搞同性恋的事儿已经有不少人知道了，但是人们对他的音乐极其喜爱，因为崇拜的缘故，所以对柴可夫斯基很宽容。亚科比当然也知道这件事，现在手中拿着控告信他左右为难，如果把信交上去的话，那就意味着柴可夫斯基将会陷入万劫不复的深渊。这件事不仅对俄国来说是件丢脸的事儿，对全世界来讲更意味着是一件丑闻，沙皇原本很欣赏柴可夫斯基和他的音乐，如果事件公开的话，那么对皇室来说更是个奇耻大辱。所以，亚科比决定组织一个荣誉法庭来处理这件事。

就这样，一个由亚科比本人及另外7名原帝国法律学院的毕业生组成的非官方法庭诞生了，人们把它叫作"袋鼠法庭"。据说这个法庭的审判小组全体成员在10月31日与柴可夫斯基会面，地点就设在亚科比的办公室。从柴可夫斯基进入办公室到作出最后"判决"一共经历了5小时。这期间，双方进行了激烈的争吵和辩论，最后"袋鼠法庭"要求柴可夫斯基"自杀"，这样既不会让帝国法律学院和沙皇丢脸，也不会引起世界的议论。法庭给柴可夫斯基提供了致死的毒药。于是，在 11 月 2 日的早上，柴可夫斯基突然病倒了，他一直拒绝让医生检查，一直痛苦到晚上毒性发作，四天后柴可夫斯基就离开了人世。

这就是亚历山大·奥尔洛娃提供的有关柴可夫斯基自杀身亡的梗概。如果它是事实的话，那么柴可夫斯基周围应该有不少人知道真相，为什么没有人公开这个秘密呢？

如果有人公开承认柴可夫斯基是自杀的，并且说出自杀原因的话，无论是同性恋还是自杀，在当时都是为社会所不容的。这样，这位世界级的作曲家就会立即被埋葬到某个边远荒凉的地方，遭人唾弃。所以人们觉得柴可夫斯基这样死去，虽然悲惨，但应该还是最好的结局。现在柴可夫斯基被安葬在圣彼得堡的喀山大教堂里，而且给他举行了隆重的葬礼和盛大的追悼会。所以，柴可夫斯基的死亡真相就这样被隐瞒了起来。

但是，奥尔洛娃夫人又说，1938 年，她曾经在莫斯科柴可夫斯基档案室里看到过柴可夫斯基的医生贝尔滕松博士写给柴可夫斯基兄弟的一封信。信中详细地叙说了柴可夫斯基死于霍乱的病情，但是这封信以及可以说明柴可夫斯基自杀的大量材料后来都在档案室内不翼而飞了。

柴可夫斯基的死因陷入了迷雾中，究竟是病故还是自杀呢，看来还需要大量的资料来研究，从而揭开这个谜底呀！

作家的悲惨晚年

大文豪托尔斯泰离家出走悬案

    托尔斯泰是 19 世纪俄国伟大的批判现实主义作家，也是世界文学史上最杰出的作家之一，他被人们称为"最清醒的现实主义作家"和"天才艺术家"，有很多作品都被收入我国的中小学语文课本中。可是，1910 年，已经 83 岁的列夫·托尔斯泰却离家出走了。同年 11 月 7 日，离家出走的托尔斯泰在阿斯塔波沃火车站离开了人世。

    这个噩耗震惊了整个俄国乃至世界。人们在悲伤的同时，不禁要问：为什么已经进入耄耋之年的托尔斯泰会离家出走呢？人们对这个答案一直在探索着，并且各持己见，得不出一个统一的结论。

    一些学者经过多方面研究后认为，托尔斯泰之所以要离家出走，主要的原因来自于他的妻子——索菲亚·安得烈耶夫娜。

    传记作家康·洛穆诺夫在整理托尔斯泰的生平资料时说过，托尔斯泰的晚年生活很不幸福，他的精神总处于痛苦中，引起这种痛苦的主要原因就是因为家庭不和。托尔斯泰最亲密的朋友切尔特科夫更是直截了当，他觉得托尔斯泰之所以选择离家出走，绝对是被索菲亚逼迫的，在忍无可忍之下才决定离开的。

这种观点与一些社会舆论正好相符。托尔斯泰1862年结婚，婚后一段时间，夫妻二人感情很好，但是从19世纪80年代开始托尔斯泰的世界观发生急剧转变之后，两个人的思想便无法沟通了，并且越走越远，以致彼此本来融洽的感情发生了裂变。

托尔斯泰在研究道德哲学和宗教伦理的基础上，于80年代初形成了"放弃私有财产""不以暴力抗击邪恶""用道德进行自我完善"为核心的托尔斯泰主义。自那时起，他便开始从事体力劳动，与农民为伴，过简朴的生活，以此实践着自己的理想。

托尔斯泰的理论引来了许多崇拜者和追随者，这些信奉托尔斯泰主义的人，促使托尔斯泰放弃了地主阶级养尊处优的生活方式，逾越了与普通百姓之间的鸿沟，但是也因此使他的家庭发生了巨大变化。在1885年和1897年托尔斯泰就曾经两次打算离家出走，但是矛盾毕竟没有达到那种足以决裂的程度，所以都没有真正实行，可是出现的裂痕却再也无法修补。

1910年7月，托尔斯泰找到律师秘密立下了一份有关文学遗产的遗嘱。这时的索菲亚，精神已经不太正常，她变得很狂躁，脾气也很坏，知道托尔斯泰已经立下遗嘱后，她便很急迫地想知道遗嘱的内容。10月27日的深夜，索菲亚趁托尔斯泰不注意，偷偷跑到书房里找寻遗嘱，结果被托尔斯泰发现了。托尔斯泰觉得自己已经忍耐到了极点，无法再对索菲亚容忍下去，所以他决定离开索菲亚，离家出走。这天深夜，托尔斯泰在小女儿萨莎和医生玛科维茨基的协助和陪同下，悄然离开生活了几十年的雅斯纳雅·波良纳庄园，他自己也不知道，这是他今生最不幸的一次出行。

由这些资料我们可以看到，他的小女儿是支持父亲离家出走的。这样看来，除了无法忍受索菲亚选择出走以外，子女们在托尔斯泰选择离家出走这件事情上也要负一定的责任。托尔斯泰的子女分成同情父亲和同情母亲的两派，特别是小女儿萨莎，她竭力支持父亲离家出走的做法，并且最后帮助父亲将其实施。

但是，很多人并不同意家庭原因这个观点，其中包括托尔斯泰的部分子女，他们更是对这个观点持强烈的反对态度。

俄国著名作家高尔基就是坚决反对这个观点的一个人。他觉得索菲亚在托尔斯泰生活和事业中起着不可替代的作用，占有决定性的地位。他的儿子伊利亚·托尔斯泰更是反问："难道我父亲从家里逃走，真是因为和他共同生活了48年的妻子的精神问题吗？"所以，他们觉得托尔斯泰最好的朋友切尔特科夫才是直接责任者。

托尔斯泰19世纪80年代观念突然转变时，对他影响最大的人就是他的亲密朋友切尔特科夫。切尔特科夫原本是上层贵族的军官，一直做得非常出色。但是他毅然抛弃了军职，舍弃锦绣前程，回到自己的庄园和农民在一起生活，并把部分财产分给农民。这种共同的道德理想把两个志同道合的人紧紧联系起来。托尔斯泰在日记中这样评价他与切尔特科夫的关系："他和我简直就是心有灵犀。"

从1883年开始，两人的关系就一直很好，直到托尔斯泰去世。托尔斯泰说过，他与切尔特科夫的这份友谊是任何人都比不上的。之后，在托尔斯泰手稿的收集、作品的出版、思想的传播等方面，切尔特科夫都作出巨大的贡献。

除了思想之间的交流与传播外，切尔特科夫也介入并干涉了托尔斯泰的家庭生活，上文所说的托尔斯泰秘密立下文学遗产遗嘱这件事，与切尔特科夫就有着密切的关系，他直接导演了托尔斯泰文学遗产继承权之争。

切尔特科夫劝解托尔斯泰从"放弃私产"的原则上直接推导出"非版权所有"的主张，以现在的话来说，就是他让托尔斯泰放弃自己的文学专利，有关托尔斯泰的作品，任何人都可以免费出版、转载或者修改等。所以，托尔斯泰听从了切尔特科夫的建议，于1891年宣布，凡是1881年后出版的所有托尔斯泰的著作，任何人都可以免费再版。1909年托尔斯泰又宣布，任何人都可以出版他1881年以前没有出版的文稿。关于这些文稿的其他事宜，由切尔特科夫负责。切尔特科夫并没有就此停止他的理论，在1910年7月22日他拟定了一份关于文学遗产继承权的最后遗嘱，让托尔斯泰在遗嘱上签了字。这就是上文出现的索菲亚偷偷寻找的那份遗嘱，其中的主要内容是，托尔斯泰的所有文学著作、未出版的手稿及个人日记、信笺等全部由小女儿萨莎继承，如果需要出版的话，那一定要由切尔特科夫负责。

起初，托尔斯泰并没有马上同意。于是，切尔特科夫马上给他写了一封"充满了责备和控诉"的长信，然后煽动其他信奉托尔斯泰主义的人也用一些过激的言辞来刺激托尔斯泰，比如"说是一套，做和生活就又是一套"，以此来指责托尔斯泰不立遗嘱。这时的托尔斯泰，已经"感觉自己被撕成了两半"，难以抉择，左右为难，矛盾进入空前的白热化。于是，他决定逃离，在田间与农民一起搭一个茅草屋，快乐地度过余生。

由此看来，切尔特科夫与一些托尔斯泰主义者的逼迫才是托尔斯泰离家的原因。但是，如果把责任全部推到切尔特科夫身上恐怕还是不太妥当，因此有些人觉得，如果想要知道托尔斯泰出走的根本原因，那就要看透他的心灵。

托尔斯泰对人生看得十分透彻，而且他道德高尚、意志坚强，虽然已经是风烛残年的老人，但是以他年老时的文稿风格来看，让他任由他人操纵摆布是不太可能的事。假设19世纪80年代时，托尔斯泰没有因为索菲亚而生出离家出走的想法，那么遗产之争的后果也不一定会这样。所以，有人便认为，托尔斯泰出走的根本原因应该从他的内心深处去挖掘。

托尔斯泰是一位有着崇高理想的人，他的这种理想和当时沙皇专制下的严酷现实形成了尖锐对立，因此他的精神长期处于痛苦与矛盾中，之后在压抑的精神状态下，他选择离家出走。也许他只是为了缓和一下心情，但是不幸客死他乡，这使得他的人生结局有了几分悲剧色彩。

如果时间可以重来，我们重新整理下当时的情况。索菲亚如果能理解自己的丈夫，与托尔斯泰过着平淡但美好的生活的话；如果切尔特科夫及托尔斯泰的儿女们不在一旁推波助澜，而是疏通调解的话；如果当时的托尔斯泰主义者尊重理解托尔斯泰的话，那么，一个已经进入耄耋之年的老人也不会下定决心，冒着寒风，拖着衰弱的身体走上离家出走的道路去实践他所谓的理想。

可惜，时间不可以重来。如此伟大的一位作家，却用一个如此悲惨的结局做人生的最后篇章。我们只能通过资料来猜测他离家出走的原因，但是当时他出走时的真实想法，恐怕也只有他自己知道了。

自杀的作家

杰克·伦敦自杀悬案

杰克·伦敦（1876~1916），20世纪初美国著名作家，他写了许多不同体裁的作品，长篇小说、短篇小说、剧本与散文等，都受到了人们的好评。其中长篇小说《铁蹄》、《马丁·伊甸》与《荒野的呼唤》等还被翻译成中文，在我国广为流传，杰克·伦敦本人也成为世界上享有盛誉的作家。

然而，正值创作高峰时期的杰克·伦敦，竟然出人意料地自杀身亡了，年仅50岁。许多人不了解，处于事业巅峰的著名作家怎么会自杀呢？美国及其他国家的一些历史学家和文学家对此进行了深入研究，但是却没有得出任何完全可靠的结论，他们总是各持己见，相持不下。

美国文学家艾尔·雷勃认为杰克·伦敦选择自杀，是因为他的健康状况出现了很大问题，让他失去了继续生活下去的勇气。

1914年，杰克·伦敦被诊断患上了严重的肾炎。在患病的两年间，他一直尽全力确保自己在公众面前的形象，时刻保持着精力充沛的状态。但是，尿毒症的临床反应已经越来越明显，同时，他又对医生的劝告充耳不闻，不注意自己的饮食习惯，作息时间也毫无规律。1915年到1916年间，他为了使自己的身体状况好转，就去夏威夷休养了几个月，希望可以在那里的温和气候条件的影响下恢复自己的身体，但是，事与愿违，他的身体状况还是每况愈下，不断恶化着。

1916年春，瑞士心理学家卡尔·容格与在夏威夷疗养的杰克·伦敦相遇，他读完了卡尔翻译的科学著作，并很认真地对卡尔说："我告诉你，我正站在如此之奇妙、新鲜的新世界的边缘，以致使我都觉得有些害怕去看它一眼了。"卡尔的书给了杰克·伦敦新的启示，他以多年对波利尼西亚人的研究作为创作的源泉，完成了一系列短篇小说。杰克·伦敦成了美国第一个利用卡尔·容格的理论进行文学创作的作家，虽然他当时的情绪不是很高涨，但从此，卡尔·容格翻译的著作不仅促使他不断地创作，还拓宽了20世纪文学的领域。

杰克·伦敦认为自己是一个纯粹的唯物主义者，也就是说，在他的概念中，物质是客观存在的，精神只能占第二位，与唯心主义的精神占第一位的观点正好相反。但是，当杰克·伦敦在生命的最后几个月时，他的思想经历了一个新的变化，他认为唯物主义这个自己一生坚持的信仰中有许多不合理的因素，到了晚年的时候，因为这种变化的影响，使他坚决地拒绝了之前一直信奉的朴素的唯物主义观点。1916 年 11 月，内心纠结产生的压力使 50 岁的杰克·伦敦再也无法忍受，最终决定服毒来结束自己多灾多难的一生。

然而，美国著名记者查尔米亚却在其报道中声称，杰克·伦敦在《圣经》的一段文字下面画了线，这段文字就是：你不应该从世俗或者艺术的角度进行思考，而要从象征角度，从精神层面，从事件中思索。"查尔米亚的这条证据是在告诉人们，杰克·伦敦进入晚年后，已经抛弃了信奉一生的唯物主义思想，已经是一个彻底的唯心主义者。

美国著名文学评论家弗兰克林·沃克的观点也觉得查尔米亚的观点很正确，同时他做出了更加详细而且合情合理的分析。

杰克·伦敦的代表作为《马丁·伊甸》，弗兰克林·沃克对这本书进行了评论，其中深刻地讲述了杰克·伦敦思想发展变化的趋势。杰克·伦敦年轻时，是个远近闻名的杰出的社会主义活动家，也总对外宣称他是马克思主义的忠实信徒。他常常会使用刻有"革命至上的杰克·伦敦谨启"的橡皮图章签署信函。还有，他当时担任着大专院校社会主义团体的首任主席，曾经到全国各个地方进行过宣扬社会主义的演讲活动，批判资本主义社会如何腐朽和没落，而且还以社会主义党人身份竞选奥克兰市长的职位，特别是他还思考过是否参加加利福尼亚州长的竞选。可是，晚年时期，杰克·伦敦的社会主义理想在当时的社会中成为了泡影，他一生追求的信念破灭了，他怎么还能苟活下去?所以他服毒自杀了。

1908 年，杰克·伦敦的长篇小说《铁蹄》出版，杰克·伦敦在这本小说中就用了很明确的词句，预言资本主义必将灭亡。但是，在《铁蹄》的结尾部分，他没有阐明无产阶级的乌托邦式的理想最终实现了，而是把结局仍局限在了社会依然受制于残忍的独裁资本家。

继《铁蹄》发表之后，杰克·伦敦又发表了长篇小说《马丁·伊甸》，人们有了重大发现，主人公马丁并没有把希望寄托于社会主义理想上，人们一直认为马丁是杰克·伦敦的化身，那么马丁的心并没有放在社会主义、唯物主义上。所以，人们分析说，这可能与杰克·伦敦本人对社会主义革命的信心日渐动摇有关。他的女儿琼安·伦敦在自己的传记中阐述，杰克·伦敦在《马丁·伊甸》中已经为自己写下了讣文，写出了自己内心的想法，这时的杰克·伦敦不但对社会主义活动失去了参与的兴趣，并且对自己的成功逐渐觉得虚幻缥缈。

杰克·伦敦逐渐对社会主义活动不大积极了，结果最终脱离了社会主义组织。在《铁蹄》之后发表的长篇小说《海狼》中有一位专门从事掠夺而又飞扬跋扈的船长伍尔夫·拉尔圣，这位船长就像杰克·伦敦一样怀有"天生自然，任万物竞争淘汰"的思想。但是，这与《铁蹄》中满怀热忱的社会主义领袖欧涅斯特·伊夫哈特的思想相距甚远了。

杰克·伦敦的思想和情绪的发展又是相当复杂的。美国著名思想家、政治家富兰克林对《马丁·伊甸》做评论时也提到了这种情况。他认为，杰克·伦敦最后走上服毒自杀的道路，完全是他复杂思想发展的必然结果。《马丁·伊甸》的创作过程在某种程度上反映了杰克·伦敦思想发展的迂回曲折的过程。杰克·伦敦在这部小说即将进入结尾的时候，却还没有设定好如何结束全篇，所以这部小说出现了一个出奇不意的结局，主人公马丁自杀了。富兰克林对此一再强调说，书中主人公马丁·伊甸的自杀是作者思想发展的必然结果，而作者之所以要这样写，或许正是由于他本身的矛盾和纠结。

根据以上的资料来看，杰克·伦敦一生的思想经历极其复杂坎坷，再加上身患重病，这些仿佛就是导致他最终自我毁灭的原因。不过，从他一生创作的作品来看，这与他服毒自杀的悲惨结局又十分矛盾。

在他的作品中，最有影响力的一部便是《马丁·伊甸》。所有的书都有它自身的缺点，这本书也不例外。比如，全书结构有些凌乱，某些地方用语欠考究，而且有些句子让人读起来充满伤感，等等。即便如此，它仍然具有其巨大的魅力。书中的人物刻画都很生动，连一些小人物都一样地出彩。这部书中主人公的结局被许多人认为是作者在写自己的结局，但是，作者在书中对无产阶级和资产阶级之间价值观念的冲突，也提出了一些新的见解，并且书中也不是一味的伤感绝望，还有很多兴趣盎然、畅快淋漓的描绘，这与作者纠结以自杀来解脱不是很矛盾吗？

所以，杰克·伦敦的自杀无法从一部作品中找到具体的原因。也许未来的某一天，我们会发现新的线索，从而解开这个谜团。

侦探小说女王

阿加莎·克里斯蒂失踪事件的真相

《波洛和玛普尔小姐的故事》是一部迷倒无数读者的侦探小说，故事情节复杂精妙，一些逻辑推理思维能力良好的精明读者，都无法猜透故事情节的发展。完成这部小说的作家，就是著名的侦探小说家阿加莎·克里斯蒂，被人们称为"侦探小说女王"。她一生完成了80多部小说，作品被翻译成多种文字，销售量超过3亿册，这是比莎士比亚作品销售量还要高的数字。

可是，这样一位思维缜密、文采出众的女作家，却有一个令人无法解开的谜。直到1976年她去世，这个谜都没人能解开，整个事件比她构思的小说还要让人费解。

1926年12月，阿加莎·克里斯蒂神秘地失踪了。当时，她已经是著名的侦探小说家。一时间，各大报纸的头版头条全都是有关阿加莎·克里斯蒂失踪事件的传闻和报道：有人说她自杀了，有人认为她遭到了绑架，更有些人像写侦探小说一样假设了一场谋杀事件……总之，许多人都在假想着阿加莎·克里斯蒂失踪的原因，警察们也想根据一些线索找出答案，但结果徒劳无功。

阿加莎·克里斯蒂，出生于1890年9月，她的父亲是一位富有的美国人，母亲是英国人，他们过着奢侈而舒适的生活。阿加莎·克里斯蒂并没有接受太长时间的正规教育，不过她家中却有很多很多的书，而且从小母亲就鼓励她要多读书，让书籍填满她好奇的小脑袋。

1914年，阿加莎·克里斯蒂结了婚。婚后，丈夫克里斯蒂在海外服役的时候，她就在国内当了一名护士。在这期间，她获取了药剂师的资格，获得了丰富的有关药品和毒药的知识，她小说中丰富的药物应用知识就来自于这段时间的积累。

有一次，她因病休养了一段时间。在这期间，她完成了她的第一本侦探小说，并且喜欢上了侦探小说的创作。到1926年，她已经获得了巨大的成功。但是，她的丈夫克里斯蒂上校却因忍受不了她的成功而背叛了她，爱上了另一个女人，并且主动向她坦白。这件事对她是一个意想不到的沉重打击，并且事情发生不久，最疼爱她的母亲也去世了，接二连三的打击让她接近崩溃，她开始对生活绝望。

12 月 3 日，星期五，这天的天气异常寒冷。夜里，她头戴天鹅绒帽子，身穿一件绿色的衬衫，外罩灰色的羊毛开衫，往钱包里面塞了一些钱，便钻进她的汽车，消失在夜幕中。第二天早上，人们在距离她家不远的一处悬崖上面发现了她的车子，车子的前轮悬空在一个 120 英尺的悬崖边上，刹车已经失控，变速杆挂在空档上，引擎是开启的。但是车里却没有人，只有包括皮大衣在内的一些衣服。

事件发生后，警察和成百上千的志愿者一直在忙碌着，他们搜索了附近的很多村子，就连附近那个号称深不见底的湖中，潜水员也仔细搜寻了，却没有查出结果。因此，警察只好在星期一发行的报纸上公布了阿加莎·克里斯蒂失踪事件。所有现象都表明，这个失踪事件的最合理结果便是阿加莎·克里斯蒂已经自杀了，但问题是，自杀也要找到尸体。可如今，尸体在哪里呢？

正在外界议论纷纷、事件毫无进展时，250 英里外的一个饭店领班提供了一个重要线索。他报告说，最近出现在饭店里的一个三十多岁的女人与阿加莎·克里斯蒂长得很相像，这个女人有一头漂亮的红头发，她以特瑞莎·尼勒的名字入住的饭店，声称来自南非，但是无论怎么看，她长得都与阿加莎·克里斯蒂很相像。

得到消息后，克里斯蒂上校赶紧赶去那个饭店，他用报纸挡着脸等候着已经失踪了 11 天的妻子。当那位自称为特瑞莎·尼勒的女士打完桌球回到餐厅吃饭时，克里斯蒂上校确认这正是他的妻子阿加莎·克里斯蒂，他带回了自己的妻子。

接着，克里斯蒂上校对外宣称，妻子阿加莎·克里斯蒂不幸失去记忆，正在接受治疗。不过，新闻界并没有相信这个说法，他们觉得这是场精心策划的炒作。报纸也公开指责阿加莎·克里斯蒂，要求她补偿因为寻找她而浪费掉的 3000 多英镑，那是所有纳税人不该支付的费用。

时间可以改变一切，随着时间的流逝，人们逐渐淡忘了这件事，对她的声讨也慢慢隐去，阿加莎·克里斯蒂又恢复了她原来的知名度。两年后，她还是和克里斯蒂上校离了婚。1930 年，她与一位考古学家马克斯·马洛文爵士结了婚，并且跟着他一直四处游历，这期间完成了不少带有异国情调的小说。对于她的失踪，即使后来她为自己写自传时，这个事件也被她一笔带过，没有做详细解释，仅仅暗示那是由于一时的精神失常造成的。可是，这是失踪事件的真实原因吗？

在那个寒冷的夜晚，她为什么要一个人出门，而且还把车子开到了悬崖边上？也许她真的想要自杀，可是命运之神却在后面拽了她一下，没有让她的车子坠入深渊，于是她决定冷静下来，好好思考一些事情。1934 年，阿加莎用一个陌生的笔名发表了一本浪漫小说《未完成的肖像》，她的第二个丈夫马克斯认为这就是她的自传。书中，当女主人公知道丈夫另有新欢时，就企图用自杀结束生命，但是结果却失败了。

克里斯蒂上校对外宣称阿加莎失忆了，如果她真的失忆的话，她在饭店中的消费所需要的钱是哪儿来的？有人怀疑，整个事件都是她为了挽回已经背叛她的丈夫而精心设计的。也许她想将丈夫的婚外情公之于众，也许是想要报复丈夫，于是在外面饭店中停留的时候用了和丈夫情人一样的姓氏“尼勒”。假如自杀成功的话，警察一定会调查，这样克里斯蒂上校的婚外情就会公之于众。为了新欢而除掉结发妻子，阿加莎的小说中有很多这样的情节。至于这件事的真相及阿加莎的真实想法，我们现在已经无从知道，因为克里斯蒂上校已经在 1962 年去世，而尼勒小姐也在 1958 年离开了人世。

阿加莎一生创作了无数精彩的侦探小说，而她自己更是一位高深莫测的人，她一直保守着她的隐私，直到去世，也没有透露她一生最大的谜题——失踪之谜的答案。

417 房间的悲剧

日本作家川端康成为什么要自杀？

　　日本的逗子玛丽娜公寓是一座有 10 层楼的高级公寓，从公寓的窗子，就可以眺望到伊豆半岛和相模湾的美丽风景。不过，这栋公寓并不是因为住宿舒适和风景怡人而著名，而是因为这栋公寓的 417 房间，曾经住过一位日本著名作家，并且他在这个房间中离开了人世。他就是亚洲第二个获得诺贝尔文学奖的日本作家——川端康成。

　　417 房间是川端康成的工作室，每周他都会来这里一两次。可是，当 1972 年 4 月 16 日下午 3 时，川端康成再次来到这个公寓后，就再也没有走出去。晚上 9 时 50 分左右，有人路过川端康成的房间时，闻到一股浓烈的煤气味从他的房间里飘出来。公寓管理员找了几个人，来到 417 房间，并强行把门撞开，一股刺鼻的煤气味迎面扑来。进屋检查后，发现川端康成躺在卫生间的地板上。他们马上联系人员抢救，当川端康成的主治医生本田正平赶到现场时，川端康成的心脏已经停止了跳动，本田医师采用了所有急救措施，但已经无力回天了。

瞬间，川端康成死亡的消息传遍了全日本甚至全世界，人们纷纷猜测：川端康成是自杀吗？如果是，他又是出于什么动机自杀呢？

法医在川端康成的死亡现场进行了验尸，并在《女性自身》杂志上发表了当时现场情况的说明："川端康成身体向右躺在地板上，头朝瓷砖洗漱池，鼻子里还插着一根橡胶管。经过尸斑、瞳孔、有无皮下出血等情况检查，结果很明显，川端康成是吸入煤气自杀。背部因瘀血而变得鲜红，这是煤气中毒死者特有的症状。现场验尸证明，死者已经死亡约4个小时，也就是说，川端康成是在下午6时左右去世的。死者没有狰狞痛苦的表情，看上去很平静，甚至给人以圆满的寿终正寝的感觉。"

川端康成并不是第一个选择自杀的日本作家。明治时代以来，先后有北村透谷、芥川龙之介等12个作家以自杀方式结束自己的生命。但是，像川端康成这样有着巨大影响力的作家自杀，给人带来的震惊是巨大的，所以人们对他自杀的原因和动机纷纷进行猜测，有以下几种说法。

一、病魔缠身无法忍受。

川端康成自杀前不久，也就是3月7日到15日期间，川端康成住院，医院禁止任何人探望，所以有人认为当时川端康成就怀疑自己得了癌症，所以打算用自杀来摆脱。自杀的第二天，《朝日新闻》对他的死亡进行了报道："川端康成已经死亡一夜，亲朋好友悲伤的同时满是疑问，他们认为川端康成已经是病魔缠身的人，大概是患了癌症。"但是，近期接触过川端康成的人没有提供川端康成患了某种疾病的证据，为川端康成做过手术的道体祐二郎也不赞同这一说法，而且川端康成的主治医生本田正平也在《朝日新闻》上发表文章："我已经为川端先生看病二三十年了，他除了患有胆结石外，没有得过什么大病。在上月中旬他患了急性盲肠炎，迅速进行了手术，而且术后恢复很快，精神也很好，根本没有什么想要自杀的征兆。"

二、思想负担过重。

1968 年，川端康成获得诺贝尔文学奖。当时，日本举国欢庆，为有这样一位文学巨匠而感到骄傲。各大报纸的头版头条都大篇幅地报道了这件事，甚至佐藤首相还亲自打电话向他表示祝贺，连裕仁天皇都派一位高级官员给川端康成打电话祝贺。

川端康成一时间被巨大的光环所包围，当日本和外国记者采访他时，他也很难掩饰住内心极度的兴奋。"我之所以能得奖，主要归功于日本文坛，其次归功于我的作品的翻译者。我很高兴地看到，书中表现的日本文学的传统风格，已经被西方世界所了解、接受了。"在接受采访时，川端康成激动地说过这些话。

他的这些话，很明显地流露出了得意洋洋的心情。但是，之后川端康成却没有再写出什么优秀的传世之作。所以，作为社会名人的他感到很痛苦，思想压力越来越大，最后只能选择自杀来解脱自己。

不少日本学者则赞同另一种看法，他们认为川端康成的自杀是因为秦野竞选失败。川端康成曾经公开支持过一个警察头子秦野竞选，他本来对竞选有很大信心，因为凭自己的名望和地位，秦野竞选成功是意料之中的事。可是，令人不可思议的是，竞选最终失败了，川端康成觉得受到了侮辱及打击，所以最终用自杀来解愤。

三、安眠药中毒。

川端康成开始服用安眠药是他在第一高等学校学习的时候，因为年轻时神经比较敏感，睡觉很轻，所以不得不靠安眠药入睡，甚至结婚后这个习惯也没变。

川端康成的理发师说，在川端康成死前一周，也就是 4 月 10 日时，他去给川端康成理发，当时川端康成躺在床上，显得十分焦躁，在床上翻来复去地挪动身体、拂掉了很多头发。川端康成表示，他已经四天四宿没有入睡了。

川端康成在他的随笔《安眠药》中这样写道："昭和二十九年 (1954 年)，我在报上发表连载小说《东京人》，整篇小说共用去 500 多天的时间。从那次开始，我便染上了连日服用安眠药的恶习。"看来，安眠药是川端康成生活中不可缺少的一部分，那他出现过什么药物副作用的症状吗？

川端康成的随笔《安眠药》一文中描述了他服用安眠药后迷糊的状态，并列举了许多因为药物作用而闹的笑话。川端康成的夫人秀子在回忆录中也叙述了川端康成服用安眠药的副作用："他一生也没有能够脱离安眠药。因为长期服用安眠药，有时药效一直延续到白天，他曾经有几次竟然迷迷糊糊地撞在柱子上。"

根据川端康成出现的这些症状，日本一些研究人员和学者据此推断，川端康成的确是用煤气来自杀的，但是在安眠药导致神志不清的状态下才打开的煤气开关。4 月 16 日，川端离开家来到逗子玛丽娜公寓的工作室后，已经服用过或者刚刚服用了安眠药。所以，他处于一种迷迷糊糊的状态，然后他自己动手打开了煤气开关。如果这一推断成立，那么就不能确定川端康成是否是真的有意自杀了。

四、文学堕落使他精神崩溃。

我国不少研究川端康成的学者认为：川端康成在 50 年的文学生涯中，作品风格一贯是坚持唯美主义文学色彩。也就是说，他的创作特色是以虚无缥缈的思想为基础，作品中主要有三个元素，分别是虚幻、悲哀和颓废，主要反映的是与悲哀相连的爱与死的主题，描写颓废的情绪、刹那间的感受和受压抑的精神，以此来影射资产阶级腐朽没落的丑恶生活。他的后期作品中，这种风格愈加明显，而且越来越恶劣，几乎接近于病态心理，把战后颓废腐朽的社会风气表现得淋漓尽致。

因此人们说，川端康成作品中的堕落风格是有很深的政治根源的。他早期组织"新感觉派"，参与反动的文化围剿。在侵华战争期间，他还充当日本军国主义侵略军的新闻记者，在中国进行罪恶活动。之后，日本投降，他为日本军国主义的灭亡大唱挽歌，发表了《悼岛术健作》《武田麟太郎和岛木健作》等文章，文中满是日本投降后他那刻骨铭心的忧伤。而且，他还坚持要用文字去唤醒日本人，让他们去感觉什么是真正的悲剧和不幸，字里行间流露出对日本战败投降的惋惜和悲伤。

五、因三岛由纪夫自杀受打击。

日本一些文学家和学者推测川端康成的自杀动机时一致认为，三岛由纪夫的自杀直接影响了川端康成。1946 年，川端康成推荐三岛由纪夫，以一篇短篇小说《烟草》，正式进入了文坛。三岛由纪夫的作品前期也属于唯美主义的风格，作品中主要表现一些病态心理，反映战后日本社会的腐朽颓废；后期的作品风格有了转变，开始有意识地利用小说为已经死去的军国主义的复活摇旗呐喊。这样的创作路线，与川端康成的风格是很相近的。1970 年 11 月，三岛由纪夫以切腹自杀来煽动军队搞政变，但是他最终身亡了，政变也失败了。川端康成亲自主持了三岛由纪夫的葬礼，并且还到处宣扬"三岛精神"，最终由于受到太多打击，他也选择了"以死明志"。

世界上对川端康成的作品褒贬不一，但不可否认的是，他的确是日本文学史上了不起的作家，也是世界文学史上不可或缺的一分子。他死前并没有任何征兆，也没有留下遗书、影像或其他资料，所以人们对他自杀的动机充满了疑惑，并且还在不断的探寻中。

逝去的偶像

"猫王"普雷斯利死因探究

　　提起普雷斯利可能你并不熟悉，但提起"猫王"你一定会恍然大悟，原来就是那位美国摇滚界的天王巨星呀！"猫王"的本名是埃尔维斯·阿伦·普雷斯利（Elvis Aron Presley）。20 世纪 50 年代后期，普雷斯利以他俊朗的容貌、标志性的扭胯动作和劲爆的舞蹈俘获了人们的心，他看上去像一只猫一样在灵动地跳跃。因此，他的音乐迷们给他起了一个昵称——"猫王"。那背头大鬓角、大墨镜、挂满金光闪闪亮片的白色立领紧身衣，成为全球摇滚歌迷心目中永远的记忆。

　　1977 年 8 月 16 日，这是一个令全世界"猫王"迷无比伤痛的日子，因为这天，"猫王"普雷斯利在他的豪宅"优雅园"中突然去世，当时他年仅 42 岁。葬礼非常隆重，规模也是前所未有的。到现在，许多歌迷和普雷斯利的崇拜者还会去"优雅园"追思这位摇滚乐之王。

　　因为普雷斯利的去世的确太突然、太离奇了，所以全世界无论是不是"猫王"的歌迷都很想知道，1977 年 8 月 16 日那大，"猫土"在他的豪宅中到底发生了什么事？为什么这样一位世界巨星没有任何征兆地就去世了呢？他的具体死因到底是什么？

那天的午夜时分，"猫王"和他的未婚妻金吉尔·阿尔登曾去看过牙医，他为什么这么晚了还要去他的专业保健医生那儿呢？"猫王"的保镖说，"猫王"拥有的崇拜者太多了，他为了避免被歌迷打扰，引起不必要的麻烦，所以才会午夜出去。

凌晨 5 点的时候，"猫王"与未婚妻一起去了格雷斯兰大楼亮着灯的球场，打了大约两个小时的球。回来之后，"猫王"向未婚妻道了声"晚安"之后就休息了。但是，当金吉尔下午两点左右醒来时，发现"猫王"脸朝下直挺挺地趴在长绒的地毯上，全身发紫。"猫王"的私人医生尼可波罗坚持要把"猫王"送到常去的巴提斯医院。之后，主治医生对外宣布，"猫王"因药物引发心脏病致死，终年 42 岁。因为"猫王"在去世前一直服用很多药物，甚至要吃 8 种药物才能入睡，所以因药物导致心脏病致死这一结论很有说服力。

不过，当时在百姓之间还有个传言，因为"猫王"曾经作为证人出庭指证过黑帮分子的罪行，所以，美国联邦调查局曾经在"猫王"去世前派人保护过他。正是因为这一原因，那些不择手段的黑道人物把"猫王"当成了眼中钉、肉中刺，恨不得杀掉他才痛快。

还有些人认为，"猫王"被人谋杀的可能性很小，因为"优雅园"有很多保安，而且黑道人物想杀人，也没有必要费那么大的周折，所以又有人提出了另一种猜测——"猫王"是自杀的。"猫王"的继母曾向外界透露，"猫王"在去世前曾给他的父亲写过一封遗书，大概内容是说，"猫王"现在已经患了癌症，承受着很大痛苦，他不愿再忍受下去了，所以干脆提前结束自己的生命，与在天堂的母亲团聚。但这封遗书是否存在很值得怀疑，而且现在"猫王"的父亲已经去世，所以根本就无法证实这一说法的真伪。

"猫王"去世后的尸检医生在他体内发现了 14 种成分不同的毒品，因此还有些人认为，他很可能在死亡前一次性吸食了大量的毒品，最终丧命。

种种说法层出不穷，但官方的说法只有一个，就是药物导致心脏病发作致死。1979 年，"猫王"已经去世两年了，人们一直怀疑的药物致死的说法有了新的发现。12 月 13 日，美国一位著名法医西里尔·韦希特在一次电视节目中，第一次对公众宣布："猫王"并非死于心脏病或者其他别的什么原因，他是因为把大约 10 种镇定剂合在一起服用致死的。他把镇定剂胡乱混合，对中枢神经系统起了相当大的抑制作用，所以他的心脏停止了跳动。这种现象是非常可怕的医学常识错误，专业的名字叫"复方用药"，也就是说，两个或两个以上的医生，在没有沟通的情况下给同一个病人开了处方，而这个病人把两个医生的处方药品混合在一起吃掉了。

1977 年 10 月，在"猫王"已经去世几个月后，法医杰瑞·弗朗西斯科博士举行新闻发布会，宣布"猫王"死于高血压、心脏病和心血管病。这位法医拿出了证据，田纳西大学医学院对"猫王"做了彻底的病理学分析，认为药物致死的说法就是无稽之谈。当时"猫王"的私人医生尼可波罗博士也很同意弗朗西斯科博士的结论，否认了关于他的病人用药不当致死的传闻，并且非常肯定地告诉记者："假如他使用任何药物，我都会知道的，不合理的话我肯定会制止的。"

针对弗朗西斯科博士等人的结论，法医西里尔·韦希特透露了一个鲜为人知的秘密：在对"猫王"遗体进行解剖的当天晚上，浸礼会医院曾经准备了两份同样的人体组织样本，一套样本给了法医杰瑞·弗朗西斯科博士，另一套样本则由浸礼会医院的一名病理学家送到了加州梵尼斯生物科学实验室。这个实验室是美国最权威的病理学实验室之一，但是这里的化学家分析得出的结论，与弗朗西斯科博士报告的结论完全不同。西里尔·韦希特宣称他已经得到了实验室作出的病理学报告的副本，他就是根据这份报告作出"猫王"死于药物作用这一结论的。

报告中注明，"猫王"体内已经发现了包括安定药普拉西定、苯巴比妥鲁米那、丁二烯巴比妥、鲁米那在内的多种镇静剂，而且其中致命的主要成分是镇痛药可待因，这种药对中枢神经有抑制作用。

到此为止，你一定会有疑问，这么多镇定药，"猫王"怎么可能同时服用呢？正是根据"猫王"死后身体里这些药物的含量，法医西里尔·韦希特博士认为这位伟大的摇滚大师应该死于一场意料之外的医疗事故。那些给"猫王"开出镇定药的医生犯了一个原则性的错误，他们在为"猫王"开处方时，都没有弄清楚病人是否在服用药物、服用了什么药物。这样看来，"猫王"是死于那些不负责任的庸医手上了。

西里尔·韦希特的结论引起了很大反响，几天后，田纳西州的法官将"猫王"尸体解剖的整个报告公开，这个报告证实了西里尔·韦希特提出的疑点。浸礼会医院的病理学家们得出的结论与弗朗西斯科博士所作的结论出现了很多矛盾的地方。

一、弗朗西斯科博士的结论中写道，"猫王"的心脏增大了一倍，这种异常情况证实他患有高血压、心脏病。但是，浸礼会医院的病理学家们对"猫王"的心脏进行称重后表示，死者心脏重量为520克，以身高与体重的比重来看，他的心脏正常重量应该在350克到400克之间，这样看来，怎么可能增大一倍呢？

二、浸礼会医院的解剖报告中写道，医生们检查了"猫王"的心肌，并没有找到伤痕，也没有发现盐和水的潴留，所以不可能存在充血性心力衰竭。

三、医生们发现"猫王"只是患有非常轻度的高血压，而这种程度的高血压，绝不足以严重到要了他的命。

四、脑部的检查表明没有血块、梗塞或动脉瘤，也没有中风的迹象。

五、从解剖学的角度来看，即使是完成了解剖，也没有充分的依据可以确定死亡的原因，一般情况下，只有等毒理学报告出来后才能得出结论。弗朗西斯科博士是一名法医，不可能不懂得这些常识，而他并没有等毒理学报告出来就仓促地下了结论，这是不是显得有悖常理呢？

经官方的调查资料表明，"猫王"死亡之前的 7 个月内，尼可波罗博士竟给他开了高达 5300 片的各种兴奋剂和镇静剂！结论得出后，医疗委员会吊销了尼可波罗博士的行医执照 3 个月的时间。

1991 年，"猫王"已经离开人们 12 年了，病理学家埃里克·穆尔海德博士公开证实了西里尔·韦希特博士的观点，"猫王"确实是因多种镇定剂合并服用致死的，并对当时没有站出来证实西里尔·韦希特博士的观点而表示了歉意。

本以为一切都水落石出了，可是自"猫王"去世后，竟然不断地传出"猫王"并没有死，还活在世界的某个角落里的说法，这种说法得到无数歌迷的认同。

很多人觉得，"猫王"在 1977 年 8 月 16 日突然去世的消息，实际上是正值盛年的"猫王"不想被一些虚名所累，想要逃脱尘世、远离喧嚣的一种手段。一些确信"猫王"没死的人们还提出了他们的证据，"猫王"的一位好友曾经说过："如果'猫王'知道还有这么多的人在关注他的话，那么他也许会在某个时候重新现身于世人面前。"根据这种说法，他们相信"猫王"的死只是一种假象，等"猫王"休息够了、想通了，他一定会跳着独特的扭胯舞出现在歌迷面前。这也许是歌迷们的一种美好愿望吧。

还有些"猫王"的崇拜者制造出了一个更加离奇的故事："猫王"的歌声太过于美好了，以至于一些居住在外太空的人听到了他的歌声，很是欣赏，便委派一些外星人来地球，把"猫王"给掳走了。因此，"猫王"并没有死，而是在一个与我们平行的未知空间和我们一样生活着。

　　加州的一位餐馆女招待称，她曾经看到过"猫王"在她的店里买过三明治。2003年10月，又传出了一条令世人震惊的消息。一位53岁的女游客，在美国田纳西州格里斯兰见到了"猫王"。那时，这位女游客正在田纳西州格里斯兰"猫王"的别墅前，突然一位极像"猫王"的老年男子出现在别墅里，于是她便偷偷溜进了别墅并拍下了黑白照片。她坚信，她看到的这个人肯定是"猫王"。从照片上来看，一个老年男子坐在别墅前的一辆轮椅上休息，与"猫王"长得极像，只是看起来老些，这样算来，如果这个人是"猫王"的话，他已经是68岁的老人了，当然不再像当年那么帅气、潇洒了。看过这张照片的人都很惊讶，大家都表示，如果这张照片是真的的话，那么上面的老年男子有98%的可能性就是"猫王"本人。

　　虽然我们无法知道"猫王未死"的说法是真是假，但这些都已不重要，时至今日，每年都会有近60万人前往田纳西州"猫王"故居"优雅园"参观，他的歌声与摇滚舞将永远留在人们的记忆中。

血泊中的披头士

歌坛巨星约翰·列侬遇刺悬案

1980 年 12 月 8 日的深夜，这是一个平凡的夜晚，但是却发生了一件震惊世界的事件。闻名世界的"甲壳虫"摇滚乐队创始人约翰·列侬（John Lennon）在纽约达科他寓所门口被人枪杀了，他是欧美歌坛上不可多得的巨星。

巨星陨落后，成千上万的人深深地哀悼他，人们的心中充满了沮丧、愤怒与叹惜。列侬在人们心中的地位，比著名的政治家肯尼迪兄弟和美国著名的黑人民权精神领袖马丁·路德·金还要高，他已经成为一代人精神的寄托，而且这一切发生得又太突然了，仿佛一觉醒来世界都改变了。人们不断追问：凶手是谁？这是一桩蓄意谋杀还是意外？凶手为什么要杀死列侬呢？

1982 年，美国一家电影公司在列侬死后两年间，用极快的速度抢先拍摄了影片《约翰·列侬之死》。这部影片把列侬的艺术人生展现了出来，通过一组组镜头把这位蜚声歌坛的巨星以多种风姿呈现在人们面前。当然，那个惊心动魄、让亿万人伤心的夜晚，也第一次出现在人们面前。不过，影片上映后并没有平息人们的猜测，而是吸引了越来越多的人想要揭开列侬被枪杀的真相，只是一直到现在，都还没有得出一个统一的结论。

有人认为，列侬是因为拒绝给别人签名而遭到报复被枪杀的。50 年代末期，列侬在英国创建了一支摇滚乐队——"甲壳虫"乐队，60 年代的乐坛几乎被摇滚乐所主宰。1963 年到 1970 年间，这支乐队共发行了 18 套唱片，成为了 20 世纪最知名的摇滚乐队。

"甲壳虫"乐队一共四个人，他们时尚的服饰和像拖把似的长发吸引了大批青年人，特别是那狂热的音乐，受到了众多摇滚歌迷的追捧，也受到了各种音乐爱好者的关注。这支独特的以打击乐组成的乐队成为英国利物浦的代表形象，并迅速风靡欧美各国。在顶峰时期，他们向好莱坞影坛进军，短短几年中，他们拍摄了《啊！啊！啊！》《"披头士"来表演》等几部音乐片。他们的影片大卖，唱片专辑大量发行，而且在世界各地巡回演出，因此，"甲壳虫"乐队为英国的财政创造了很大一笔外汇收入。1965 年，英国政府特意为乐队颁发了大英帝国勋章。

列侬作为乐队的创始人及核心成员，他不但演唱出色，而且还创作了很多迷人动听的歌曲，他的许多代表作品被制成了唱片，在国内外大量发行流传。"甲壳虫"乐队和列侬的名声越来越大，他也因此拥有了越来越多的歌迷和崇拜者，许多歌迷都以得到列侬的签名为最大的荣耀。所以，有人猜测当时列侬可能拒绝了签名，使得某位歌迷或者崇拜者恼羞成怒，对列侬施行了枪杀。如果这样推理的话，被激怒后枪杀是很正常的事。

不过，也有人对这一说法提出了反对观点。他们承认列侬的被刺是一次谋杀，但并不是一次因拒绝签名而遭到枪杀的突发事件，凶手在实施杀人前曾经做过详细周密的计划。

1981 年，美国学者杰伊·科克斯在《时代》周刊上发表了自己的观点："从官方的记录来看，列侬的死将被定义为一桩谋杀事件。确切地说，这是一次暗杀行动，一次令人匪夷所思的有意识的凶杀。"科克斯还讲述了一些事件，用来说明他的结论的正确性。

根据事后调查，凶手叫马克·查普曼，现年25岁，是一名保安，出生在佐治亚州，现居住在夏威夷。在列侬被害的前两天，查普曼来到纽约，住在离列侬家有九个街区的基督教男青年会，他和许多崇拜者一起到列侬的住所门前等待，等着列侬的出现。星期六晚上，查普曼叫了一辆出租汽车，叫司机把车开到格林威治村。星期一下午，查普曼找到列侬，要求他为自己签名。列侬因为要赶去录音室录音，所以急匆匆地把名字草草地签上，就马上钻进一辆汽车走了。

这天晚上，查普曼突然搬离了青年会，住进了谢拉顿中心的一家饭店，他先是饱餐一顿，仿佛是为了去做某件重大的事情而预先慰劳自己一下。

12月8日夜上，查普曼又一次在列侬的公寓门口等到了列侬。他穿着黑色雨衣，站在黑暗中，看到列侬后，他突然大喊一声"列侬先生"，然后从暗影里冲出来，不由分说地举枪朝列侬射击。第一发子弹打中了列侬的胸腔，不知是不放心还是太过于紧张，他又连续射击了至少3枪，列侬倒在了血泊中。当警察抓到查普曼的时候，他的身上仍然带着列侬亲笔签名的纪念册。

通过以上事件，科克斯认为，列侬被枪杀并不是因为拒绝签名，凶手一定另有企图。至于凶手有什么样的企图，是私仇还是受人指使，科克斯并没有交代得很明确。不过，有人根据事件做出了推测，查普曼也许是一个偏执狂或是歇斯底里症患者，也就是说，查普曼是一个精神有问题的人，这种人在情绪特别激动时常常无法控制自己的行为。

但是，约翰·列侬的妻子并不同意这种说法。她认为，凶手应该是为了出名才刺杀列侬。有些人为了出名，常常制造出一些轰动事件，借此来炒作自己。当时约翰·列侬已经名震世界，所以凶手选择了他。但是，大部分人觉得这种说法只是一种自我安慰，赞同的人并不多。

艺术界的一些人士对这次枪杀事件也有他们自己的看法，他们觉得列侬被杀的原因是因为他的艺术。

"甲壳虫"乐队的音乐很有理想主义的风格，他们的理想主义走在时代最前端，激励着时代前进。列侬曾经说过："速度缓慢的歌曲能使心脏停止跳动，而速度快的歌曲则能刺激庸俗的爱情和冒险。""甲壳虫"的音乐之所以受到欢迎，是因为他们把快与慢融合在一起，成为了一代人的希望和最美梦想的结合体。但是，这种具有挑战意义的音乐也受到反对派的忌恨。因此，他们所从事的摇滚乐是一种感情丰富和巨大冒险的应用艺术，列侬及"甲壳虫"乐队的所有成员都明白，他们所创作的歌曲可能会使很多的人站起来反对，因为也有太多的人不喜欢摇滚乐的欢乐和奔放，所以列侬的艺术主张引发那些与"甲壳虫"乐队意见相左的人们的强烈反感，并受到攻击。另外，列侬比"甲壳虫"乐队其他成员更加富有政治倾向，他是一位和平运动的积极分子，从来不受传统思想的约束，他的后期作品就折射出这一特点。因此，列侬就处在了风口浪尖上，成为被攻击甚至被谋杀的对象了。

当时的资料也证明了这一观点，列侬不管是在录音棚还是在音乐会上，常常会受到某些人的攻击，他的生命曾经多次受到过威胁。1964年，"甲壳虫"乐队在法国举行音乐会时，在后台准备的列侬收到了一张带有威胁性的纸条，上面写着：今天晚上九点我要把你打死。由此看来，查普曼这个人很有可能是反对列侬音乐的人，所以要枪杀列侬。当然，他也可能只是一个被人指使的枪手，而真正的凶手则藏在幕后不敢出场。

总之，摇滚音乐史上最伟大的人——列侬，已经离开了人世，这是谁也无法改变的事实。遗憾的是，他被刺杀的真相，时至今日仍然无法揭开，我们只能等待后人发现更多的线索，解开这个谜团。

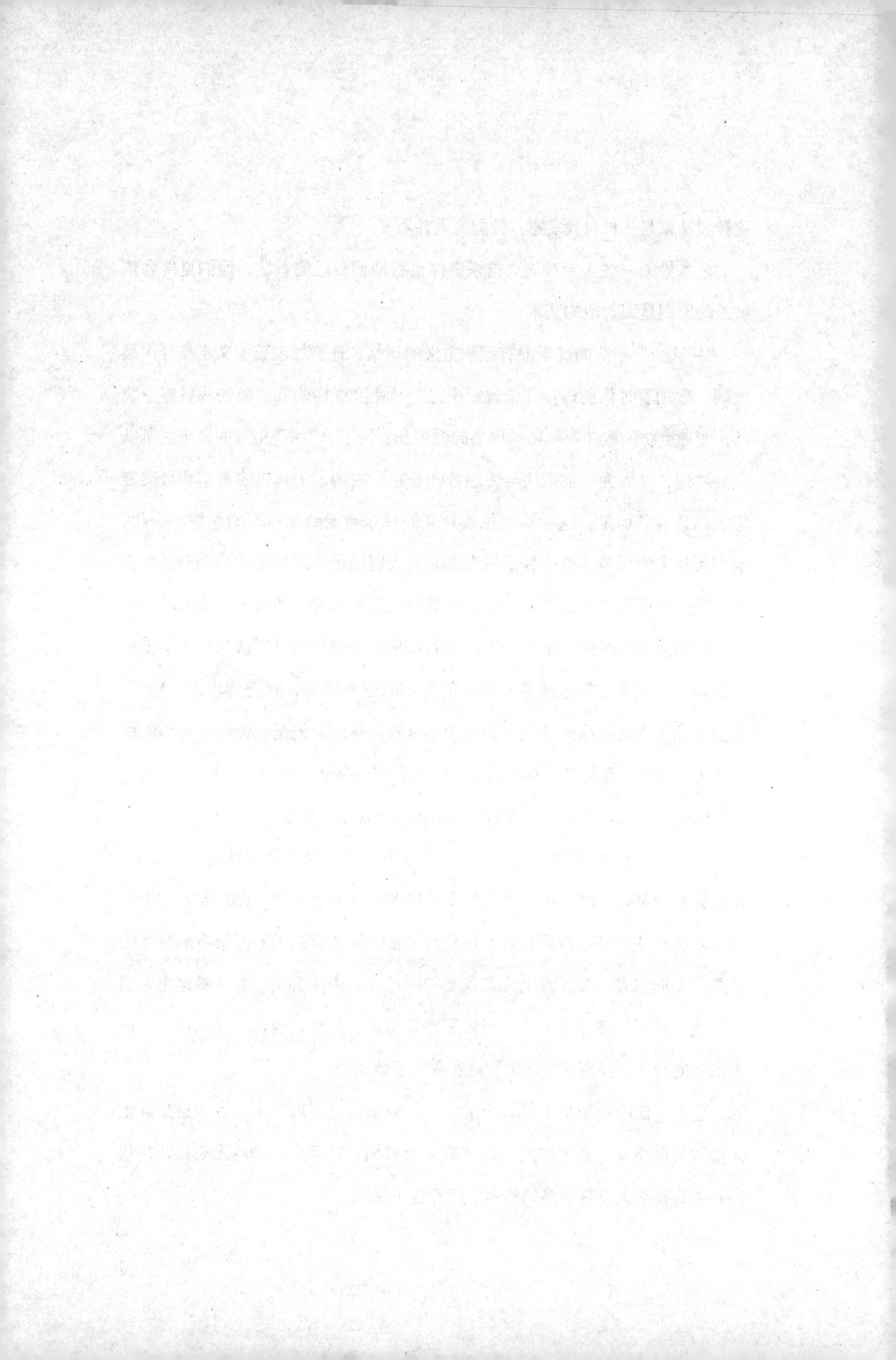